中国語言語学情報 3
于康・張勤 編

テンスとアスペクト Ⅱ

原著　馬希文　　**訳**　吉川雅之
　　　　張旺熹　　　　　張　　勤
　　　　劉勳寧　　　　　于　　康
　　　　陸儉明　　　　　森　宏子
　　　　李興亜　　　　　中川裕三
　　　　盧英順　　　　　成田靜香
　　　　戴耀晶　　　　　丸尾　誠
　　　　金立鑫　　　　　伊藤さとみ
　　　　方　霽　　　　　村松恵子
　　　　　　　　　　　　岩本真理

好文出版

まえがき

言語の中で中国語は、統語構造と意味表現の両者において極めて特徴のある存在であると言っても過言ではなかろう。言語類型学が重要視される今日、中国語における統語構造と意味表現の研究は、今までにもまして注目されつつある。普遍性を有するはずの言語学の理論と方法が中国語の現象も無理なく解釈できるとすれば、普遍性理論を構築する歩みを更に一歩進めたことになる。従って、中国語の研究成果が他の個別言語の特徴の究明や普遍性の帰納、理論の構築などに大きな手がかりを与える可能性は十分にあり得る。

しかしながら、これまで中国語に関する研究論文や著書は中国語で書かれているものが多く、収集するのも労を要するので、中国語学の研究者以外の方々には殆ど読まれていないのが現状である。そこで、話題性のある中国語研究論文をテーマ毎に編集翻訳し、中国語学以外の研究者にも話題を提供するため、本シリーズを企画した次第である。

本シリーズは、主に文法範疇と表現性を中心に次のテーマにより構成する。

1　語気詞と語気

2　テンスとアスペクト（Ⅰ）

3　テンスとアスペクト（Ⅱ）

4　テンスとアスペクト（Ⅲ）

5　助動詞・副詞の用法と表現性

6　受動構文と受動表現

7　使役構文と使役表現

8　補語構文とその表現性

論文の選択編集にあたっては主に于康と張勤が担当するが、中国と日本の中国語研究に携わる方々にも意見を伺っている。選択編集に当たり、著名な学者の論文が必ずしも全て話題性を持つとは限らず、また論文の質に関する判断も個人差があるので、それらは基準とせず、話題性、換言すれば考えさせられる所があれば、選択基準をクリアするものとする。

翻訳作業は２人以上により行い、共同作業で相補うという形を取る。訳者によって個性的なものも見られるが、むしろこれが必要なことと考え、統一は図っていない。

原著について、一言付け加えておきたい。原著にある術語等は著者によって、また同一著者であっても必ずしも同じ定義で使用されていないこと、また例文の出処の示し方、「注」の付け方、「参考文献」の表示等も著者によって異なる、ということである。原文の主張や特徴を損わない限り、ある程度の調整を加えるが、調整が不可能な場合はそのままにする。また読み手（読者）の便を考慮し、例文に逐次訳と訳文をつけ、節番号を付加した。

本シリーズの企画と翻訳作業に当たり、言語学、日本語学及び中国語学研究に携わる方々（中国も含む）から激励の言葉を頂戴した。原著者との連絡や著作権の承認などについて、中国中央広播電視大学文法部助教授の任鷹博士から甚大な協力を賜った。ここで厚く御礼を申し上げたい。

関西学院大学池内記念館で好文出版の尾方敏裕社長と時を忘れて語らったことが本シリーズ出版のきっかけとなった。出版を快諾して下さった後も尾方敏裕氏からは激励の言葉を度々頂いた。尾方敏裕氏の先見の明に敬意を表すると同時に、深く御礼を申し上げる。

編　者

目　次

1　動詞「了」の弱化形式/・lou/について

馬希文 著

吉川雅之／張勤 訳

1

まず次の例を見てみよう。

（1）把 它 扔 了。

（把 ba）　それ　捨てる　（了 le）

これは複数の意味に解釈することが可能な文で、肯定文としてとることも、また命令文としてとることもできる。だが、生粋の北京方言では、２つの文の「了」は発音が異なり、肯定文となる場合には、・le と発音し、命令文となる場合には、・lou（実際の発音は［ləu］）と発音する。というわけで（１）は実際には２つの異なる文を表していることになる。もし・le を「了$_1$」と、・lou を「了$_2$」と書き表すならば、（１）は２つの異なる形式に書き表されることとなる。

（2）把 它 扔 了$_1$。

それを投げ捨てた。

（3）把 它 扔 了$_2$！ [1)]

それを投げ捨てろ！

文末の「。」と「！」がそれぞれ肯定文と命令文を表している。次は同様の例である。

（4）a. 把 小偷 放 了$_1$。

（把 ba）　泥棒　釈放する　（了$_1$ le）

泥棒を釈放した。

b. 把 小偷 放 了$_2$！

（把 ba）　泥棒　釈放する　（了$_2$ lou）

泥棒を釈放してしまえ！

（5）a. 把 书 卖 了$_1$。

（把 ba）　本　売る　（了$_1$ le）

b. 把 书 卖 了$_2$！

（把 ba）　本　売る　（了$_2$ lou）

本を売った。　　本を売ってしまえ！

（6）a. 把 狗 宰 了$_1$。
（把 ba）　犬　殺す　（了$_1$ le）
犬を屠殺した。

b. 把 狗 宰 了$_2$！
（把 ba）　犬　殺す　（了$_2$ lou）
犬を屠殺しろ！

（7）a. 把 文件 烧 了$_1$。
（把 ba）　書類　燃やす　（了$_1$ le）
書類を焼いた。

b. 把 文件 烧 了$_2$！
（把 ba）　書類　燃やす　（了$_2$ lou）
書類を焼いてしまえ！

（8）a. 把 树 砍 了$_1$。
（把 ba）　木　切る　（了$_1$ le）
木を伐った。

b. 把 树 砍 了$_2$！
（把 ba）　木　切る　（了$_2$ lou）
木を伐ってしまえ！

（9）a. 把 信 拆 了$_1$。
（把 ba）　手紙　開封する　（了$_1$ le）
手紙を開封した。

b. 把 信 拆 了$_2$！
（把 ba）　手紙　開封する　（了$_2$ lou）
手紙を開封してしまえ！

（10）a. 把 药 吃 了$_1$。
（把 ba）　薬　飲む　（了$_1$ le）
薬を飲んだ。

b. 把 药 吃 了$_2$！
（把 ba）　薬　飲む　（了$_2$ lou）
薬を飲んでしまえ！

（11）a. 把 纸 撕 了$_1$
（把 ba）　紙　破る　（了$_1$ le）
紙をやぶいた！

b. 把 纸 撕 了$_2$！
（把 ba）　紙　破る　（了$_2$ lou）
紙を破いてしまえ！

名詞をＮで、動詞をＶで表せば、（２）（３）の２つの文型は、

（Ａ）把ＮＶ了$_1$。

（Ｂ）把ＮＶ了$_2$！

と書き表される。

2

（Ｂ）の文型に現れることのできる動詞には一定の範囲がある。この問題は「把 ba」構造を研究する際にしばしば言及される。それらの動詞には「消失」といった意味上の特徴が共通に備わっていると見なす向きもある。本文ではこの問題には深く立ち入らず、しばしば「把 ba」構造の後ろに現れる成分が動詞補語構造であるが、（Ａ）、（Ｂ）がその例外として最も重要な位置を占めてい

ることを指摘するにとどめたい。次を見てみよう。

（B'）把 N V C！

（12）把 树 栽 上！

（把 ba）　木　植える　（上 shang）

木を植えなさい！

（13）把 灯 开 开！

（把 ba）　照明　付ける　（开 kai）

灯りをともしなさい！

（14）把 笔 搁 下！

（把 ba）　筆記具　置く　（下 xia）

筆を置きなさい！

（15）把 绳儿 拽 住！

（把 ba）　縄　引く　（住 zhu）

縄をぐっと引いていなさい！

ここでは、補語をCで表し（比較がしやすいように、本文中で扱う補語は単音節のものに限ることとする）、横線の上が文型で、下が例文になっている。

（B）と（B'）の比較から、「了₂」を補語と見なす、つまり（B）を（B'）の特殊な例だと見なすことに思い到るのはそう難しいことではない。（B'）はより大きな文型の中にはめ込むことができるが、この場合でも、（B）と（B'）の関係は依然として保たれたままである。例えば：

（16）把 树 栽 上 再 走。

（把 ba）　木　植える　（上 shang）　それから　でかける

木を植えてから出かける。

（17）把 鸡 宰 了₂ 再 走。

（把 ba）　鶏　殺す　（了₂ lou）　それから　でかける

鶏を屠殺してしまってから出かける。

（18）我 让 他 把 树 栽 上。

私　～させる　彼　（把 ba）　木　植える　（上 shang）

彼に木を植えさせる。

(19) 我 让 他 把 鸡 宰 了₂。

私　～させる　彼　（把 ba）　鶏　殺す　（了₂ lou）

彼に鶏を屠殺させてしまう。

(20) 我 打算 把 树 栽 上。

私　つもりだ　（把 ba）　木　植える　（上 shang）

木を植えるつもりだ。

(21) 我 打算 把 鸡 宰 了₂。

私　つもりだ　（把 ba）　鶏　殺す　（了₂ lou）

鶏を屠殺してしまうつもりだ。

特に注目する必要があるのは次のような場合である（文末の？は疑問文を表す）。

(22) 把 树 栽 上 啊(・nga)?

（把 ba）　木　植える　（上 shang）　(啊・nga)

木を植えるんだ？

(23) 把 灯 开 啊(・ya)?

（把 ba）　照明　付ける　（开 kai）　(啊・ya)

明かりをともすんだ？

(24) 把 他 抓 住 啊(・wa)?

（把 ba）　彼　捕らえる　（住 zhu）　(啊・wa)

やつを捕らえておくんだ？

(25) 把 药 吃 了₂ 啊（・wa）?

（把 ba）　薬　飲む　（了 lou 2）　(啊・wa)

薬を飲んでしまうんだ？

これは「了₂」を「了₁」と「嘞」が合わさったものと解釈することができないことを示している（6を参照）。

「了₂」を補語と見なすということは、「Ｖ了₂」の機能がＶＣと同じであると言うことである。換言すると、（B'）の中のＣは「了₂」で実現させることができるばかりでなく、ＶＣを含む如何なる文型においても、Ｃは「了₂」で実現させることができるということである。例えば：

（C）　V 了$_2$ N 了$_1$。　　（C'）　V C N 了$_1$。

(26) a. 吃 了$_2$ 饭 了$_1$。

食べる　（了$_2$ lou）　ご飯　（了$_1$ le）

ご飯を食べた。

b. 栽 上 树 了$_1$。

植える　（上 shang）　木　（了$_1$ le）

木を植えた。

(27) a. 丢 了$_2$ 钱 了$_1$。

落とす　（了$_2$ lou）　お金　（了$_1$ le）

お金を落とした。

b. 搁 下 笔 了$_1$。

置く　（下 xia）　ペン　（了$_1$ le）

ペンを置いた。

(28) a. 宰 了$_2$ 鸡 了$_1$。

屠殺する　（了$_2$ lou）　鶏　（了$_1$ le）

鶏を屠殺した。

b. 开 开 灯 了$_1$。

付ける　（开 kai）　明かり　（了$_1$ le）

明かりをともした。

(29) a. 卖 了$_2$ 地 了$_1$。

売る　（了$_2$ lou）　土地　（了$_1$ le）

土地を売った。

b. 拽 住 绳儿 了$_1$。

つかむ　（住 zhu）　ひも　（了$_1$ le）

ひもをつかんだ。

(30) a. 烧 了$_2$ 文件 了$_1$。

焼く　（了$_2$ lou）　書類　（了$_1$ le）

書類を燃やした。

b. 找 着 孩子 了$_1$。

探す　（着 zhao）　子ども　（了$_1$ le）

子どもが見つかった。

「了$_2$」を補語と見なせば、（C）は（C'）の特殊な例ということになる。

（C）と（C'）では、「了$_1$」を取り除くと、非自立的な構造が残る。それは単独では存在できず、より大きな構造の中に内包される形でしか存在できない。次の複数の例は、より大きな構造の中に内包された場合でも、（C）と（C'）のパラレルな特徴が依然として保たれることを示している。

(31) 戴 上 帽子 出去 了$_1$。

かぶる　（上 shang）　帽子　出かける　（了$_1$ le）

帽子をかぶって出かけた。

(32) 摘 了$_2$ 帽子 出去 了$_1$。

脱ぐ　（了$_2$ lou）　帽子　出かける　（了$_1$ le）

帽子を脱いで出かけた。

(33) 开 开 灯 再 走!

付ける　（开 kai）　あかり　それから　でかける

あかりを付けてから出かけるんだ！

(34) 倒 了$_2$ 水 再 走!

あける　（了$_2$ lou）　水　それから　でかける

水を捨ててから出かけるんだ！

(35) 考上 状元 就 甭 念 书 了$_1$。

受かる　状元（科挙試験の首席合格者）　（就 jiu）　～ない　読む　本　（了$_1$ le）

状元に受かればもう読書しなくてよい。

(36) 丢 了$_2$ 印 就 甭 当 官儿 了$_1$。

落とす　（了$_2$ lou）　印鑑　（就 jiu）　～ない　なる　役人　（了$_1$ le）

印鑑を落としたらもう役人にならなくていい。

3

前節で提示した考えは、例えば次のような文型では困難にぶつかることもある。

(A') 把 N V C 了$_1$。

(37) 把 灯 开 开 了$_1$。

（把 ba）　あかり　付ける　（开 kai）　（了$_1$ le）

明かりを付けた。

(38) 把 笔 搁 下 了$_1$。

（把 ba）　ペン　置く　（下 xia）　（了$_1$ le）

ペンを置いた。

(39) 把 绳儿 拽 住 了$_1$。

（把 ba）　ひも　つかむ　（住 zhu）　（了$_1$ le）

ひもをつかんだ。

(40) 把 孩子 找 着 了$_1$。

（把 ba）　子ども　探す　（着 zhao）　（了$_1$ le）

子供を見つけた。

もし「了$_2$」でもって文中のCを置き換えると、次の文が得られるはずである。

（A＊）＊把NV了$_2$了$_1$。

ところが実際には、相応する文型は（A)、つまり、

（A）把NV了$_1$。

なのである。

この現象は次のように解釈されなければならない：「了$_2$」が「了$_1$」の前に現れる場合には、「了$_2$」を省略する必要がある。

先に論じた複数の文型の中には、いくつもの対応関係を見いだすことができる。例えば文型（C）と（B）の間の対応関係は次である。

〔T$_1$〕　（C）V了$_2$N了$_1$。↔（B）把NV了$_2$！

「了$_2$」を補語と見なしている以上、この関係（T$_1$）も次に示す関係（T'$_1$）の特殊な例と見なさなければならない。

〔T'$_1$〕　（C'）VCN了$_1$。↔（B'）把NVC！

（T$_1$）と（T'$_1$）の２つの関係はまとめて次のような図式に表すことができる。

（C）V了$_2$N了$_1$。 ↔ (T$_1$) ↔ （B）把NV了$_2$！

↕　　　　　　　　　　　　↕

（C'）VCN了$_1$。 ↔ (T'$_1$) ↔ （B'）把NVC！

図中で（T$_1$）と（T'$_1$）は形式面で同じであるのみならず、ともに命令文（把衣服脱了$_2$！／把衣服穿上！）とその命令文によって引き起こされる結果を述べる平叙文（脱了$_2$衣服了$_1$。／穿上衣服了$_1$。）の間の関係を表している点で、持つ意味も同じである。ここに見られるのはパラレルな関係にある１つの対応関係である。

（C）、（A）、（C'）、（A'）について言うと、相応する図式は、次のようになるはずである。

T$_2$
（C）V了$_2$N了$_1$。 ⟷ （A）把NV了$_1$。
↕ ↕ ?
T'$_2$
（C'）VCN了$_1$。 ⟷ （A'）把NVC了$_1$。

この図式では先の図式で見られた形式面でのパラレルな関係は失われている。だが、もし（A）では「了$_1$」の前に「了$_2$」が省略されていると見なせば、失われているパラレルな関係が顕在化してくる。

T$_2$
（C）V了$_2$N了$_1$。 ⟷ （A）把NV［了$_2$］了$_1$。
↕ ↕
T'$_2$
（C'）VCN了$_1$。 ⟷ （A'）把NVC了$_1$。

［　］中は理論上説明がしやすいように、仮想した成分を表している。

要するに、（A）の「了$_1$」の前には「了$_2$」が省略されていると見なすことでずっと理論的に説明が付きやすくなるのである。

北京方言以外にもこの考えに有利な事実を見いだすことができる。例えば蘇州方言では「了$_2$」に相当する語が「脱」[t'ə]、「了$_1$」に相当する語が「哉」[tse]であるが、「脱」と「哉」が共起する場合、「脱」は別に省略されない。例えば：

(41) 公式 忘记 脱 哉。
公式　忘れる　（了$_2$）　（了$_1$）
公式は忘れてしまった。

(42) 材料 烧 脱 哉。
資料　焼く　（了$_2$）　（了$_1$）
資料は焼却してしまった。

(43) 铜钱 丢（[dəʔ]） 脱 哉。
お金　落とす　（了$_2$）　（了$_1$）

お金はなくしてしまった。

この事実は「了$_2$」が「了$_1$」の前に出現しないのが音声学的な原因によるものであることを物語っている。類似する現象としては参考文献［1］で言及されている「的$_2$」が「的$_3$」の前で省略される、というのがある。

4

「了$_2$」が「了$_1$」の前に現れた場合に省略されなければならないので、「了$_1$」を従える文型を分析する場合、時として「了$_1$」の前に「了$_2$」を補ってやる必要が生じる。

前節の例以外にもこの見方を支持するいくつか他の例がある。

「把ＮＶＣ」、「把ＮＶ了$_2$」は更に大きな文型の中にはめ込むことができると１で既に述べたが、例えば次の文型ではＳに置き換えることができる。

（K）ＮＶ$_0$Ｓ。

そこで得られるのは、次である。

N V$_0${把 N V C}。　　　N V$_0${把 N V 了$_2$}。

(44) a. 我 想 {把 门 开 开}。　　b. 我 想 {把 鸡 宰 了$_2$}。

私 ～たい {（把 ba） ドア 開ける （开 kai）}

私はドアを開けたい。

私 ～たい {（把 ba） 鶏 畜殺する （了$_2$ lou）}

私は鶏を畜殺してしまいたい。

(45) a. 我 打算 {把 它 搁 下}。　　b. 我 打算 {把 它 扔 了$_2$}。

私 つもりだ {（把 ba） それ 置く （下 xia）}

私はそれを置いてしまうつもりだ。

私 つもりだ {（把 ba） それ 捨てる （了$_2$ lou）}

私はそれを捨ててしまうつもりだ。

ここではＮは名詞か代名詞、Ｖ$_0$は「想／～たい」、「打算／つもりだ」、「決定／決定する」などであり、{　}は置き換えられるＳ文型を表す。

文型（K）は次のような変換を経ることで（K'）に変えることができる。

（K）N V$_0$S。 ⟷ （K'）N 早就 V$_0$S 了$_1$。

(K) 他 想 溜。 ←→ (K') 他 早就 想 溜 了。

彼 ～たい こっそり逃げる

彼はこっそり逃げたいと思っている。

彼 とっくに ～たい こっそり逃げる （了 le $_1$）

彼はとっくにこっそり逃げたいと思っている。

「把NVC」でもって（K）と（K'）の「S」を置き換えると、次が得られる。

(K) N V_0{把 N V C}。←→ (K') N 早就V_0{把 N V C} 了$_1$。

(K) 我 想 {把 它 搁 下}。←→ (K') 我 早就 想 {把 它 搁 下} 了$_1$。

私 ～たい {（把 ba） それ 置く （下 xia）}

私はそれを置いてしまいたい思う。

私 とっくに ～たい {（把 ba） それ 置く （下 xia）} 了 le $_1$）}

私はとっくにそれを置いてしまいたいと思った。

もしここで「把NV了$_2$」でもって（K）と（K'）の「S」を置き換えると、「了$_2$」と「了$_1$」が共起する状況が生じる。この時の「了$_2$」も省略する必要がある。

(K) N V_0{把 N V 了$_2$}。←→ (K') N 早就V_0{ 把 N V [了$_2$] }了$_1$。

(K) 我 想 {把 它 扔 了$_2$}。←→ (K') 我 早就 想 {把 它 扔 [了$_2$]}了$_1$。

私 ～たい {（把 ba） それ 捨てる （了$_2$ lou）}

私はそれを捨ててしまいたいと思う。

私 とっくに ～たい {（把 ba） それ 捨てる （了$_2$lou）}（了$_1$ le）

私はとっくにそれを捨ててしまいたいと思った。

実は「了$_1$」が２つ共起する場合も片方を省略しなければならない。例えば：

(46) 我 知道 S。 ←→ 我 知道 S 了$_1$。

私 知っている S　　私 知っている S （了$_1$ le）

私はSを知っている。　　私はSを知った。

矢印より左側の文型は普通の命題であり、右側の文型は未知から既知への変化を含むものである。この変換式の「S」は様々な文型でもって置き換えることができる。例えば：

(47) 我 知道 {小王 明天 来}。←→ 我 知道 {小王 明天 来} 了$_1$。

私　知っている　{王さん 明日 来る}

私は王さんが明日来るのを知っている。

私　知っている　{王さん 明日 来る} (了$_1$ le)

私は王さんが明日来るのを知った。

{　}内の文型の末尾に「了$_1$」があれば、右端には「了$_1$」が２つ連続する現象が現れるが、そのうちの１つは省略されなければならない（とりあえず前の「了$_1$」が省略されるものと見なしておく）。

(48) 我 知道 {小王 昨天 来 了$_1$}。←→ 我 知道 {小王 昨天 来 [了$_1$] } 了$_1$。

私　知っている　{王さん 昨日 来る　(了$_1$ le) }

私は王さんが昨日来たのを知っている。

私　知っている　{王さん 昨日 来る　(了$_1$ le) } (了$_1$ le)

私は王さんが昨日来たのを知った。

ここでは［了$_1$］は省略された「了$_1$」を表す。変換される前とされた後の文は形式上同じであり、そのため、これは同じ文型で異なる構造を有し、複数の意味に解釈することが可能な文となっている点に注意されたい。次の図式には３つの意味に解釈することが可能な文が含まれている。

(49) 我 知道 {小王 要 来}。←→ 我 知道 {小王 要 来} 了$_1$。

私　知っている　{王さん ～ことになっている 来る}

私は王さんが来ることになっているのを知っている。

私　知っている　{王さん　～ことになっている 来る} (了$_1$ le)

私は王さんが来ることになっているのを知った。

↕　↕

我 知道 {小王 要 来 了$_1$}。←→ 我 知道 {小王 要 来 [了$_1$] } 了$_1$。

私　知っている　{王さん ～ことになっている　来る　(了$_1$ le) }

私は王さんが来ることになったのを知っている。

私　知っている　{王さん ～ことになっている 来る　[(了$_1$ le)] } (了$_1$ le)

私は王さんが来ることになったのを知った。

この図式では上から下への変換と左から右への変換は性質を同じくしているが、上から下への変換は{　}内の句において行われるものである。

これまでに述べた２つの状況をまとめると、次のような文を作り出すことができる。

(50) 我 知道 {小王 想{把 它 扔 了$_2$}}。 ←→ 我 知道
{小王 想 {把 它 扔 [了$_2$]}}了$_1$。

私 知っている {王さん ～たい {(把 ba) それ 捨てる (了 $_2$lou)}}

私は王さんがそれを捨ててしまいたいと思っているのを知っている。

私 っている {王さん ～たい {(把 ba) それ 捨てる (了 $_2$lou)}} (了$_1$ le)

私は王さんがそれを捨ててしまいたいと思っているのを知った。

我 知道 {小王 早就 想 {把 它 扔 [了$_2$]}了$_1$}。 ←→ 我 知道
{小王 早就 想 {把 它 扔 [了$_2$]} [了$_1$]} 了$_1$。

私 知っている {王さん とっくに ～たい {(把 ba) それ 捨てる } [(了$_2$ lou)]} (了$_1$ le)

私は王さんがとっくにそれを捨ててしまいたいと思ったのを知っている。

私 知っている {王さん とっくに ～たい {(把 ba) それ 捨てる [(了 $_2$lou)]} (了$_1$ le)} (了$_1$ le)

私は王さんがとっくにそれを捨ててしまいたいと思ったのを知った。

ここでは「了$_2$」、「了$_1$」、「了$_1$」の３つが並んでいるが、前の２つが省略されるようになる。この理屈に従えば、もっと多重の文を作り出すことができ、より多くの「了$_2$」や「了$_1$」が連続して現れることが可能だが、実際には最後の「了$_1$」しか残らない。

5

これまでの考察では、「上 shang」、「下 xia」、「开 kai」、「住 zhu」を補語とす

る例を挙げてきた。これらの語はみな動詞であるが、しかし補語の位置に置かれた場合、その意味が薄れてしまい、そして大方軽声で発音される。

もし「了$_2$」も補語であると見なすならば、「了$_2$」もまた特定の動詞の意味が薄れた結果であるに違いない。その動詞を探し当てるために、当該音節にわざとストレスを与えて発音するという手法を採ってみよう。まず次の例を見てもらいたい。

(51) 甲：关 上 这 扇儿 窗户!

閉める　(上 shang)　この　(扇儿 shanr／窓を数える量詞)　窓

この窓を閉めなさい！

乙：我 关 不 上。

私　閉める　～ない　(上 shang)

閉まりません。

上の文の「上」は軽声で発音し、下の文の「上」は第4声で発音する。このやりかたをそのまま使うことで、「了$_2$」を含んだパラレルな関係の例文を作ることができる。

(52) 甲：吃 了$_2$ 这 碗 饭!

食べる　(了$_2$ lou)　この　(碗 wan／茶碗などを数える量詞)　ご飯

このご飯を食べてしまいなさい。

乙：我 吃 不 了。

私　食べる　～ない　(了 liao)

食べ切れません。

上の文の「了」はliǎoという発音である。このことは「了$_2$」は軽声化した「了」(liǎo) であるということをこの上なくはっきりと物語っている。このパラレルな関係は次のように表すことができるだろう。

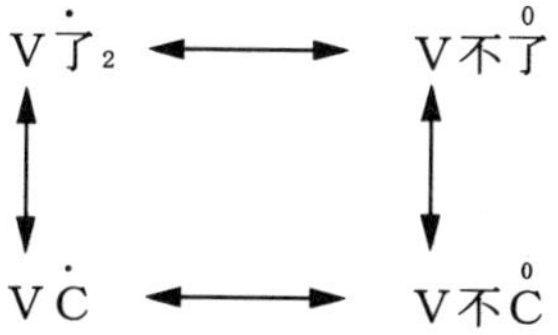

ここで「 ˙ 」を付した字は軽声で発音され、「 ⁰ 」を付した字は軽声で発音

されない。

「上 shang」、「下 xia」、「开 kai」、「住 zhu」等の語は軽声で発音するか否かにかかわらず同じ字形で書かれるので、本文でも「了$_2$」でもって軽声で発音しない「了」(liǎo) を表すことにする。

「了$_2$」を意味が薄れた「了$_2$」(liǎo) であると解釈するのは、文法面から或いは意味面から見ても無理はない。問題はliǎoが軽声で読まれる場合に、いかにして渡り音iを失い、・louに変わりうるか、である。調べてみると、北京方言では軽声で発音される字が渡り音を失うという現象は決して珍しいことではないのである。例えば：

(53) 边儿　biar／側　→　前边儿　qian・ber／前

掇 duo／拾う　→　拾掇　shi・dao／片づける

囵 lun／（囫囵＝丸ごと）　→　囫囵 hu・len／丸ごと

だから、liǎoの軽声を・lou と発音してしまうのは、音声学の面でも理に適っているのである。

6

ここまでの考察に基づくと、ある文型の中に「VC了$_1$」が含まれていれば、「了$_2$」でもってCを実現させることで、「V了$_1$」を含む文型が得られるのだが、理論的にはそれは「V了$_2$了$_1$」を含む文型だ、ということであった。これは逆に言えば、「V了$_1$」を含む文型があれば、そこには2つの可能性が存在することになる。

（I）「V」と「了$_1$」の間に「C」を入れることができる。この場合、似通った2つの文型ができる。

（F）… V了$_1$ …

（G'）… VC了$_1$ …

「了$_2$」でもって（G'）中の「C」を実現させると、

（G）… V［了$_2$］了$_1$ …

が得られる。

（F）と（G）を比べると、形式面では同じだが、構造が異なるという現象を見いだすことができる（参考文献［2］を参照されたい）。

（II）「V」と「了$_1$」の間に「C」を入れることができない。この場合、相応する（G'）、（G）がともに存在しない。

次は例を挙げて、この２つの状況の違いを説明しよう。

［例 1］　不Ｖ了₁。

このタイプの文型は上記Ⅱの状況に当てはまる。つまり、相応する「不ＶＣ了₁」という文型が存在しない。

［例 2］　別Ｖ了₁。

このタイプの文型も上記Ⅱの状況に当てはまる。つまり、相応する「別ＶＣ了₁」という文型が存在しない（ここのＣは軽声で発音される単音節補語に限るということを注意されたい）。

注目に値するのは「別ＶＣ!」のような文型は存在し（例えば：「別关上！／閉めるな。」、「別躲开！／避けるな。」）、相応して「別Ｖ了₂！」のような文型もまた存在することである。そこで次のように形式上は同じでも意味上は対立する２つの構文を認めることができる。

	別 Ｖ 了₁！	別 Ｖ 了₂！
(54)	a. 別 吃 了₁！ ～するな　食べる　（了₁ le） もう食べるな！	b. 別 吃 了₂！ ～するな　食べる　（了₂lou） 食べてしまうな！
(55)	a. 別 扔 了₁！ ～するな　捨てる　（了₁ le） もう捨てるな！	b. 別 扔 了₂！ ～するな　捨てる　（了₂lou） 捨ててしまうな。
(56)	a. 別 烧 了₁！ ～するな　焼く　（了₁ le） もう焼くな！	b. 別 烧 了₂! ～するな　焼く　（了₂lou） 焼いてしまうな！

この２つの構文は意味の上で違いがあるだけでなく、文法機能も異なり（例えば、右の例文はいずれも目的語を従えることができる。「別吃了₂麦子！／麦を食べてしまうな！」、「別扔了₂有用的！／役立つ物を捨ててしまうな！」、「別烧了₂手！／手を焼いてしまわないように！」）、「了」の発音においても違いがある。この違いは「了」の後ろに語気助詞「啊」が現れる場合にはもっとはっ

きりとしてくる。なぜならば「了₁+啊」は・la と発音し（書記言語では常に「啦」と書き表される）、「了₂+啊」は・lou、・wa と発音するからである。実際に比べてみよう。

(57) 别 吃 了$_1$ 啊(・la)!（吃 得 够 饱 的 了$_1$）
～するな 食べる （了$_1$ le） (啊(・la)) （食べる （得 de） 足りる 腹いっぱい （的 de） （了$_1$ le））
もう食べるなよ。（いっぱい食べているのだから。）

(58) 别 扔 了$_1$ 啊(・la)!（快 扔 光 了$_1$）
～するな 捨てる （了$_1$ le） (啊(.la)) （もう 捨てる なくなる （了$_1$ le））
もう捨てるなよ。（もうなくなりそうだから。）

(59) 别 烧 了$_1$ 啊(・la)!（够 味儿 的 了$_1$）
～するな 焼く （了$_1$ le） (啊(・la)) （十分 味 （的 de） （了$_1$ le））
もう焼くなよ。（十分味があるんだから。）

(60) 这些 点心 还 送 人 呢，你 别 吃 了$_2$ 啊(・lou、・wa)!
これら お菓子 まだ 上げる 人様 （呢 ne） 君 ～するな 食べる （了$_2$ lou）
(啊・wa)
このお菓子はまだ人様に上げるのだから、食べてしまわないでよ！

(61) 这 件 衣服 还 能 穿 呢，你 别 扔 了$_2$ 啊(・lou、・wa)!
この 枚 服 まだ できる 着る （呢 ne） 君 ～するな 捨てる （了 lou $_2$）
(啊・wa)
この服はまだ着られるのだから、捨ててしまわないでよ！

(62) 这 封 信 还 得 留 着 呢，你 别 烧 了$_2$ 啊(・lou、・wa)!
この 通 手紙 まだ ～しなければならない 残す （着 zhe ／～ている）（呢 ne）
君 ～するな 焼く（了$_2$ lou）(啊・wa)
この手紙はまだとっておくのだから、焼いてしまわないでよ！

［例 3］ V了$_1$。

この文型はⅠの状況に当てはまる。なぜならば、相応する文型「VC了$_1$」が存在するからである。「V了$_1$」は理論上「V［了$_2$］ 了$_1$」であると解釈されるため、形式面では同じだが構造が異なるという現象が現れることになる。よって、より精密な手法でもってこの文型を考察しなければならない。

「了$_2$」と組み合わさることのできる動詞には一定の範囲がある。これらの動詞をV_2で表し、それ以外の動詞をV_1で表すことにする。V_1について言えば、「V_1了$_1$」と「V_1C了$_1$」という２つの文型は違いがはっきりしていて混同されることがない。それに対し、V_2については、Cを「了$_2$」でもって実現させることができるため、形式的に「V_2了$_1$」と同様な「V_2［了$_2$］了$_1$」が現れることになる。

先に「V_1了$_1$」と「V_1C了$_1$」は境界線がはっきりしていると述べたが、両者は形式自体が異なるのみならず、その否定形もまた異なっている。「V_1了$_1$」の否定形は「没V_1」であり、「V_1C了$_1$」の否定形は「没V_1C」である。

V_1了$_1$。→　没V_1　　　$V_1\dot{C}$ 了$_1$。　→　没 $V_1\overset{0}{C}$。

(63) 拽 了$_1$。　没 拽。　拽 $\dot{住}$ 了$_1$。　没 拽 $\overset{0}{住}$。

引っ張る　（了$_1$ le）／〜なかった　引っ張る／引っ張る　（住 zhu）　（了$_1$ le）／〜なかった　引っ張る　（住 zhu）

引っ張った。／引っ張らなかった。／ぐっと掴んだ。／掴まなかった。

(64) 追 了$_1$。　没 追。　追 $\dot{上}$ 了$_1$。　没 追 $\overset{0}{上}$。

追いかける　（了$_1$ le）／ 〜なかった　追いかける／ 追いかける　（上 shang）（了$_1$ le）／〜なかった　追いかける　（上 shang）

追いかけた。／追いかけなかった。／追いついた。／追いつかなかった。

(65) 打 了$_1$。　没 打。　打 $\dot{死}$ 了$_1$。　没 打 $\overset{0}{死}$。

殴る　（了$_1$ le）／〜なかった　殴る／殴る　死ぬ　（了$_1$ le）／〜なかった　殴る　死ぬ

殴った。／殴らなかった。／殴って死なせた。／殴ったが、死なせなかった。

(66) 买 了$_1$。　没 买。　买 $\dot{着}$ 了$_1$。　没 买 $\overset{0}{着}$。

買う　（了$_1$ le）／〜なかった　買う／買う　（着 zhao）　（了$_1$ le）／〜なかった　買う　（着 zhao）

買った。／買わなかった。／買えた。／買えなかった。

「V_2了$_1$」は「V_2［了$_2$］了$_1$」と形式面で同じである。「V_1了$_1$」とパラレルな構造と見なすなら、否定形は「没V_2」である。「V_1C了$_1$」とパラレルな構造と見なすなら、すなわち「V_2［了$_2$］了$_1$」とするなら、その否定形は「没V_2了$_2$」である。図式にすると次のように表される。

V_1了$_1$。→没 V_1。 $V_1\dot{C}$了$_1$。 →没$V_1\overset{0}{C}$。

↕ ↕ ↕ ↕

<u>V_2了$_1$</u>。→<u>没 V_2</u>。 <u>V_2［了$_2$］ 了$_1$</u>。→<u>没 V_2 $\overset{0}{了}_2$</u>。

(67) 吃 了$_1$。 没 吃。 吃 ［了$_2$］ 了$_1$。 没 吃 $\overset{0}{了}_2$。

食べる (了$_1$ le) ／～なかった 食べる／食べる [(了$_2$ lou)] (了$_1$ le) ／～なかった 食べる (了$_2$ lou)

食べた。／食べなかった。／食べてしまった。／食べきれなかった。

(68) 扔 了$_1$。 没 扔。 扔 ［了$_2$］ 了$_1$。 没 扔 $\overset{0}{了}_2$。

捨てる (了$_1$ le) ／～なかった 捨てる／捨てる [(了$_2$ lou)] (了$_1$ le) ／～なかった 捨てる (了$_2$ lou)

捨てた。／捨てなかった。／捨ててしまった。／捨てられなかった。

(69) 烧 了$_1$。 没 烧。 烧 ［了$_2$］ 了$_1$。 没 烧 $\overset{0}{了}_2$。

焼く (了$_1$ le) ／～なかった 焼く／焼く [(了$_2$ lou)] (了$_1$ le) ／～なかった 焼く (了$_2$ lou)

焼いた。／焼かなかった。／焼いてしまった。／焼けなかった。

ここまで論じてきたのは形式と機能であった。意味の面においても、「V_1了$_1$」と「V_1C了$_1$」とはやはり異なるものなのである。それは次の文型から見て取ることができる。

(W) <u>V_1了$_1$，没 V_1C。</u>

(70) 拽 了$_1$，没 拽 $\overset{0}{住}$。

引っ張る (了$_1$ le) ～なかった 引っ張る (住 zhu)

引っぱったが、ぐっと掴めなかった。

(71) 追 了$_1$，没 追 $\overset{0}{上}$。

追いかける (了$_1$ le) ～なかった 追いかける (上 shang)

追いかけたが、追いつかなかった。

(72) 买 了$_1$，没 买 着。

買う　（了$_1$ le）　～なかった　買う　（着 zhao）

買いに行ったが、買えなかった。

この文型は「V_1了$_1$」と「没V_1C」（すなわち「V_1C了$_1$」の否定形式）とが意味の面で互いに排除し合うものではないことをはっきりと示している。(W)の中の「V_1了$_1$」は「V_1C了$_1$」でもって置き換えることができない。

(W') *V_1C了$_1$，没V_1C。

(73) * 拽 了，没 拽 住。

掴む　（住 zhu）　（了 le）　～なかった　掴む　（住 zhu）

ぐっと掴んだが、ぐっと掴めなかった。

明らかに両者は意味が違っている。直感的に言えば、「V_1了$_1$」が述べているのは「V_1」の表す動作が既に起きていることであり、「V_1C了$_1$」が述べているのは「V_1」の表す動作が既に一定の結果（完了、成功、目的達成など。以下同じ）に到っていることである。

本節で考察している「V_1」を「V_2」に換えると、「V_1了$_1$」とパラレルな「V_2了$_1$」が「V_1C了$_1$」とパラレルな「V_2［了$_2$］了$_1$」と形式面で同じになるため、「V_2了$_1$」は複数の意味に解釈することが可能となる。即ち、「V_2」の指す動作が既に起きていることを表すこともできるし、その動作が既に一定の結果に到っていることを表すこともできる。しかし次の文型は注意されたい。

V_2了$_1$，没 V_2了$_2$。

(74) 吃 了$_1$，没 吃 了$_2$。

食べる　（了$_1$ le）　～なかった　食べる　（了$_2$ lou）

食べたが、食べきれなかった。

(75) 烧 了$_1$，没 烧 了$_2$。

焼く　（了$_1$ le）　～なかった　焼く　（了$_2$ lou）

焼いたが、焼けなかった。

(76) 扔 了$_1$，没 扔 了$_2$。

捨てる　（了$_1$ le）　～なかった　捨てる　（了$_2$ lou）

捨てみたが、捨てられなかった。

上の文型では、(W) とパラレルな文型としてしか解釈できず、ここの「V$_2$了$_1$」は動作が既に起きていることを表し、動作が一定の結果に到っていることは表さない。もしここの「V$_2$了$_1$」を「V$_2$［了$_2$］了$_1$」と解釈する（つまり上に引用した文型を（W*）とパラレルな文型だと解釈する）ならば、コンマより後ろの「没V$_2\overset{0}{了}_2$」との間に矛盾が生じてしまう。

「V$_1$C了$_1$」にはもう１つの否定形、つまり「没V$_1\dot{C}$」が存在する。「没V$_1\overset{0}{C}$」と区別するために、「没V$_1\dot{C}$」を弱否定形、「没V$_1\overset{0}{C}$」を強否定形と呼ぶことにする。両者は音声形式が異なるだけでなく、機能、意味も異なる。例えば、弱否定形の後ろには目的語を従えるができるが、強否定形ではそれができない。

<u>強否定形</u>　　　　　　　　<u>弱否定形</u>

（77）a. *没 拽 $\overset{0}{住}$ 绳子。　　b. 没 拽 $\dot{住}$ 绳子。

～なかった　つかむ　（住 zhu）　ひも

ぐっと掴めなかった。ひも。

～なかった　掴む　（住 zhu）　ひも

ひもをぐっと掴めなかった。

（78）a. *没 追 $\overset{0}{上}$ 小偷儿。　　b. 没 追 $\dot{上}$ 小偷儿。

～なかった　追いかける　（上 shang）　泥棒

追いつかなかった。泥棒。

～なかった　追いかける　（上 shang）　泥棒

泥棒に追いつかなかった。

（79）a. *没 买 $\overset{0}{着}$ 票。　　b. 没 买 $\dot{着}$ 票。

～なかった　買う　（着 zhao）　チケット

買えなかった。チケット。

～なかった　買う　（着 zhao）　チケット

チケットが買えなかった。

強否定形と弱否定形の違いは、次の文型において特にはっきりしている。

差点儿 没 V_1C。◄—► 差点儿 没V_1C。

(80) a. 差点儿 没 拽 $\overset{0}{\text{住}}$。(＝拽住了)

もうちょっとで　～なかった　掴む（住 zhu）　（掴む　（住 zhu）（了 le））

もうちょっとで掴めなったところだった。(＝ぐっと掴んだ)

b. 差点儿 没 拽 $\dot{\text{住}}$。(＝没拽$\dot{\text{住}}$)

もうちょっとで　～なかった　掴む　（住 zhu）　（～なかった　掴む（住 zhu））

もうちょっとで掴んだところだった。(＝掴めなかった)

(81) a. 差点儿 没 碰 $\overset{0}{\text{着}}$。(＝碰着了)

もうちょっとで　～なかった　会う　（着 zhao）　（会う（着 zhao）（了 le））

もうちょっとで会えなったところだった。(=会うことができた)

b. 差点儿 没 碰 $\dot{\text{着}}$。(＝没碰$\dot{\text{着}}$)

もうちょっとで　～なかった　会う　（着　zhao）　（～なかった　会う（着　zhao））

もうちょっとで会えたところだった。(＝会えなかった)

(82) a. 差点儿 没 打 $\overset{0}{\text{死}}$。(＝打死了)

もうちょっとで　～なかった　殴る　死ぬ　（殴る　死ぬ（了 le））

もうちょっとで殴って死なせなったところだった。(＝殴って死なせた)

b. 差点儿 没 打 $\dot{\text{死}}$。(＝没打$\dot{\text{死}}$)

もうちょっとで　～なかった　殴る　死ぬ　（～なかった　殴る　死ぬ）

もうちょっとで殴って死なせたところだった。(＝殴って死なせなかった)

V_2もこれとパラレルな文型に現れることができる。例えば：

差点儿 没 V_2 $\overset{0}{\text{了}}_2$。　　差点儿 没 V_2 $\dot{\text{了}}_2$。

(83) 差点儿 没 死 $\overset{0}{\text{了}}_2$。(＝死了)　差点儿 没 死 $\dot{\text{了}}_2$。(＝活 着 呢)

もうちょっとで　～なかった　死ぬ　（了$_2$ lou）　（死ぬ　（了 le））

もうちょっとで死ななかった。(＝死んだ)

もうちょっとで　～なかった　死ぬ　（了 lou$_2$）　（生きる　～ている　（呢 ne））

もうちょっとで死んだ。(＝生きているよ)

(84) 差点儿 没 输 $\overset{0}{\text{了}}_{2}$。(＝输了)　差点儿 没 输 $\dot{\text{了}}_{2}$。(＝赢了)

もうちょっとで　～なかった　負ける　(了$_2$ lou)　(負ける　(了 le))

もうちょっとで勝つところだった。(＝負けた)

もうちょっとで　～なかった　死ぬ　(了$_2$ lou)　(勝つ　(了 le))

もうちょっとで負けるところだった。(＝勝った)

(85) 差点儿 没 吃 $\overset{0}{\text{了}}_{2}$。(＝吃了)　差点儿 没 吃 $\dot{\text{了}}_{2}$。(＝留着呢)

もうちょっとで　～なかった　食べる　(了$_2$ lou)　(食べる　(了 le))

もうちょっとで食べ残すところだった。(＝食べてしまった)

もうちょっとで　～なかった　食べる　(了$_2$ lou)　(残す　～ている　(呢 ne))

もうちょっとで食べてしまうところだった。(＝残しているよ)

「差（一）点儿没…」の文法上の意味は、注目すべき問題であり、参考文献［3］などを見られたい。本文ではこの問題には深く立ち入らずに、形式面で異なる文を注意深く区別すべきであることを指摘するにとどめる。

7

北京方言では、「了$_1$」と「了$_2$」の区別は非常に厳格であり、入れ替えができないため、1つの語が2つの自由変異を有していると考えることができない。もしある文の中で「了」に2つの発音が認められるとしたら、それはその2つの発音が弁別的であることになる。本文冒頭に挙げた「把它扔了／それを捨てた（了＝ le)、それを捨てろ（了＝ lou）！」及び前節で言及した「别扔了／もう食べるな（了＝ le)、食べてしまうな（了＝ lou)」はともにその例である。しかし次の文などは例外のようである。

(86) 吃 了 两 碗 饭 了。

食べる　(了 le、lou)　2　はい　ご飯　(了 le)

この文では1つ目の「了」に次のように異なる2つの発音がある。

(87) 吃 了$_1$ 两 碗 饭 了。

食べる　(了$_1$ le、)　2　はい　ご飯　(了 le)

ご飯を2杯食べた。

(88) 吃 了$_2$ 两 碗 饭 了。

食べる　（$了_2$ lou、）　2　はい　ご飯　（了 le）

ご飯を２杯たいらげてしまった。

(87) と (88) の意味は同じに見えるが、実は同じではない。

通常 (87) の１つ目の「$了_1$」は動詞接尾辞であり、２つ目の「$了_1$」(及び (88) の「$了_1$」) と異なると考えられている。本文ではとりあえずこれらを一律に「$了_1$」と書き表しておくが、それはこの２種類の「$了_1$」をどう扱うかが、本文での「$了_2$」に関する分析に全く影響しないからである。

「Ｓ」、「Ｌ」でもってそれぞれ数詞、量詞を表すとすると、上記の (87)、(88) はそれぞれ次の２つの文型に属することになる。

（Ｐ）Ｖ$了_1$ＳＬＮ$了_1$。

（Ｑ）Ｖ$了_2$ＳＬＮ$了_1$。

これまでの分析に基づくと、（Ｑ）と以下の文型はパラレルな関係にある。

（Q'）<u>Ｖ　Ｃ　Ｓ　Ｌ　Ｎ　$了_1$。</u>

(89) 栽 上 两 棵 树 $了_1$。

植える　（上 shang）　2　本　木　（$了_1$le）

もう木を２本植えた。

(90) 开 开 两 扇 门 $了_1$。

開ける　（开 kai）　2　枚　ドア　（$了_1$ le）

もうドアを２枚開けた。

(91) 接 住 两 个 球 $了_1$。

キャッチする　（住 zhu）　2　個　ボール　（$了_1$ le）

もうボールを２個キャッチした。

（Ｑ）の中の「$了_1$」を「ＶＣ」の後ろに移すと、もう１つの文型が得られる。

（R'）<u>Ｖ　Ｃ　$了_1$Ｓ　Ｌ　Ｎ。</u>

(92) 栽 上 $了_1$ 两 棵 树。

植える　（上 shang）　（$了_1$le）　2　本　木

木を２本植えた。

(93) 开 开 $了_1$ 两 扇 门。

開ける　（开 kai）　（了$_1$ le）　2　枚　ドア

ドアを２枚開けた。

(94) 接 住 了$_1$ 两 个 球。

キャッチする　（住 zhu）　（了$_1$ le）　2　個　ボール

ボールを２個キャッチした。

（Q'）と（R'）は文法機能が異なり、意味にもまた違いが見られる。文法機能の面から論じると、（R'）の前には「就／ただ、しか～ない」、「才／ただ、やっと」などといった語を加えることができるが、（Q'）ではそれができない。意味の面から論じると、（Q'）には「Ｖの表す動作がまだ進行しつつある」という意味が含まれるのに対し、（R）では全く逆で、Ｖの表す動作が既に停止しているのである。とりあえず（Q'）を延長形、（R'）を終止形と呼ぶことにする。延長形と終止形の変換関係は次のようになる。

ＶＣＳＬＮ了$_1$。←→ ＶＣ了$_1$ＳＬＮ。

この変換式は次の図式のように拡張することができる。

（Q'）ＶＣＳＬＮ了$_1$。←→（R'）ＶＣ了$_1$ＳＬＮ。

（甲）　↕　　　　　　　　↕

（Q）Ｖ了$_2$ＳＬＮ了$_1$。←→（R）Ｖ［了$_2$］了$_1$ＳＬＮ。

ここでは（R）というこれまで考察してこなかった文型が現れる。（Q）（R）間の関係と（Q'）（R'）間の関係はパラレルなものであり、（R）は終止形で、前には「就／ただ、しか～ない」、「才／ただ、やっと」などといった語を加えることができるが、（Q）は延長形で、前にはこうした語を加えることができない。例えば：

（Q）Ｖ 了$_2$ Ｓ Ｌ Ｎ 了$_1$。　（R）Ｖ［了$_2$］了$_1$ＳＬＮ。

(95) a. 脱 了$_2$ 一 双 鞋 了$_1$。　b.（就）脱 了$_1$ 一 双 鞋。

脱ぐ　（了$_2$ lou）　一　足　靴　（了$_1$ le）

もう靴を一足脱いだところだ。

（だけ）　脱ぐ　（了$_1$ le）　一　足　靴

靴を一足脱いだだけだ。

(96) a. 烧 了$_2$ 两 封 信 了$_1$。　　　b.（才） 烧 了$_1$ 两 封 信。

焼く　(了$_2$ lou)　2　通　手紙　(了$_1$ le)

もう手紙を２通焼いたところだ。

(だけ)　焼く　(了$_1$ le)　2　通　手紙

手紙を２通焼いただけだ。

一方で、(R')と(R)の中からそれぞれ「C」と「[了$_2$]」を省くと、同じ文型が得られる。

(S) V了$_1$ＳＬＮ。

(R')から得られたもの

(97) 栽 了$_1$ 两 棵 树。

植える　(了$_1$ le)　2　本　木

木を２本植えた。

(98) 开 了$_1$ 两 扇 门。

開ける　(了$_1$ le)　2　枚　ドア

ドアを２枚開けた。

(99) 接 了$_1$ 两 个 球。

キャッチする　(了$_1$ le)　2　個　ボール

ボールを２個キャッチした。

(R)から得られたもの

(100) 吃 了$_1$ 两 碗 饭。

食べる　(了$_1$ le)　2　(碗 wan／茶碗等を数える量詞)　ご飯

ご飯を２はい食べた。

(101) 脱 了$_1$ 一 双 鞋。

脱ぐ　(了$_1$ le)　1　足　靴

靴を１足脱いだ。

(102) 烧 了$_1$ 两 封 信。

焼く　(了$_1$ le)　2　通　手紙

手紙を２通焼いた。

（S）の中には補語が含まれていないから、文中の「V」は「V_1」でも構わないし、「V_2」でも構わない。もし（S）の中の「V」が「V_2」であれば、（S）と（R）の間にはこれまで見てきたような形式面では同じだが構造が異なる現象が現れることになる。すなわち（S）に含まれているのは「V_2了$_1$」で、（R）に含まれているのは「V_2［了$_2$］了$_1$」ということになる。

（S）もまた終止形の１つであり、前には「就／ただ、しか〜ない」、「才／ただ、やっと」などといった語を加えることができる。（S）に相応する延長形は（P）そのものであるから、次のように（甲）と対応する変換図式が描ける、ということになる。

（乙）（P）V了$_1$ S L N 了$_1$。⟷（S）V 了$_1$ S L N。

（103）a. 栽 了$_1$ 两 棵 树 了$_1$。　　b. 栽 了$_1$ 两 棵 树。

植える　（了$_1$ le）　2　本　木（了$_1$ le）

もう木を２本植えた。

植える　（了$_1$ le）　2　本　木

木を２本植えた。

（104）a. 接 了$_1$ 两 个 球 了$_1$。　　b. 接 了$_1$ 两 个 球。

キャッチする　（了$_1$ le）　2　個　ボール（了$_1$ le）

もうボールを２個キャッチした。

キャッチする　（了$_1$ le）　2　個　ボール

ボールを２個キャッチした。

（105）a. 吃 了$_1$ 两 碗 饭 了$_1$。　　b. 吃 了$_1$ 两 碗 饭。

食べる　（了$_1$ le）　2　（碗 wan ／茶碗等を数える量詞）　ご飯　（了$_1$ le）

ご飯を２はい食べた。

食べる　（了$_1$ le）　2　（碗 wan ／茶碗等を数える量詞）　ご飯

もうご飯を２はい食べた。

（106）a. 烧 了$_1$ 两 封 信 了$_1$。　　b. 烧 了$_1$ 两 封 信。

焼く　（了$_1$ le）　2　通　手紙　（了$_1$ le）

もう手紙を２通焼いた。

焼く　(了₁ le)　2　通　手紙

手紙を２通焼いた。

（甲)、(乙）の２つの変換はともに延長形とその相応する終止形との間の変換である。

（甲)、(乙）の文型を詳しく観察すると、(乙）では各文型のＳＬが指しているのが「Ｖ」の表す動作の及ぶ範囲の大きさであり、そして（甲）では動作によって生み出される結果の範囲の大きさであることに気が付くであろう。とりあえず前者を関係量、後者を有効量と呼んでおく。この状況は前節で否定形を考察したときに出てきた状況と非常に類似している。例えば、文型（W）を模倣し、次のような例を挙げることで、(乙）中の文型（Ｓ）(即ち「Ｖ了₁ＳＬＮ｣）と（甲）中の文型（R'）(即ち「ＶＣ了₁ＳＬＮ｣）の意味面での違いを説明することもできる。

(107)　接 了₁ 两 个 球(Ｓ)，接 住 了₁ 一 个 (球)(Ｒ')，另 一 个 (球) 没 接 住。

キャッチする　2　個　ボール（Ｓ)，キャッチする　(住 zhu)　(了₁ le)　1　個　(ボール) (R')，もう　1　個　(ボール)　～なかった　キャッチする　(住 zhu)

ボールを２回受けて、１つを受け止めたが、もう１つは受け止めていない。

(108)　找 了₁ 两个 人(Ｓ)，找 着 了₁ 一个 (人)(Ｒ')，另 一个 (人) 没 找 着。

探す　(了₁ le)　ふたり　人（Ｓ)，探す　(着zhao)　(了₁ le)　ひとり　(人) (R')，もう　ひとり　(人)　～なかった　探す　(着zhao)

人２人を探して、１人を探し当てたが、もう１人は探し当てていない。

ここまで終止形と延長形の違い、そして関係量と有効量の違いにも触れてきた。これらの違いに基づいて、本節で扱った（P)、(Q)、(Q')、(R)、(R')、（S）を次頁の表にまとめることができる。

ここでもう一度本節冒頭の例を振り返ってみると、(86）を（87）のように

	延長形	終止形
有効量	（Q'） VCSLN了$_1$。 （Q） V了$_2$SLN了$_1$。	（R'） VC了$_1$SLN。 （R） V ［了$_2$］ 了$_1$SLN。
関係量	（P） V了$_1$SLN了$_1$。	（S） V了$_1$SLN。

発音するか、それとも（88）のように発音するかでは、意味に若干の違いが生じることに気が付く。(87）は（P）のタイプで、そこの「两碗／2はい」は動作が関係する量を表し、(88）は（Q）のタイプで、そこの「两碗／2はい」は動作が結果に到った時の量を表している。この種の違いは次のような文脈で具現してくる。

(109) 母亲（对儿子）：小华，应该吃完一碗饭再吃另一碗。看你，吃了$_1$两碗饭，哪一碗也没吃了$_2$。

食べる　（了$_1$ le）　2　（碗 wan ／茶碗等を数える量詞）　ご飯　どの　1　（碗 wan）　も　～なかった　食べる　（了$_2$ lou）

母親（息子に対して）：華くん、1碗食べ終えてからもう1碗食べるようにしなさい。あなたの食べた方じゃ、2碗食べているけど、どちらのお碗も食べ残している。

この例では文中の「了$_1$」を「了$_2$」に変えて発音することはできない。もっとはっきりした例を挙げることもできる。

（P）（110） 吃 了$_1$ 两 个 菜 了$_1$。（两 个 菜 都 吃 到 了。）

食べる　（了$_1$ le）　2　個　料理　（了$_1$ le）。（2　個　料理　みな　食べる　（到 dao）　（了 le））

2つの料理を食べた。（2つの料理を口にした。）

（Q）（111） 吃 了$_2$ 两 个 菜 了$_1$。（两 个 菜 都 吃 光 了。）

食べる　（了 $_2$lou）　2　個　料理　（了$_1$ le）。（2　個　料理　みな　食べる　（光 guang）　（了 le））

2つの料理を食べてしまった。（料理を2つともたいらげてしまった。）

要するに、「了$_1$」と「了$_2$」を区別すれば、(86) が実は (87) と (88) という形式面で異なる２つの文であることが分かるのである。そして (乙) 中の (S) と (甲) 中の (R) は形式面で同じだが構造が異なっている。それで次のような文が複数の意味に解釈することが可能となってくるのである。

(112) 吃 了$_1$ 两 个 菜。

食べる (了$_1$ le) 2 個 料理

(S) と見なせば、２つの料理とも口にしたことを表し、(R) と見なせば、「了$_1$」の前に「了$_2$」が省略されていることになり、２つの料理ともたいらげたことを表す。そこで次の表にまとめることができる。

	延長形	終止形
有効量	(Q) 吃了$_2$个菜了$_1$。	(R) 吃 [了$_2$] 了$_1$个菜。
関係量	(P) 吃了$_1$个菜了$_1$。	(S) 吃了$_1$个菜。

8

ここで少しまとめてみることにする。ここまで次の２点を立証してきた。

(1) 北京方言では、２つの「了」を区別しなければならない。「了$_1$」は・le と発音する。「了$_2$」は liǎo で、軽声で発音する場合には・lou (もしくは・lao と綴る) である。「了$_2$」は補語になることができる (もちろん「了$_2$了$_1$一件事／１つのことを処理した」のように、メイン動詞としても用いられる)。

(2)「了$_1$」の前に現れる「了$_2$」(軽声の「了$_2$」を指す) は省略しなければならない。省略された「了$_2$」は変換という方法でもって再現することができる。

本文で採ってきた手法は、大ざっぱに言うと文型間の変換関係、及び２つの変換関係間に見られるパラレルな性質を分析するものであった。

一般的には、ある変換式、例えば、

(甲) (X) ⟷ (Y)

のように、両側の文型 (X) と (Y) の意味は同じものではあり得ない。そこ

で、（甲）と関係のあるもう１つの変換、

（乙）（X'）←→（Y'）

を考える場合、意味の面において（X'）と（Y'）の差異が、（X）と（Y）の差異と一致した場合に限り、（甲）、（乙）２つの変換がパラレルであると見なされるのである。この関係を次のように図式化する。

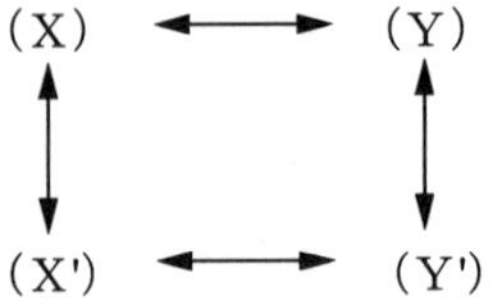

本文においてはこの方法で一定の効果を収めることができた。

本文の核を成す考え方はアメリカスタンフォード大学の高恭億教授との数回にわたる意見交換の中で培われたものである。この場を借りてお礼を申し上げたい。

注

1）「了₂」と「了₁」をともに・le と発音している人もおり、その場合（２）（３）が同じ形式となる。このタイプの北京方言についても、本文で用いる分析は同様に適用することができる。

参考文献

［１］朱德熙　1980　「北京話、広州話、文水話和福州話里的“的”字／北京方言、広州方言、文水方言及び福州方言の『的』」，方言，第３期.

［２］朱德熙　1962　「句法結構／文法構造」，中国語文，第 8-9 期.

［３］朱德熙　1980　「漢語句法里的歧義現象／中国語文法における多義現象」，中国語文，第２期.

原文 :「関於動詞「了」の弱化形式／・lou ／」，中国語言学報，1982 年第 1 期

2　動補構造における「了」の分布

張旺熹 著

于康／森宏子 訳

0　はじめに

中国語における動補構造[①]は、静的角度から言えば、単に動作・行為に起こる結果や影響、または予測される結果や影響を表すものであるが、動的角度から言えば、予想の結果と現実の結果といった異なるレベルの文法範疇を表すこともできる。また、主に実現を表す「了 le」が動補構造と共起した場合、しばしば動補構造が表す文法的意味に影響を及ぼす。以下、一定の分析方法を用いて、そのような点を明確にし、体系的に整理して、中国語の語学教育に些かなりとも参考に資するものを提供したいと思う。

本稿は『中国当代散文鑑賞辞典／中国当代散文鑑賞辞典』（中国集郵出版社 1989 年 6 月）から、1 ～ 119 の散文作品、合計 38.5 万字を調査資料とした。また、『現代漢語頻率詞典／現代中国語使用頻度辞典』（北京語言学院出版社 1986 年）における「文学作品中前 4000 個高頻詞表／文学作品における上位 4000 の高頻度語彙表」の上位 30 語から、任意に 15 の使用頻度の高い語を抽出し、検索対象語とする。使用頻度に基づき、その 15 の動詞を並べれば、次のようになる。

说／言う、来／来る、想／思う、看见／目に入る、吃／食べる、拿／取る、知道／知る、找／探す、问／問う、带／（ものを）持つ、（人を）連れる、象／似る、听／聞く、走／歩く、开／開く、放／置く

ここで説明しなければならないのは、次の 3 点である。

---

① 訳者注：「動補構造」とは「動詞＋補語」のことである。

i　動補構造を検索するに当たり、原則として、以上の 15 の動詞から成る動補構造（前掲の動詞が動補構造の直接成分であること）を分析対象とする。

ii　「看见／目に入る」は動補構造として統計する。

iii　動詞の後に同時に２つの「了 le」が現れることは稀なので、このような構造のものは前掲の 15 の動詞に限定することなく統計する。

以上の３点に従って、合計 2203 の動補構造の例を得た。以下、これに基づき分析を進める。

分布分析の理論に基づき、2203 例の動補構造を、「了 le」と共起するか否かによって分類した。文中の動補構造が「了 le」と共起するものを「動補＋了 le」とし、「了 le」と共起しないものを「動補－了 le」とする。

1　「動補＋了le」の分布について

2203 例の動補構造のうち、「動補＋了 le」は 342 例あった。まず、これらの動補構造によって表される、その動作・行為が実現したものか否か、統語機能、形態特徴、述語の形式、修飾成分の意味、共起する目的語の状況、及びその動補構造が置かれているテキストの表現機能、意味構造などについて順次考察を進めていく。ではまず、２つの角度から「動補＋了 le」が有する顕著な特徴を述べる。

（Ⅰ）「動補＋了 le」構造のうちその 80 %の動補構造が、実際に発生し、現実性を持つ動作・行為を表現するものである。従って、その述語の修飾成分にはしばしば「终于／ようやく」、「的确是／確かに～のだ」、「居然／意外にも」、「已经／すでに」、「就／すぐ、じきに」、「连･･･都･･･／～さえ～」、「果然／やはり、果たして」、「又／また」、「却／～のに」などのような完了または実現を表すものが用いられる。例えば：

（1）我 的 朋友 已经 回 来 了[1]，看见 我 提 着 小 桔灯，便 问 我 从 哪里 来。《小桔灯》

① 訳者注：傍点は原著者による。以下同。

私　の　友達　すでに　帰る　くる　（了 le），目に入る　私　持つ　～ている

小さい　灯籠　そして　問う　私　から　どこ　来る

私の友達はもうに帰ってきた。私が小さな提灯を持っているのを見て、どこから来たのと尋ねた。

そこで次のような仮説を立ててみる。動補構造の表す意味が論理学的に真であるならば、「了 le」を伴うことはごく自然で、合理的なことなので、これ以上理論的な説明を加える必要はなかろう。しかし反対に、動補構造の表す動作・行為が実際には未発生にもかかわらず「了 le」を伴う場合、それは不自然で、何か条件が付くので、説明が必要となろう。

統計から、「動補＋了 le」内の動補構造が未発生の動作・行為を表す場合、概ね次のような表現に限定されることが明らかになった。

ⅰ　可能補語[1]と動補構造の否定形式

ⅱ　心理上における虚構の現実ないしは結果、推量、疑問

ⅲ　命令・願望文、モダリティ助詞によって制約される動補構造

明らかに、これらの意味はいずれも非現実レベルの現象である。「了 le」を用いるのは、人間の心理的要因が、現実世界に対する認識や把握の仕方の表現に、ある程度制約を与えるためであると考えられる。ⅰ～ⅲの言語形式は、現実と非現実世界との弁証的関係に対する人間の把握を表すものなので、現実レベルにおいては真実ではないが、人間の心理上、または現実との繋がりにおいて真実となる。「了 le」が非現実レベルの動補構造と共起するのは、正に心理的要因が言語形式を制約するということを物語っている。

可能補語（否定形式と肯定形式）や動補構造の否定形式（不／～ない、不再／再び～しない、没／～なかった、没有／～なかった）が「了 le」と共起した場合、それはいずれも出来事の本来の状態が否定の方向に変化したことを表す。「了 le」はそのような変化を表すものである。ここで問題となるのは、「了 le」を用いることができるか否かということではなく、用いるか否かによって意味が異なるということである。例えば：

（2）我 的 眼光 常常 停留 在 他 的 脸 上，我 找不到 那个 过去 熟

① 訳者注：「可能補語」とは可能の意味を表す補語のことである。

悉的胡风了。[①]他呆呆地坐在那里，没有动，也不曾跟女儿讲话。

《怀念胡风》

私　の　目つき　いつも　止まる　に　彼　の　顔　上　私　見つけることができない　あの　昔　熟知する　（的 de）　胡風　（了 le）

私の視線はしばしば胡風の顔へ注がれた。しかしもうそこに昔のあのなじみ深い「胡風」を見つけることはできなかった。彼は茫然としてそこに腰掛け、微動だにせず、娘に話しかてくることもなかった。

（2）の動補構造は非真実を意味する。「了 le」を伴うのは本来真実であったものを否定するためで、変化を表している。

心理上における虚構の現実ないし結果は、現実世界においては非真実であるが、人の心理上では真実である。従って、このようなコンテクストにおいては、「了 le」を伴っても伴わなくてもよく、しかも意味はそれほど変わらない。次例の２つの使用場面を比較されたい。

（3）我心震颤！仿佛看见了我的母亲、我的祖国、我祖国的母亲···我看见中国的女性在人生苦难的历程上，风里雨里，泥里水里，几个世纪来，是怎样艰辛地跋涉着。《栀子花》

まるで　目に入る　（了 le）　私　の　母親、私　の　祖国、私　祖国　の　母親···
私　目に入る　中国　の　女性　において　人生　苦難　の　歴史　上，風　中　雨　中，泥　中　水　中，いくつ　個　世紀　（来 lai），（是 shi）　どのように　辛く　（地 de）　跋渉する　（着 zhe）

私は心が震えた！私の母親を見た思いがした。私の祖国、祖国の母親を見た気がしたのだ…中国の女性が何世紀にもわたりどんなに長く苦しい道のりを歩んできたことか。

例（3）の２つの「看见／目に入る」はいずれも心理上の現実である。「了 le」を伴う形と伴わない形が同時に現れており、これはまさに先程述べたことの傍証と成るであろう。

推量や疑問を表す場合、推量や疑問（主に普通の疑問）の焦点が現実の結果

① 訳者注：下線は訳者による。逐語訳は下線部のみを示す。

に置かれるときは一般に「了 le」を伴う。しかしそうでないときは、単に１つの可能性について疑問を表すこととなるので「了 le」を伴わない。ただし両者の意味は異なる。例えば：

（４）这个小姑娘把炉前的小凳子让我坐了, 她自己就蹲在我旁边, 不住地打量我。我 轻声 地 问: "大夫 来 过 了 吗?" 她 说 "来 过 了, 给 妈妈 打 了 一 针…她 现在 很 好。" 她又像安慰我似地说: "你放心, 大夫明早还要来的。" 我 问 "她 吃 过 东西 吗? 这 锅 里 是 什么?" 她笑说: "红薯稀饭——我们的年夜饭。"《小桔灯》

私　こっそり　（地 de）　問う，お医者さん　来る　（过 guo）　（了 le）　か？彼女　言う　来る　（过 guo）　（了 le），に　お母さん　打つ　（了 le）　1　針…彼女　今　とても　よい

私　問う，彼女　食べる　（过 guo）　もの　か？これ　鍋　中　（是 shi）　何

その娘はかまどの前の小さい腰掛けに私を座らせ、自分は私のそばにしゃがんで私のことをしげしげと見ている。私は小声で聞いた「お医者様は来たの？」と。彼女は「こられたわ、お母様に注射を一本打ってね……もう大丈夫。」と言った。彼女は私を安心させるかのように言った。「大丈夫よ、お医者様は明日の朝また来てくださるの。」「お母さん何か食べたかしら？このナベは何？」と私はまた聞いた。すると彼女は笑って「サツマイモのお粥よ、私たちの年越しのごちそうよ」と言った。

このように、「来过了吗?／来たのか」は来るという既知情報を背景に「来过／来た」か否かの真実性について問いかけている。それに対し、「吃过东西吗?／何か食べたのか」は既知情報がない状態で発せられた一般的な質問に過ぎない。このように、両者の心理状態が異なると、用いられる文法形式も異なるのである。

同様に、命令文や願望文、またモダリティ助動詞によって制約を受ける動補構造は、人の心理からすれば、そこに示される意味は已然の現実の状態と見なされるので、「了 le」を伴うことができる。この場合、「了 le」を伴うか否かで意味に差はない。

（５）可是我不知父亲的习惯, 他收着报纸是不是有另外的用途。又 疑心 母

亲的钱是藏在什么报堆里，怕送走了一份双方的大惊吓。《周末》

また 疑う 母親 の お金 （是 shi） 隠す どこか 新聞 山 中 心配する 送る 行く （了 le） 1 個 双方 の 大きい 恐怖

しかし、父親の癖を知らなかった。新聞紙を集めるのは何か目的があるのだろう。まさか母親のへそくりが新聞の中に隠されていたりするのだろうか。捨ててしまったら、両方にショックをあたえるだろう。

（5）の「送走了／送り出す」は心理レベルの現実である。「了 le」がなくても意味は変わらないが、「語気」[①]に影響を与える。

以上の4種は「動補＋了 le」全体のおよそ 20 %を占める。

（Ⅱ）統計から、「動補＋了 le」を用いた文には、統語上次のような特徴が見られることが明らかになった。

i 述語形式が単純である。

単純な構造の述語形式が約 95 %を占める。それに対し、複雑な述語形式（連動構造[②]、兼語式[③]）はほんの5％しかない。

ii 目的語の形式も単純である。

43 %は目的語を伴わない。54 %は単純な目的語（長い連体修飾語を伴う単純な目的語も含む）を伴い、3％はフレーズ目的語（「说／言う」類の動詞が伴う引用文のような目的語を含む）を伴う。

iii 動補構造または動補構造を用いた文のうち、96 %は実質的な動作・

---

① 訳者注：「語気」は中国語学の術語で、modality や mood の訳語として用いられることも多い。詳しくは于康・張勤編『中国語言語学情報1 語気詞と語気』（好文出版、2000年9月）を参照されたい。

② 訳者注：「連動構造」とは、2つ以上の動詞または動詞フレーズの連用によって述語が構成されているものである。

③ 訳者注：「兼語式」とは、VOフレーズ中の目的語が、後の主述フレーズの主語を兼ねている構造のことである。

行為の意味を表すが、4％は名詞的修飾語、時間を表す副詞的修飾語、方式を表す副詞的修飾語、叙述語[①]、補語などの成分として用いられる。例えば：

（6）正滑着, 扑通! 我跌倒了, 大个儿拉我, 我还没站起来, 就听咔嚓一声, 天哪! 冰裂开了, 我们都落水了! 那水一直漫过我的脖子, 碎冰块刀似的・・・　《心中的画》

私　まだ　～なかった　立つ　あがる,（就 jiu）　聴く　がちゃん　1　声,　神様よ！氷　裂ける　開く　（了 le）, 私たち　みな　落ちる　水　（了 le）

滑っていたら、私はドスンとこけてしまった。「ノッポ」が私を引っ張ってくれたが起き上れなかった。するとバリバリという音がして、なんとまぁ、氷が割れてしまい、私たちはもろとも水の中に落ちてしまったのだ。水は私の首までひたし、身を切るような冷たさであった…

（7）赵丹说出了我们一些人心里的话, 想说而说不出的话。可能他讲得晚了些, 但他仍然是第一个讲话的人。

《"没什么可怕的了"》

趙丹　言う　だす　（了 le）　私たち　少し　人　心中　の　話, ～したい　言う　しかし　言う　～ない　だす　（的 de）　話

趙丹は私たちが思っていることを言った。それは言いたくても言い出せないことであった。彼は言うのが少し遅かったかも知れない、しかし彼はそれでも最初にそれを話した人であった。

ここで次のような仮説が立てられるであろう。

実際のコンテクストにおいては、動補構造が表す動作・行為は現実に発生したものである。文中においては述語となる。しかもその述語や目的語は単純な構造である。このような動補構造こそが「了 le」を伴うもっとも理想的で基本的なモデルといえよう。分布対立の規則に基づけば、反対にそうでないものは、動補構造が「了 le」を伴う場合の制限条件となる。

① 訳者注：「叙述語」は中国語学の術語「表語」の訳語である。「表語」とは、「是」という判断を表す動詞の後につづく部分を指すものである。

2　「動補－了le」の分布についての分析

2.0　本節では、論理学レベルの真偽、統語構造の分布、述語成分に関連する意味制約、統語上の制約という順序で「動補－了 le」形式の分析と検証を行う。

まず説明しておかねばならないのは、どんな統語形式の使用にも、つねに多元的な制約要素があって、しかもその制約要素は同じレベルのものとは限らない。本稿では、分析自体の順序に基づき、様々な制約要素を検討する。各条件は1つの場面で1回きり有効とする。これによって、様々なレベルにおける「動補－了 le」への合理的な解釈を求めたい。

2.1　まず、実際のコンテクストの中で、動補構造の表す動作・行為が実際に発生するものか否かについて見てみる。叙述の過程において、動補構造の表す動作・行為が実際には発生しない、または未発生のものを「偽」とし、反対の場合は「真」とする。「偽」の「動補構造」は「了 le」を伴わない。これはごく自然で、合理的なことと思われるので、ここでとくに理論上の説明はしない。判別した結果、1861 例の「動補－了 le」のうち、「偽」が約 534 例あり、全体の 28.7 %を占める。

「動補－了 le」の示す意味が「偽」であるケースは、主に次のような場合である。

i　動補構造の可能形式

ii　動補構造の否定形式

iii　心理態度または感覚の表現

iv　実行しようとする目的がある表現

v　モダリティ助詞・モダリティ副詞によって修飾される抽象的あるいは一般的事象の複文（例えば、逆接条件文、譲歩文、条件文）

vi　命令文・願望文・一般疑問文における動補構造

2.2　さて、残る約 1327 例の、動作・行為が実際に発生した動補構造について、統語構造レベルの制約を考える。動補構造はかなり広範囲に分布しており、述語以外にも、名詞的修飾成分、テキストの冒頭、叙述語（「是･･･的／～のだ」構造に含まれる）、主語、及び方式を表す副詞的修飾成分、目的語、補語、前置詞フレーズなどに見られ、合計241例にのぼる。実際のところ、こういったものは通常「了 le」を伴わない。これはおそらく非述語成分としての意味特性と関係があるのかもしれない。例えば：

（8）“文革”时读“语录”，此后就什么都读，医书也读。再以后便自己也写了。热衷于买书，买来的书倒不怎么热心读它了。书是借来的好看。《读书啊读书》

熱中する　に　買う　本，買う　くる　（的 de）　本　却って　～ない　それほど　熱心　読む　それ　（了 le），本　（是 shi）　借りる　くる　（的 de）　面白い

文革の時には『毛沢東語録』を読んだ、それからはどんなものでも読み、医学書も読んだ。またそれからは自分で書いたりもした。本を買うことに夢中になり、しかし買ってきた本はそんなに熱心に読まなかった。本はやっぱり借りてきたものにかぎる。

（9）话题是从出猎说起的···他说，大凡谋生，也和出猎一样，最要紧的是有眼光，有胆识，机敏和果断。《小康人家》

話　（是 shi）　から　出る　猟　言う　はじまる　（的 de）

話しは狩りのことから話し始めた…彼は、生計を立てるというのは狩りと同じことで、大事なのは物を見る目、それから度胸と知恵、機敏であることと果断であることだ、といった。

（10）不必再呼唤你的归来，你根本就没有离开。你就在我的身边，每朵花都可以证明。《啊，你盼望的那个原野》

必要がない　再び　呼ぶ　あなた　の　帰る　くる，あなた　始めから　（就 jiu）　～なかった　離れる

あなたの帰りをこれ以上叫ぶ必要はない、あなたは始めから立ち去りはしなかったのだ。あなたは私のそばにいて、どの花もそれを証明してくれる。

（8）～（10）の動補構造は名詞的修飾成分や叙述語、目的語に用いられており、いずれも「了 le」を伴わない。

2.3　次は残る1086例の、述語位置における動補構造について意味レベルの分析を行う。ここではまず、動補構造及びそれを用いた文の意味が実質的な動作

・行為の意味を表しているか否かを区別しなければならない。とくに次例のような時間を表す動補構造とは異なる点を区別する必要がある。

(11) 荷西 下班 来，看见 我 居然 在 作 牛排，很 意外，又 高兴，大叫：“要半生的。马铃薯也炸了吗?”《沙漠中的饭店》

ハーシー　仕事が終わる　くる，目に入る　私　意外　～ている　造る　ステーキ，とても　意外，また　うれしい

ハーシーは仕事から帰ってきたら、私がステーキを作っているのを知って、驚くやら喜ぶやら、大声で言った「ミディアムで頼むよ、ポテトもフライした？」

2.4　次に、動補構造を用いた文の述語成分について、その内部の意味的な制約を考える。述語の修飾成分や動補構造自身に「了 le」と共起できない要因があるか否かを考察する。その結果、次のような3つの状況において、動補構造は「了 le」を伴わないことが分かった。

（Ⅰ）純粋に過去を意味する「过 guo」や、進行や状態を意味する「着 zhe」が「了 le」と対立する文法形式として動補構造中に用いられる場合、「了 le」の出現はあり得ない。ただし、「过 guo」が動補構造に入り、しかもコンテクストの中で意味的焦点となる場合のみ「了 le」を伴うことができる。「着 zhe」を用いた動補構造は、ある状態がすでに現れている（現れてないことと比較して言う）ことを表す場合のみ「了 le」を伴うことができる。それと呼応して、過去を意味する副詞「曾／かつて」、「曾经／かつて」や進行を意味する「正／ちょうど～ている」、「正在／ちょうど～ている」、「呢／～ている」、「在／～ている」にはいずれも、動補構造が「了 le」と共起することを制約する働きがある。3者合わせて186例ある。例えば：

(12) 我 除 在 北大 西语系 讲授 西方 名著 选读 和 文学 批评史 之外，还 拿 《文艺心理学》 和 《诗经》 在 北大 中文系 和 由 朱自清 任 主任 的 清华大学 中文系 研究班 开 过 课，后来我的留法老友徐悲鸿又约我到中央艺术学院讲了一年《文艺心理学》。《自传》

私　除く　で　北京大学　西洋語学部　教える　西洋　名著　講読　と　文学　批評史

ほか，また　持つ　『文芸心理学』　と　『詩経』　で　北京大学　中国文学部　と　によって　朱自清　担当する　主任　（的 de）　清華大学　中国文学部　大学院　クラス　担当する　（过 guo）　授業

私は北京大学の西洋語学部で西洋の名著や文学批評史を教えるほか、文学部や朱自清が学部長を務めていた清華大学文学部の大学院で『文芸心理学』や『詩経』の講座を持っていた。それからまたフランス留学時代の友人である徐悲鴻に誘われ中央芸術学院で 1 年『文芸心理学』を教えた。

（Ⅱ）動補構造が静的意味を表す程度補語や、起点を表す方向補語である場合、その意味的焦点は、客観的な状況を述べることや単に動作・行為の方向を示すことだけにあるので、性質描写という特徴を備える。このような動補構造は動的変化の過程に用いられない場合、動的時間を表す「了 le」と意味的にかけ離れてしまうことになる。なお、この種のものには、主として「来自／から」、「走向／～に向かって行く」、「说得好／いいことを言ってくれた」、「来得更快一些／もっと速く来る」などがあり、合計約 68 例あった。例えば：

(13) 苇姨给我喂蛋汤, 小秃子哥哥就钻进芦苇丛淌眼泪咽口水・・・怪不得我的眉眼、身段都像苇姨、连妈妈也承认: "雁儿 比 我 漂亮、长 得 像 她 苇姨。"《苏北姑娘》

雁ちゃん　より　私　きれい，成長する　（得 de）　似る　彼女　葦おばさん

葦おばさんは私に玉子のスープをくれた。そのときハゲの兄ちゃんは葦草に潜り込んでべそをかきながらつばを飲んでいた…どおりで私の顔立ちや身のこなしなどが葦おばさんに似ていると思った。お母さんも「雁ちゃんは私よりきれいで、おばさんによく似ている」といっていた。

(14) 红字所标明的单位名称, 很少有"撞车"的。同学们 来自 工厂、街道、农场、农村, 其中 不乏 党员 和 干部。《大学: 风景画》

学生たち　から　工場、町内、農場、農村、その中　少なくない　党員　と　幹部

赤字で書かれた所属名に重複するものはほとんどない。学生達は工場や町内、農場や農村から来ている。その中には党員や幹部も少な

くない。

（Ⅲ）動補構造が述語として用いられ、コンテクストにおいて曖昧な完結を表し、しかも「总是／常に」、「常常／いつも」、「有时／時には」、「偶尔／偶然」、「每次／毎回」、「来回／行ったり来たりする」、「又／また（重複）」及び「･･･来／～来る」、「･･･去／～行く」などのような経常的、慣例的、反復的な意味を表す修飾成分に制約される場合、通常「了 le」は現れない。例えば：

(15) 在 一九六九 年 以后 我 常常 想 到 黄妈, 拿 她 同 我 自己 比较。她是一个真实的人, 姓袁, 我们叫她〝袁袁〞, 我和三哥离开成都前几年中间都是她照顾我们。《十年一梦》

において 1969 年 以後 私 いつも 思う （到 dao） 黄さん，を用いて 彼女 と 私 自分 比較する

1969 年以後、私はよく黄さんのことを思いだして、彼女と自分を比べてみた。彼女は偽りのない人であった。袁という苗字で私たちは彼女のことを「袁袁」とよんだ。私と３番目の兄が成都を離れるまでの数年間、彼女は私たちの世話をしてくれた。

(16) 他原来的润格, 普通的画每尺四元, 我 以 十 元 一 尺 买 他 的 画, 工笔 草虫、 山水、人物, 每 次 都 请 他 吃 一 顿, 然后 用 车 送 他 回 家。《忆白石老人》

私 で 10 元 1 尺 買う 彼 の 絵，密画 草虫、山水、人物，毎 回 みな おごる 彼 食べる 1 回，それから 用いる 車 送る 彼 帰る 家

彼の揮毫料は普通の絵で１尺４元であったが、私は１尺１０元で彼の画を購入した、草と虫の密画、山水、人物…。そしていつも私は彼を食事に招待し、車で家まで送った。

2.5 また反対に、動補構造が短い時間や消極的なニュアンスを表す副詞に修飾される場合、その動補構造が表す動作・行為は実際に発生したにもかかわらず、通常「了 le」を伴うことはない。そのような副詞には「刚／～たばかり」、「刚刚／～たばかり」、「才（表时间）／～になってやっと～（時間を表す）」、「突然／突然」、「忽然／急に」、「只／ただ」、「一･･･（就）･･･／～すると、～」な

どがある。その理由については、次のようなことが考えられるであろう。即ち、それらの動作・行為は、発生や完結について言及したものであるが、話し手の発話時間との間隔、または関連する次の動作・行為の発生時間との間隔が短すぎて、心理的にまだその行為が完全に終了していないという印象を与えるため、「了 le」を伴う条件を持たないのである。例えば：

(17) 那就是当他去向英雄的女医生进行战地采访时, 女 医生 刚刚 打 开 话匣, 敌机 又 来 轰炸, 当一颗炸弹向他们飞来的时候, 杨朔心急眼快, 一把将女医生推到旁边的壕沟里, 他自己抱起药箱翻滚到掩蔽处。《幽燕诗魂》

女　医者　～たばかり　開く　（开 kai）　おしゃべりの箱，敵機　また　来る爆撃する

それは彼が英雄の女医を取材するため戦地へ行った時であった。女医が話しを始めるやいなや、敵機がやってきて爆撃を始めた。爆弾が彼らに向かって飛んできて、楊朔はとっさに女医を塹壕へ突きとばし、自分は薬箱を抱いてシェルターに転がった。

このような文では、動補構造はいずれも「了 le」を伴わない。おそらくそれは今述べたような要因に制約を受けているからであろう。もちろんそのような制約は強制的なものではない。従って、本稿は統計に基づきその傾向を示すに過ぎない。

統計によれば、この２つの要因により約 230 例の動補構造が制約を受けている。

2.6　以上３つのレベルからテストを行った。ところで、もしある動補構造が、先の各レベルのテストすべてにパスすれば、統語的に見ても、意味的に見ても、「了 le」を伴う資格がある、と言えるであろう。しかし、資格があるだけではまだ不十分である。もしその動補構造がフレーズ目的語を取れば、またもしその文が単純な述語でなければ、「動補＋了 le」の理想モデルと対立することになるので、「了 le」は伴わないのである。統計から、前述の３レベルのテストを経て、まだ手元に 452 例の「動補－了 le」が残っており、今述べた２つの規則を用いて、更にこの 452 例の「動補－了 le」をテストした結果、約 161 例の動補構造がフレーズ目的語を目的語に取ったり、複雑な述語を持ったりして「了 le」を伴わないことが分かった。これは「動補＋了 le」の理想モデルの各条件

が分布分析に有効であることを物語っている。例えば：

(18) 他两只手各拿一只碗，你 明明 看见 每 只 碗 下边 扣 着 两 只 红 球儿，你 连 眼皮 都 没 眨动 一下，嘿！四 只 球儿 竟然 全 部 跑 到 一 只 茶碗 下边 去 了，难道这球儿是从地下钻过去的？

《快手刘》

あなた 明らかに 目に入る 毎 個 碗 下 かぶせる ～ている 2 個 赤い 球，あなた さえ 目 （都 dou） ～なかった 動かす 少し，あら 4 個 球 意外に すべて 行く 到る 1 個 茶碗 下 行く （了 le）

彼は両手にお碗をひとつずつ持っている。それぞれのお碗を赤い玉2つずつにかぶせるのをはっきりと確認した。瞬きもしないのに、あら不思議、なんと4つの玉が1つのお碗の下に移動しているではないか。まさか、玉は下から潜って入ったのかしら。

(19) 暑假 回 家，到 从 小 一起 长大 的 男孩 屋 里 玩，听 他 骄傲 地 说 一 句，"女 孩子 上 大学 是 为了 找 一个 好 丈夫，做 一个 现代 的 时髦 妻子"，我 立刻 甩 门 而 去，从此 遇见 他，只 当 见 到 的 是 一 团 空气。《初为人妻》

夏休み 帰る 家，行く から 小さい 一緒に 成長する （的 de） 男の子 部屋 中 遊ぶ、聴く 彼 威張る （地 de） 言う 1 句，女 子 行く 大学 （是 shi） ため 見つかる 1人 よい 主人，する 1人 現代 の モダン 妻，私 すぐに 振る ドア そして 行く，これから 会う 彼，ただ とする 見る （到 dao） （的 de） （是 shi） 1 かたまり 空気

夏休みに帰省し、幼なじみの男の子のところへ遊びに行った。彼は偉そうに言った。「女の子が大学へ行くのはよいお婿さんを見つけて、自分はモダンな妻になるためなんだよな」。それを聞いて、私はバタンとドアを閉め、出ていった。それ以来、彼を見かけても、まるで見えぬふりをしていた。

2.7 以上4つのテストを通して、1861例の「動補－了 le」のうち、すでに1570例が各レベルにおいて除外された。その 1570 例はすべて理論的に説明がついた。いま残されたのは、前述の論理レベル、統語レベル、意味レベルにおいて

制約を受けなかった291例の動補構造である。これらは「動補－了 le」全体の約 16 %を占める。そこで今以上に高いレベルで考察や分析を行い、より広い範囲でその原因を究明し、合理的な解釈を探らねばならない。

3　「動補－了le」と「動補＋了le」の比較

3.0　残る 291 例の「動補－了 le」は、動作・行為の現実性という面においても、意味や統語構造上の制約といった側面においても、本稿が設定する理想的な「動補＋了 le」の条件を満たしている。にもかかわらず、この動補構造は「了 le」を伴わないのである。そこで、より深く動補構造を用いたテキストに入り込み、様々な角度から分析や考察を行い、比較を通して両者の相違を見出すことが求められるのである。

3.1　焦点分析

分析から、291 例のうちその大半の「動補－了 le」は、同一動作主によって行われる連続する動作・行為の一部分として用いられ、常に副次的な動作・行為の位置に現れるということが分った。「動補＋了 le」と比較すると、ちょうど逆の状態にある。かなりの「動補＋了 le」は、同一動作主による連続する動作・行為表現の一部分として用いられるが、常に中心的位置に現れる。テキストの意味構造から考えてみた場合、その動補構造が仮に「動補＋了 le」の基本的な条件を満たしていたとしても、それ以外に、その動補構造がテキスト内の意味焦点に置かれているか否かというような点を見なければならない。次の2つの文を比較されたい。

(20)　有一天, 飘着雪花, 母亲迷了路, 摸进一个村子, 一打听是金提店, 二十四孝中郭巨埋儿的地方。母亲犯了忌讳。紧紧 抱 着 我 一口气 跑 出 八 里, 来 到 了 泥洋河 边, 扑倒在地恸哭起来: "我的人啊, 不管千辛万苦, 刀山火海, 我也要把孩子养大成人, 交给你呀。"

《母亲的河》

しっかり　抱く　～ている　僕　一気に　走る　いく　8　里　来る　到る　(了 le)
泥洋川　川辺

ある日、雪が舞い、母さんは道に迷ってしまい、ある村にたどり着いた。聞けば金提店、二十四孝の郭巨が子供を埋めた場所だ、縁起の悪いことに。母さんは私をひしと抱き一目散に八里を駆け、泥洋河の川辺にたどりついた。そこでばたっと地面に倒れ込むや泣き出した。「あなた、私はどんなことがあろうとこの子を立派に育て上げます、そしてあなたにお返しします。」

(21) 去年三月二十六日中国现代文学馆正式开馆，我到场祝贺。两年半未去过北京，见到许多朋友我很高兴，可是我行动不便，只好让朋友们过来看我。梅志同志同胡风来到我面前，她指着胡风问我："你还认得他吗?" 我愣了一下，我应当知道他是胡风，这是一九五五年以后我第一次看见他。《怀念胡风》

梅志 同志 と 胡風 来る 到る 私 前，彼女 指さす ～ている 胡風 問う 私，あなた まだ 覚える 彼 か

去年の 3 月 26 日、中国現代文学館が正式にオープンし、私はそのお祝いに出かけた。２年半ぶりの北京、たくさんの友人に会えてうれしかった。しかし私は身体が不自由なので、友人たちの方から会いにきてくれた。梅志同志が胡風と一緒に私の前にやってきて、彼女は胡風を指さして私に聞いた、「この人のこと覚えてる？」私はハテと考えた。それが胡風であることを私は分るべきであった。それは 1955 年以降私が初めて見た彼であった。

(20) の「来到了泥洋河边／泥洋川にたどり着いた」は「母亲／お母さん」の行為の中心に当たる。というのは「父亲／お父さん」が「泥洋河／泥洋川」で亡くなったので、ここに来ることには特別な意味が込められているのである。それに対し、(21) の「来到／来る」は一般的な動作・行為であり、叙述の中心というものではない。

3.2 視点分析

異なった表現の必要性から、また異なる表現効果を出すために、人々は客観世界について言葉を構築するとき、様々な角度から、様々な方法を用いて言語行為を操作することができる。これは表現上の視点の違いを意味する。残された動補構造の一部の用例には、視点が果たす役割が顕著に現れている。主に、

以下に示すような２種類の視点がある。

（Ｉ）瞬間的叙述

話し手は一連の動作・行為を全て１つの短い時間内で叙述する。動作・行為が次から次へと連続発生し、１つ１つの動作・行為はほとんど時間幅を持たない。この時、話し手の視点の移動と、動作・行為の発生は同時に行われているのである。このような場合にも、動補構造に「了 le」はほとんどつかない。例えば：

(22) 老人望着闪电, 听着雷声, 象有所感触, 把语气加快, 接着说: "到了 第 四 年 上, 没 等 到 牡丹 开, 队伍 就 走 了, 队伍 一 走, 下村 大绅士 三鬼头, 就 带 着 乡丁, 来 到 村 里, 把 长庚 捞 着, 立 逼 着 要 他 交 出 农会 名单, 填 表 自首, 长庚 不 依, 三鬼头 立刻 就 把 他 绑 在 树 上, 连 砍 三 刀! 虽然 三 刀 都 砍 在 要紧 地方, 长庚 可 没有 倒 下, 他 挣 断 绳子, 带 着 伤, 带 着 血, 打 开 乡丁, 扑 到 三鬼头 身 上, 夺 下 了 他 的 刀, 把 那 三鬼头 杀 死, 他 自己 才 倒 下 的。…"《牡丹园记》

到る　(了 le)　第　4　年　上，～なかった　待つ　(到 dao)　牡丹　開く，部隊　(就 jiu)　行く　(了 le)，部隊　～すると　行く，下村　大紳士　三鬼頭，(就 jiu)　連れる　～ている　武装者　来る　到る　村　中，(把 ba)　長庚　捕まる　～ている，すぐ　強制する　～ている　求める　彼　渡す　だす　農会　名簿，記入する表　自首する，長庚　～ない　従う，三鬼頭　すぐ　(就 jiu)　(把 ba)　彼　縛るに　木　上，連続する　切る　3　刀！ものの　3　刀　みな　切る　に　肝心　ところ，長庚　(可 ke)　～なかった　倒れる　(下 xia)，彼　振り（切る）　切る　縄，帯びる　～ている　傷，帯びる　～ている　血，かきわける　(开 kai)　武装者，とびかかる　到る　三鬼頭　体　上，奪う　(下 xia)　(了 le)　彼　の　刀，(把 ba) その　三鬼頭　殺す　死ぬ，彼　自分　(才 cai)　倒れる　(下 xia)　(的 de)

老人は稲光を見、雷鳴を聞き、何か感じるところがあったかのようにやや早口に続けて言った。「４年目になり、牡丹が咲く前に部隊は行ってしまった。部隊が行ってしまうと、三鬼頭がチンピラを連れて村にやってきたんだ。長庚をつかまえて、農会の名簿を渡せ、と迫ったのだが長庚は聞かなかった。三鬼頭は直ちに長庚を木に縛りあげ、刀で三回斬りつけた。刀は急所に命中したが長庚は倒れなかった。彼はもがいて縄を切り、傷を負って血を流しながらも、チンピラをかき分け、三鬼頭に飛びかかり、三鬼頭の刀を奪って奴を殺した。そしてようやく彼自身も事切れたのさ。

この例においては、話し手は早いテンポで次から次へと畳みかけるように出来事の経過を述べている。このような述べ方が「了 le」の使用に制約を与えたものと考えられる。「了 le」の使用が少ないことで、すべての行為・動作が一体となり、息つく暇なく、一気呵成に述べられた印象を与える。

（Ⅱ）概括的な静的叙述

話し手が、主体の行為を漠然とした時間背景に置き、動作・行為が発生した確たる時間をあえて強調しないような場合、広い時間範囲から見れば、その一連の動作・行為はほとんど一般的な出来事の叙述になる。これは、特に場面描写や人物描写などに顕著に現れる。例えば：

(23) 我 习惯 晚 睡, 看 书 累 了 便 在 室内 走 几 步, 举 起 那个 看 戏 用 的 望远镜, 焦距 对准 三十 米 外 的 窗口, 那个 一 夜 之 间 变 得 非同小可 的 窗口。《大学: 风景画》

私 慣れる 遅く 寝る, 読む 本 疲れる （了 le） すぐ で 室内 歩く いくつ 歩, 挙げる （起 qi） あの 見る 劇 用 の 望遠鏡, レンズ 合わせる 30 メート 外 の 窓, その 1 夜 の 間 変わる （得 de） ただ事ではない （的 de） 窓

私は宵っ張りであった。読書に疲れると室内を何歩か歩き、オペラグラスを手にすると、焦点距離を 30 メートル先にあるあの窓に合わせる、一夜にしてただ事ではなくなったあの窓に。

このテキスト内の動補構造は、動作・行為を具体的に描写するのではなく、概括的に一般的に述べるに過ぎない。従って、動作・行為は実際に発生したもであっても「了 le」は伴わない。

3.3 「語気」の一貫性に関する制約

残された291例の「動補－了 le」のうち、その大半は連続する動作・行為の中の１つを表すものである。「了 le」は文法標記として文末に現れるとき、常に文を終結させる働きを持つ。従って、文末に「了 le」が現れると、文の「語気」はそこで終わってしまうことになる。しかし、連続的な動作・行為は、叙述の上において連続一貫することが求められ、中断は許されないので、「了 le」（特に文末の「了 le」）の使用は制約を受けることになる。例えば：

(24) 我 先 把 稿子 放 在 书柜 里, 又 怕 占 了 太 好 的 位置, 别人 需要 那 块 地方, 会 把 稿子 扔 出来。所以 我 又 把 稿子 取 出, 谨谨慎慎 放 在 书柜 顶 上, 叹 口 气, 硬 硬 心, 撇 下 不 顾。《丙午丁未记事》

私　まず　(把 ba)　原稿　置く　に　本棚　中，また　心配する　占める　(了 el)　いい　場所，他人　必要とする　それ　(块 kuai)　ところ，だろう　(把 ba)　原稿　捨てる　だす．だから　私　また　(把 ba)　原稿　取る　だす，慎重　置く　に　本棚　頂　上，つく　口　ため息，思い切る　思い切る　心，捨てる　(下 xia)　～ない　顧みる

私はまず原稿を本棚の中においた、しかし自分がよい場所を占領して、他の人がこの場所をほしがり、原稿が捨てられたりしたらと思った。それで私はまた原稿を取り出して、慎重に本棚のてっぺんへ置いた。そしてため息ついて、思い切ってその場をあとにした。

(24) には「放在／～に置く」が２箇所出てきたが、心理活動と実際の行為が密に連続しているので「語気」にポーズを入れることは許されない。もちろん、稀にではあるが、次のような例も見られる。

(25) 看守 我 的 陶芸 推 开 被子 下 了 炕, 匆匆 走 出 了 小屋, 反 身 把 门 带 紧, 扣 严 了 门 上 的 搭袢。《牛棚小品》

監視する　私　の　陶芸　押す　のける　ふとん　降りる　(了 le)　オンドル，急いで　歩く　いく　(了 le)　小屋，ひるがえす　身　(把 ba)　ドア　閉める　しっかり，かける　しっかり　(了 le)　ドア　上　の　仮鍵

私を監視している陶芸は布団を押しのけオンドルから降りて、いそいそと小屋を出ていった。身をひるがえしドアをしっかり閉め、ドアの引っかけ鍵を厳重にかけた。

これは一見、「語気」の一貫性制約と矛盾するかのようであるが、そうではない。なぜなら「走出了／出ていった」と「扣严了／しっかりと閉めた」は連続する動作・行為ではあるが、両者はそれぞれ一連の動作・行為を区切る役割を果たしているからである。すなわち、室内での行為は「走出／出ていく」のところで終り、室外での行為は「扣严／しっかりと閉める」のところで終るのである。行為全体はこのように2つのパートから成っているわけである。

以上、3つの角度から連続する動作・行為に現れる「動補－了 le」を分析した結果、その大部分に合理的な解釈を与え得ることが分かった。よって、この段階までで 90 %以上の「動補－了 le」に説明がついたことになる。

3.4 同時に、次のようなことにも注意すべきであろう。つまり言語は整合性のある規則体系であり、言語の使用は社会的行為であると同時に個別的行為でもある。従って、言語行為を分析する場合、例えば、文章の題材、ジャンル、著者の個性、文章作成方法、テクニックなどのような非言語規則要素による影響も考慮しなければならないのである。次に簡単な例を見てみよう。

(26) 不 休止 的 批斗, 就 像 我们 大 城市 里 的 噪音, 带 给 人们 多 大 的 精神 折磨, 给 文艺 事业 带 来 多 大 的 损害。

《没什么可怕的了》

～ない 休止する (的 de) 批判, (就 jiu) まるで 我々 大きい 都会 中 の 騒音, もたらす に 人々 ずいぶん 大きい (的 de) 精神 苦痛, に 文芸 事業 もたらす くる ずいぶん 大きい (的 de) 損害

絶えることのない批判は、まるでこの大都会の騒音のように、人々に多大な精神的苦痛をもたらし、文芸事業にも多大な害をもたらした。

(27) 至于 一般 人民, 他们 喜爱 樱花, 就是 因为 它 在 凄厉 的 冬天 之 后, 首先 给 人民 带 来 了 兴奋 喜乐 的 春天 的 消息。

《樱花赞》

～にいたる 普通 人民, 彼ら 好く 桜, (就是 jiushi) だから それ に きびしい (的 de) 冬 の 後, まず に 人民 もたらす くる (了 le) 興奮 楽しい (的 de) 春 の 便り

一般民衆の場合、彼らは桜を好む。桜は厳しい冬を越え、一番に、うきうきする春の便りを人々に届けるからだ。

この2つのテキストは基本的に同じ意味構造であり、どちらも見解を述べるといった性格のものである。しかし、(26)の「帯来／もたらしてくる」は「了 le」を伴っていないのに対し、(27)の「帯来／もたらしてくる」は「了 le」を伴っている。これについては、ロジック、意味上、統語上などにおける原因がよく分らない。おそらく言語的な規則以外の何らかの要因が働いているためであると思われる。あるいはまた次の数字が参考になるかもしれない。統計に用いた 119 本の散文のうち、筆者の統計範囲内で言えば 24 本には「動補＋了 le」が見られなかった。これらの文章は言語様式やジャンルに著しい特徴が見られる。

4　おわりに

「了 le」と動補構造の分布について以上のような分析を行った結果、「了 le」の使用については、截然たる規則性をもって判断し、ある側面において截然たる解釈を見出すというのはほとんど不可能である、ということがわかった。動補構造については、やはり様々なレベルにおいて、様々な角度から、それが表す意味や、文中における統語的構造とその意味、及びテキストにおける意味の重要度を見分けて、はじめてある傾向性を示すことができるであろう。元より、本稿は「了 le」の使用に関する種々の規則について理論的に深く掘り下げるつもりなどなく、単に「了 le」と動補構造の分布について、表面的にではあるが体系的な記述を行ったに過ぎない。このような階層的な分析、体系的な記述を通して、「了 le」と動補構造の共起実態について明確な輪郭を描くことができ、今後の更なる研究において確かな基盤を築くことができれば幸いである。

参考文献

孟琮等　1987　『動詞用法辞典／動詞用法辞典』，上海辞書出版社.

陳　平　1988　「論現代漢語時間系統的三元結構／現代中国語の時間体系の３次元構造について」，中国語文，第６期.

陸倹明　1991　「語義特徴分析在漢語語法研究中的運用／意味特徴分析の中国語文法研

究における運用」，漢語学習，第 1 期.
郭　鋭　1993　「漢語動詞的過程結構／中国語動詞の過程構造」，中国語文，第 6 期.

原文：「“了・le” 在動補結構中的分布分析」，『句法結構中的語義研究』，北京語言文化大学，1998 年

3　現代中国語の語尾「了」の文法的意味

劉勳寧 著
于康／中川裕三 訳

0

中国語の共通語には「了 le」が２つある。１つは述語（以下はVと表記。動詞、形容詞と動詞フレーズを含む）の後に現れ、語尾の「了 le」（了$_1$と略称）と称されるものであり、もう１つは文末に現れ、ある種の「語気」[①]を表し、文末の「了 le」（了$_2$と略称）と称されるものである。一般に、語尾の「了 le」は完了を表し、文末の「了 le」は新しい状況の出現を表すとされている。本稿では語尾の「了 le」の文法的意味を検討する。

「完了」とは何か。趙元任は『A Grammar of Spoken Chinese／中国話的文法／中国語口語文法』という著書において、「completed action」（動作の完了）と解釈している[1)]。王力は『中国語法理論／中国語文法理論』において、「完了相」について次のように図示している（ここでは「着 zhe」と「了 le」の図についてのみ取り上げる）。

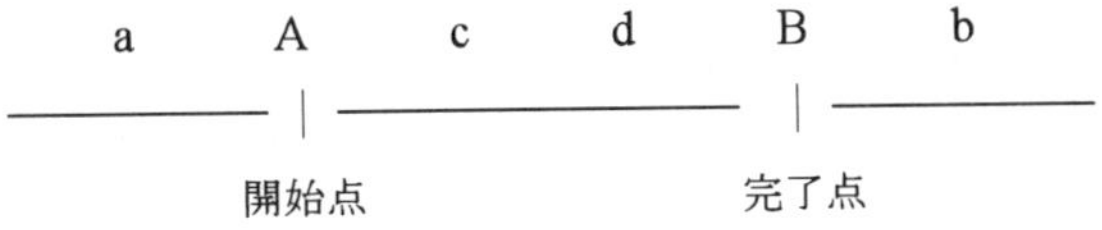

氏はA→B＝進行相（「着 zhe」）、B＝完了相（「了 le」）と考えている。呂叔湘・朱徳熙の『語法修辞講話／文法・修飾講座』では「了 le」をあっさりと「行為の終結を表す」としている。

語尾の「了 le」は果たして本当に「完了」を表すのであろうか。

---

① 訳者注：「語気」は中国語学の術語で、modality や mood の訳語として用いられることも多い。詳しくは于康・張勤編『中国語言語学情報１　語気詞と語気』（好文出版、2000年９月）を参照されたい。

1

1.1　もっとも疑問に思うのは、通常で言う「動詞＋了 le」の意味解釈[2]が「形容詞＋了 le」に適用しかねるということである。例えば：

A

看 了 一 遍。①	已经 看 完 了。
見る　(了 le)　1　回	すでに　見る　おわる　(了 le)
1回読んだ。	すでに読み終わった。
砍 了 许多。	已经 砍 完 了。
切る　(了 le)　ずいぶん	すでに　切る　おわる　(了 le)
ずいぶん切った。	すでに切り終わった。
大 了 一 寸②。	*已经 大 完 了。
大きい　(了 le)　1　寸	すでに　大きい　おわる　(了 le)
1寸大きくなった。	*すでに大きくなり終わった。
瘦 了 许多③。	*已经 瘦 完 了。
痩せる　(了 le)　たくさん	すでに　痩せる　おわる　(了 le)
ずいぶん痩せた。	*すでに痩せ終わった。

B

吃 了 饭 去。	吃 完 饭 去。
食べる　(了 le)　ご飯　行く	食べる　おわる　ご飯　行く
ご飯を食べてから行く。	ご飯を食べ終わってから行く。
还 了 债 买。	还 完 债 买。
返す　(了 le)　借金　買う	返す　おわる　借金　買う

① 訳者注：下線と句点は訳者による。以下同。

② 訳者注：ここの「大」は形容詞とされている。

③ 訳者注：ここの「瘦」は形容詞とされている。

借金を返してから買う。　借金を返し終わってから買う。

红 了 脸 说[①]。　*红 完 脸 说。
赤い (了 le) 顔 言う　赤い おわる 顔 言う
顔を赤らめて言う。　*顔を赤らめ終わってから言う。

低 了 头 走[②]。　*低 完 头 走。
低い (了 le) 頭 歩く　低い おわる 頭 歩く
うつむいて歩く。　*うつむき終わってから歩く。

一部の文法書はBグループの形容詞を動詞と見なしている。しかし、それにしても、解釈が成り立たないという事実には変わりがない。「红了脸／顔を赤らめた」における顔は赤くなっていて、「低了头／うつむいた」における顔はうつむいている。いずれの場合も形容詞の表している意味が終了したわけではないので、「完了」とは言えないであろう（この２例の「了 le」はいずれも「着 zhe」に言い換えられることからも、「完了」ではないことが裏付けられる）。

1.2　このような動詞と形容詞の意味解釈における非対称的現象は、動詞と形容詞によって構成される述補構造[③]（動結型動詞[④]）が「了 le」を伴った場合の意味分析にも見られる。この構造は２つの部分から構成されていることから、「了 le」が表す「完了」には２つの可能性がある。１つは動詞が表す動作の完了であり、もう１つは形容詞が表す結果の完了である。しかし、実例から見ると、結果の完了という解釈にかなり無理があることは、前述の通りである。例えば：

C

小李 放 平 了 桌子。
李くん 置く 水平に (了 le) テーブル

---

① 訳者注：ここの「红」は形容詞とされている。

② 訳者注：ここの「低」は形容詞とされている。

③ 訳者注：「述補構造」は中国語学の術語で、「述語＋補語」のことを指す。「動補構造」という場合もある。

④ 訳者注：「動結型」は中国語学の術語で、「動詞＋結果を表す語」のことを指す。

李さんはテーブルを水平に置いた。

放 完 了

置く おわる (了 le)

置き終わった

*平 完 了

水平に おわる (了 le)

*水平にし終わった

猫 打 破 了 玻璃。

猫 叩く 割れる (了 le) ガラス

猫がガラスを割った。

打 完 了

叩く おわる (了 le)

叩き終わった

*破 完 了

割れる おわる (了 le)

*割れ終わった

小张 吃 圆 了 肚子。

張くん 食べる 丸い (了 le) 腹

張くんは食事をしてお腹が丸くなった。

吃 完 了

食べる おわる (了 le)

食べ終わった

*圆 完 了

丸い おわる (了 le)

*丸くし終わった

不小心 弄 脏 了 衣服。

うっかりして する 汚い (了 le) 服

うっかりして服を汚した。

弄 完 了

する おわる (了 le)

し終わった

*脏 完 了

汚い おわる (了 le)

汚れ終わった

馬希文は最近の論文で、「動結型動詞において、文法と意味の両方に主導的な働きを果たすのは『結』であり、『動』ではない」と指摘している。筆者の考察でも、「結」の部分はちょうど「完了」の意味と対立しており、これはたいへん興味深いことである。実際、定義に基づくと、補語の働きは動作の結果または状態を説明することにある。即ち、述補構造は動作の働きによってもたらされたある結果またはある状態の獲得或いはその出現を表しているのである。もし「了 le」を伴うことによって、このような結果または状態の終結を表すとしてしまうと、「了 le」はある種の否定の働きを有すると言うことになるのではなかろうか。これでは明らかに筋道が通らないであろう。

1.3 動詞と形容詞は文法上異なるカテゴリーに属する。もし形容詞の後の「了 le」だけが「完了」と解釈できないのであれば、このような相違は動詞と形容詞自体の異なった性質によるものだと考えたり、或いは「了 le」を更に細かく分類してもよいことになる。しかし、考察を更に進めると、「完了」説が「動詞＋了 le」にも完全に適用できるわけではないことがすぐに分かる。

2

2.1 まず、「動詞＋了 le」の文を幾つかのグループに分けて見てみよう。

A

有 <u>了</u> 媳妇 忘 了 娘。

いる (了 le) 嫁 忘れる (了 le) 母親

嫁をもらったら母親のことを忘れてしまった。

没 <u>了</u> 谁 地球 也 照样 转。

～いない (了 le) 誰 地球 も いつもの通り 回る

誰がいなくなっても地球はいつも通り回る。

存 了 这 种 心, 我们 也 就 没 办法 了。

持つ （了 le） これ 種 心 私たち も （就 jiu） ～ない 方法 （了 le）

そんな下心があるんだったら、私たちでさえお手上げだ。

死 了 你 爹, 看 还 有 谁 疼 你。

死なす （了 le） あなた 父親 （看 kan） まだ いる 誰 かわいがる あなた

お父さんを死なせてしまったら、他に誰があなたのことをかわいがってくれるのですか。

B

我 怎么 会 相信 了 他 的 鬼话。

私 どうして だろう 信じる （了 le） 彼 の でたらめな話

私はどうして彼のでたらめな話を信じたのだろう。

这 才 同意 了 我 的 看法。

これ （才 cai） 同意する （了 le） 私 の 考え方

これでやっと私の意見に賛成してくれた。

我 害怕 了 一辈子 你 爹。

私 恐れる （了 le） 一生涯 あなた 父親

私は一生お前のお父さんが恐かった。

奶奶 算 白 疼 了 你 一 场。

おばあさん とする むだ かわいがる （了 le） あなた 1 （场 chang）

おばあさんがお前をかわいがったのは無駄だった。

C

糊 了 好 大 一 块。

焦げる （了 le） ずいぶん 大きい 1 （块 kuai）

とても大きなコゲが出来た。

疯 了 许多 年 了。

狂う　(了 le)　ずいぶん　年　(了 le)

気が狂れて何年にもなる。

病 了 就 没 戏 唱 了。

病気になる　(了 le)　(就 jiu)　～ない　芝居　演じる　(了 le)

病気になったら、もうおしまいだ。

断 了 就 把 它 扔 了。

折れる　(了 le)　(就 jiu)　を　それ　捨てる　(了 le)

折れたら捨てればいい。

D

门口 坐 了 许多 人。

入口　座る　(了 le)　たくさん　人

入口のところに人が大勢座っている。

楼 上 住 了 一位 客人。

ビル　上　住む　(了 le)　1人　お客さん

上の階にお客さんが1人泊まっている。

床 上 躺 了 一个 孩子。

ベッド　上　横になる　(了 le)　1人　子供

ベッドに子供が1人横たわっている。

池子 里 养 了 许多 鱼。

池　中　飼う　(了 le)　たくさん　魚

池で魚をたくさん飼っている。

Aグループの動詞は存在するか否かを表し、Bグループの動詞は1種の心理状態を表す。「動詞＋了 le」が表す意味はまさにそのような性質または状態の獲得であるため、「完了」とは相反する。Cグループの動詞について趙元任は状態動詞と称している。氏は、状態動詞は意味上１人の人または１つのイベントが達成したある状態またはある状況を表すものであり、文法レベルでは形容詞に極めて近いものだと指摘し、それを動詞の特殊類と見なしている。Dグループの動詞について、朱徳熙はかつて詳細な分析を行い、その動詞が「状態」の意味特徴を含意する（1981）と考えている。明らかに、C、D両グループの動詞が「了 le」と共起して表すのは、ある状態の発生と存在であって、その状態の完了ではない。とりわけ、Dグループの動詞の後の「了 le」は「着 zhe」に言い換えることができ、しかも「基本的な意味が変わらない」ことを考えると、「完了」の意味を表すはずがないということは更に明らかである。

2.2　問題はそれらの動詞自体にあるわけではない。なぜなら、それらの動詞は文法レベルまたは意味レベルにおいて特殊性を持つものであり、特別に扱うことができるからである。問題となるのは、「完了」とされる「動詞＋了 le」なのである。言語のコンテクストを変えれば、「完了」の意味と齟齬をきたす可能性があるであろう。次の２グループの文を見てみよう。

A_1

吃 了 就 走。
食べる　(了 le)　(就 jiu)　行く
食べたらすぐ行く。

问 了 就 对 了。
聞く　(了 le)　(就 jiu)　正しい　(了 le)
聞いてよかったね。

说 了 就 放心 了。
言う　(了 le)　(就 jiu)　安心する　(了 le)
話したら、安心した。

嚷 嚷 了 一阵 就 没 声 了。

騒ぐ　騒ぐ　（了 le）　しばらく　（就 jiu）　～ない　声　（了 le）

ひとしきり騒いだら黙ってしまった。

B₁

吃 了 这么 长 时间，还 在 吃。

食べる　（了 le）　こんなに　長い　時間　まだ　～ている　食べる

こんなに長い時間食べているのに、まだ食べている。

问 了 一 遍 又 一 遍，讨厌 死 了。

聞く　（了 le）　1　回　また　1　回　嫌う　死ぬ　（了 le）

繰り返し尋ねてくるので、うんざりした。

说 了 个 没 完 没 了，婆婆 嘴。

言う　（了 le）　（个 ge）　～ない　終わり　～ない　終わり　ばば　口

話し出したらきりがない、このおしゃべりめ。

嚷 嚷 了 快 一 小时 了，还 有 完 没 完。

騒ぐ　騒ぐ　（了 le）　そろそろ　1　時間　（了 le）　まだ　ある　終わり　～ない　終わり

騒ぎ出してからそろそろ1時間になるのに、いつまで続けるつもりだ。

A₂

踏 在 地 上 走 了 走。

踏む　で　地　上　歩く　（了 le）　歩く

足元を踏みしめて歩いてみた。

也 算 过 了 几 天 好 日子。

も　とする　過ごす　（了 le）　幾　日　よい　日々

何日かいい暮らしをしたと言える。

响 了 好 一阵子。

鳴る　（了 le）　ずいぶん　しばらくの間
ずいぶん長い間鳴っていた。

消息 传 了 个 遍。
ニュース　広がる　（了 le）　（个 ge）　あちこち
ニュースがあちこちに広がった。

B₂

小道 上 走 来 了 一 老 一 少。
小道　上　歩く　くる　（了 le）　1人　老人　1人　少年
小道を1人の老人と1人の少年が歩いて来た。

终于 过 上 了 好 日子。
やっと　過ごす　（上 shang）　（了 le）　よい　日々
やっといい日々を過ごせるようになった。

会场 上 响 起 了 热烈 的 掌声。
会場　上　響く　（起 qi）　（了 le）　熱烈　の　拍手
会場に熱烈な拍手が鳴りだした。

远 远 地 传 来 了 一阵 歌声。
遠い　遠い　（地 de）　伝わる　くる　（了 le）　ひとしきり　歌声
遠くからひとしきり歌声が聞こえてきた。

Aグループは完了と理解してもよいが、Bグループはできない。B₁グループの「動詞＋了 le」は、その後に量を示す成分を伴い、しかも動作が終了していないことを表す節が続く。B₂グループの動詞は、その後に方向を表す補語[①]が加えられ、動作プロセスの終結点が外されてしまっているため、完了とは言いかねる。

① 訳者注：以下「方向補語」と表記する。

2.3　方向補語「起来 qilai」には「動作の開始を表す」という派生的意味がある。本来、「開始」と「完了」は対立するものであるが、「起来 qilai」と「了 le」が共起して動詞の後に加えられる例は実によく目にする。例えば：

他 俩 说 着 说 着 就 打 了 起来, 拦 也 拦不住。

彼　2人　言う　～ている　言う　～ている　(就 jiu)　喧嘩する　(了 le)　はじめる　止める　も　止められない

彼ら2人は話しているうちに喧嘩しはじめ、止めようにも止められない。

人们 对 他 逐渐 信任 了 起来, 甚至 有 点儿 离不开 他 了。

人々　に対して　彼　次第に　信用する　(了 le)　はじめる　さえ　ある　少し　離れられない　彼　(了 le)

人々は次第に彼を信頼するようになり、彼なしではいられないようになった。

「了 le」と「起来 qilai」は「火」と「水」のような相容れない関係ではなく、「風」と「火」のような相乗関係なのであろう。

このような現象は「了 le」と「起来 qilai」の間にだけ見られるものではなく、「了 le」とその他の方向補語の間にもこのような解釈上の矛盾が存在する。例えば：

我们 快步 迎 了 上去。

私たち　はや足　迎える　(了 le)　いく

私たちははや足で出迎えた。

声音 接连 不 断 地 传 了 开去。

音　連続する　～ない　中断する　(地 de)　広がる　(了 le)　いく

音が続けざまに広がっていった。

香味 远 远 地 飘 了 过来。

香り　遠い　遠い　(地 de)　漂う　(了 le)　くる

香りが遠くから漂って来た。

会场 上 渐渐 平静 了 下来[3)]。

会場　中　次第に　静か　（了 le）　くる
会場は次第に静かになってきた。

2.4　更にたくさんの用例を観察していくと、先に言及した述補構造における動詞についても必ずしもそのすべてを「完了」と見なすことができるわけではないことが分かる。例えば：

她 哭 红 了 眼睛。
彼女　泣く　赤い　（了 le）　目
彼女は泣いて目が赤くなった。

小王 笑 弯 了 腰。
王くん　笑う　曲げる　（了 le）　腰
王くんは腹をかかえて笑った。

这 才 扽 紧 了 猴皮筋。
これ　（才 cai）　引っ張る　しっかり　（了 le）　輪ゴム
これでやっとゴムがしっかりかかった。

终于 抡 圆 了 套绳。
やっと　振り回す　丸い　（了 le）　ロープ
やっとロープを丸く回すことができた。

形容詞が表す結果状態が依然として持続しているばかりか、動作自体が終了したか否かさえも定かではない。それはあくまでもコンテクストによって判断しなければならない（特に後の２例は、結果状態が存在する限り、動作は終了しえない）。

2.5　以上から見れば、「V＋了 le」形式が「完了」を表すものとして理解できるか否かについては、少なくとも次の２点を参考にしなければならない。１つはV自体の性質であり、もう１つは「V＋了 le」が用いられるコンテクストである。もし「了 le」が「完了」の意味を表すと考えた場合、このように大きな制約を受け、しかも一貫性を持ちえない以上、それが表す「完了」の意味がある条件における偶発的現象に過ぎず、それ自体に固有の意味特徴ではないことは明らかである（4.7 参照）。

3

3.1　実際、北京語①には動作完了を表す形式が別にある。それは「V＋完 wan」という形式である。「V＋了 le」をこの形式と比べると、「V＋了 le」の意味と真の「完了」の意味との間にはかなり距離があることがわかる。

3.2　まず、北京語における「V＋完 wan」が多義的形式であるということを断っておきたい。「完 wan」は動作自体の完了を表すことができるだけではなく、動作対象の完了を表すこともできる。例えば：

吃完　a　（有 话）吃 完 再 说。　**動作を指す**
（ある　話）　食べる　おわる　また　言う
（話があるなら）食べ終わってから言ってください。

b　（饭）吃 完 再 添。　**対象を指す**
（ご飯）　食べる　おわる　また　おかわりする
（ご飯は）食べ終わってからおつぎします。

使完　a　（板凳）使 完 了 还 给 我。　**動作を指す**
（イス）　使う　おわる　（了 le）　返す　に　私
（イスは）使い終わったら返してください。

b　（钱）使 完 了 就 找 我 要。　**対象を指す**
（お金）　遣う　おわる　（了 le）　（就 jiu）　尋ねる　私　求める
（お金は）遣ってしまったら私に言ってください。

多くの方言では、この２つの意味は異なる補語成分が用いられることによって区別される。例えば、動作の完了を表す場合、「毕 bi」、「罢 ba」、「过 guo」などが用いられるが、動作対象の完了を表す場合、「完 wan」、「掉 diao」が用いられる[4)]。共通語の書き言葉では「罢 ba」を用いて動作の完了を表すものが見られるが、北京語の形式ではないようである。『駱駝祥子／ラクダのシャンツ』には「完 wan」が 121 回現れているのに対し、「罢 ba」は４回しか現れて

---

① 訳者注：「北京語」とは北京方言のことである。

いない。しかもそのうちの１回は「善罢甘休／事を荒立てずに穏便に済ませる」、３回は「也罢／仕方がない」として用いられていて、補語として用いられている例は見あたらない。

「了 le」を動詞のアスペクト (aspect) のマーカーと見なすのは、当然、動作自体の状態を指す場合に限られる。次に比較のために用いる「V完 wan」形式についても、動作の完了を意味するものに限って取り上げる。

3.3　次の例を比較してみよう。

A　吃 <u>完</u> 才 觉着 有 点儿 香味。

食べる　おわる　（才 cai）　感じる　ある　少し　いい味

食べ終わった後にようやくちょっと美味しいと感じた。

A’吃 <u>了</u> 才 觉着 有 点儿 香味。

食べる　（了 le）　（才 cai）　感じる　ある　少し　いい味

食べてみて始めてちょっと美味しいと感じた。

Aは動作全体を完了させることを指すので、「味」は最後に感じる。一方、A’は「食べる」という動作を実現することを指し、嗅いでも香ばしくないが、食べたら美味しいということであろう。「食べる」ということを実現するからには、動作の終結点を伴うことになるが、A’の着眼点がここではないことは明らかである。

B　见 <u>完</u> 他 还 真 有点儿 后怕 呢。

会う　おわる　彼　また　本当　少し　後で怖くなる　（呢 ne）

彼に会った後で本当に少し怖くなった。

B’见 <u>了</u> 他 还 真 有点儿 害怕 呢。

会う　（了 le）　彼　また　本当　少し　怖い　（呢 ne）

彼に会った時本当に少し怖くなった。

Bの「怕／怖い」は動作が完了した後に生じたものであり、「会った」時は感情的になって、我を忘れていたということであろう。一方、B’の「怖い」と感じたのは動作を実現しようとしている最中のことであり、後になって考えたら、何も怖がることはなかったということになるかもしれない。

C　你 说 完 没有?

あなた　言う　おわる　ない

話はそれで終わりですか。

C’你 说 了 没有?

あなた　言う　(了 le)　ない

あなたは話をしましたか。

Cは終了したか否かについて尋ねているが、C’は「言う」ということを実行したか否かについて尋ねている。

D　好容易 当 完 兵。

やっと　する　おわる　兵士

やっとのことで兵役を終えた。

D’好容易 当 了 兵。

やっと　する　(了 le)　兵士

やっとのことで入隊した。

Dは兵役を終えるのが容易ではないことを表しているが、D’は入隊するのが容易ではないことを表している。

E　有 什么 问题 去 完 了 再 说。

ある　なにか　問題　行く　おわる　(了 le)　また　話す

何か問題があれば帰って来てから言ってください。

E’有 什么 问题 去 了 再 说。

ある　なにか　問題　行く　(了 le)　また　話す

何か問題があれば、着いてから言ってください。

この２つの例の違いは「完 wan」が共起するか否かという点にあるが、意味的には、相当かけ離れている。Eが表す「時間」は動作が終了した後であるのに対し、E’が表す「時間」は動作が実現している時である。Eが表す場所は出発点であるが、E’が表す場所は目的地である。

F　忙 完 了 我 就 来 找 你。

忙しい　おわる　(了 le)　私　(就 jiu)　来る　訪ねる　あなた

片づいたらお伺いします。

F’忙 了 我 就 来 找 你。

忙しい　(了 le)　私　(就 jiu)　来る　訪ねる　あなた

忙しくなったら手伝ってもらいに来ます。

「忙完了／片づいたら」における「找／訪ねる」の時間は「忙しい」のが終

了した後であるに対し、「忙了／忙しくなったら」における「找／訪ねる（手伝ってもらいに来ます)」の時間はちょうどその反対で、忙しくしている最中である。

3.4　「V完 wan」と「V了 le」は両方とも共通語によく見られる形式であるので、用例を多く挙げる必要はないであろう。本稿のはじめのところで紹介した「完了」に関する諸説を用いてこれらの用例をテストしたならば、それらの諸説は「V完 wan」の意味解釈に用いられるのがもっとも適切であることは疑う余地がない。従って、もし「完了」説を「V完 wan」形式の作文指導に用いたならば、おそらく「V了 le」形式の作文指導に用いるよりずっと理にかなっていて無理がないであろう。

4

4.1　言語は１つの体系である。１つの文法形式の意味というものは次の諸関係から現れ出てくる。

（Ⅰ）　関連する文法形式との対立
（Ⅱ）　当該文法形式が用いられる前と用いられた後の比較
（Ⅲ）　当該文法形式の否定形式との対応

従って、これらの角度から観察を行うことができるのである。前節では、「V了 le」と「V完 wan」を比較したが、その作業は（Ⅰ）に属する。このような比較では、１つの文法形式の意味を確定することはできないが、その文法形式が表さない意味を明らかにすることができる。「V了 le」と「V完 wan」の対立が「了 le」の実際の意味と「完了」との距離を明確に示していることから、「了 le」を「完了」の意味を表すものとする可能性を排除している。従って、「了 le」の文法的意味について改めて考え直さなければならない。前節の分析において、「实现／実現する」、「实施／実行する」、「获得／獲得する」、「出现／出現する」などの言い方を用いた。述語の意味は千差万別であるため、具体的な解釈が多種多様なものとなるのは当然である。しかし、その中に入り込んで詳細に観察し、特に「V完 wan」と比較することによって、次のような見方が難なく得られる。即ち、「了 le」を伴う構文が強調しているのは、動詞、形容詞の意味によって指示されるものが事実となったということなのである。（Ⅱ）と（Ⅲ）を通して「了 le」の文法的意味を検討したところ、このような見方を実証することができた。

4.2　明らかに、1つの文法形式の否定形式は肯定形式の反対の意味を表すものではあるが、互いに対応する形を取るはずである。そこで、まず「了 le」の否定形式によって本稿の分析を裏付けられるか見てみよう。

ほぼすべての先行研究では、「V了 le」の否定形式を「没有 meiyou V」としている。しかし、「了 le」を完了を表すものとすると同時に、「没有 meiyou」を完了の否定を表すものと考える学者は1人もいない。『現代漢語八百詞／中国語用例辞典』では、「$了_1$」が「主として動作の完了を表す」とされているのに対し、「没有 meiyou」は「動作または状態がすでに発生していることを否定する」とされている。それぞれの資料を用いて、それぞれの角度から帰納した場合、最終的に非対称的記述となるのはよくあることで、しかもごく自然なことである。しかし、それらを関連づけて、両者間に否定関係が存在すると考えた場合、2つの記述のすくなくとも一方に偏りがあるのではないかと疑わざるをえないのである。次の用例を見られたい[5)]。

吃 了 饭 来 的。／没 吃 饭 来 的。
食べる　(了 le)　ご飯　来る　(的 de)／～ていない　食べる　ご飯　来る　(的 de)
ご飯を食べてから来た。／ご飯を食べずに来た。

做 了 准备。／没 做 准备。
行う　(了 le)　準備／～ていない　行う　準備
用意をした。／用意をしなかった。

水 开 了 冲 的。／水 没 开 冲 的。
水　沸騰する　(了 le)　注ぐ　(的 de)／水　～ていない　沸騰する　注ぐ　(的 de)
お湯が沸いてから注いだ。／お湯が沸いていないのに注いだ。

柿子 红 了 摘 的。／柿子 没 红 摘 的。

カキ　赤い　（了 le）　採る　（的 de）／カキ　～ていない　赤い　採る　（的 de）
カキが熟れてから摘んだ。／カキが熟れていないのに摘んだ。

完成 了 任务。／没 完成 任务。
遂行する　（了 le）　任務／～ていない　遂行する　任務
任務を遂行した。／任務を遂行しなかった。

打 完 了 猪 草。／没 打 完 猪草。
刈る　おわる　（了 le）　ブタ草／～ていない　刈る　おわる　ブタ草
ブタ草を刈り終わった。／ブタ草を刈り終わらなかった。

「没吃饭来的／ご飯を食べずに来た」は、まったく食べていないということであって、食べ終わっていないということではない。「没做准备／用意していない」は、まったく用意していないということであって、用意している最中ということではない。「没有 meiyou」が否定するのは、「完了」の状態ではなく、事実全体なのである。最後の２例は動作の「完了」を否定してはいるが、それは明らかに語彙的意味によるものであろう。『現代漢語八百詞／中国語用例辞典』における「没有 meiyou」の解釈は事実に近いものであり、「没有 meiyou」の解釈から逆に類推すると、１つの極めて自然な結論が得られる。即ち、「了 le」が表すのは「没有 meiyou」の反対の意味、つまり１種の実際の状態——事実の状態のはずである。このような認識は、「了 le」と「没有 meiyou」の意味解釈を真に対応させただけでなく、本稿の具体的な考察から得られた印象とも完全に合致している。

4.3　「了 le」を伴う文と伴わない文を比較してみると、同様に次のようなことが分かる。「了 le」を伴うことができるか否かの意味上の制約は、動作または性状が事実になったか否かにあるのであって、その動作または性状が「完了ライン」上に位置するか否かにあるのではない[6)]。次の例を比較してみよう。

我 试 做 一 次。／我 试 做 了 一 次。
私　試しに　行う　１　回／私　試しに　行う　（了 le）　１　回
私は試しに１回やってみる。／私は試しに１回やってみた。

把 球 扔 过去。／把 球 扔 了 过去。

（把 ba）　ボール　投げる　いく／（把 ba）　ボール　投げる　（了 le）　いく

ボールを投げる。／ボールを投げた。

立即 结束 战斗。／立即 结束 了 战斗。

直ちに　終結する　戦闘／直ちに　終結する　（了 le）　戦闘

直ちに戦闘を終結させる。／直ちに戦闘を終結させた。

大概（能）收 一半儿。／大概（只）收 了 一半儿。

おそらく　（〜ことができる）　収穫する　半分／おそらく　（ただ）　収穫する　（了 le）　半分

おそらく半分収穫できる。／おそらく半分収穫しただけだ。

看 样子（要）下 一 场 好 雨。／看 样子（真）下 了 一 场 好 雨。

見る　様子　（だろう）　降る　1　回　よい　雨／見る　様子　（ほんとうに）　降る　（了 le）　1　回　よい　雨

見たところ恵みの雨が降りそうだ。／見たところ（本当に）恵みの雨が降ったようだ。

まだ事実になっていないものに、「了 le」を用いてしまった文は非文となる。例えば：

*下个月 我 干 了 十五 天 活儿。

来月　私　する　（了 le）　15　日　仕事

*来月私は 15 日間働いた。

*应当 严肃 处理 了 这 件 事。

〜べきだ　厳粛に　処分する　（了 le）　この　件　事

*この件を厳粛に処理したべきだ。

*我 深 信，十三大 以后，深圳 必 将 出现 了 一个 新 的 改革 局面。

私　深い　信じる　13 回大会　以後　深圳　必ず　だろう　現れる　（了 le）　1 つ　新しい　（的 de）　改革　局面

*私は 13 回大会以後、深圳に必ずや新しい改革の局面が現れたと深く

信じている。

「了 le」の働きは確かに動詞、形容詞の意味によって指示されるものが1つの事実であることを確定するものだということがわかる。

4.4 日常の授業では、動作プロセスが終了していないにも関わらず「了 le」が用いられた文を説明するために、「了 le」が表す「完了」は「言及されたその部分が完了した」というような解釈がしばしば用いられる。例えば、「争了起来／争い始めた」は動作の「開始」が完了し、「争了一会儿／しばらく争った」は「争一会儿／しばらく争う」が完了し、「争了大半天了／長く争っていた」は「争大半天／長く争う」が完了した、とされる。このような説明は完全に説明のための説明であり、本来の「完了」の意味に反するだけでなく、実用価値もない。なぜなら、このような「完了」は「開始」から「完了」までの全プロセスの間に任意に取った一断面であり、質と量の制約がないことから、判断しようがないのである[7)]。実際のところ、このように質と量の制約を排除してしまった恣意的完了の実質的意味は、単に動作の存在（事実になったこと）を認めるということだけなのである。

「形容詞＋了 le」が「完了」であると説明しようとして、「ある状態から別の状態への変化の完了」という言い方をする人もいる。しかし、形容詞を比較しさえすれば、ある興味深い現象に気付くであろう。即ち「形容詞＋了 le」を形成する形容詞自体はいずれも変化後の状態を指し、その逆ではないのである。例えば：

低 低い	→	高 高い	高 了 高い （了 le）
低い	→	高い	高くなった
新 新しい	→	旧 古い	旧 了 古い （了 le）
新しい	→	古い	古くなった

生　　→　熟　　　熟 了[①]

生　　　　熟れる　　熟れる　(了 le)

熟していない　熟している　熟した

非 红　→　红　　　红 了

～ない 赤い　赤い　　　赤い　(了 le)

赤くない→　赤い　　　赤くなった

以上の例はまた、「完了」の意味が、本稿で「形容詞の意味によって指示されるものが事実となった」と述べたことと一致することを裏付けている。実際、「形容詞＋了 le」の文には「ある状態から別の状態への変化」とは言えないものもある。例えば：

高 了 有 什么 好?

高い　(了 le)　ある　なに　よい

高いからといって何かいいことがあるのか。

这个 星期 只 晴[②] 了 一 天。

この　週　ただ　晴れる　(了 le)　1　日

今週は1日しか晴れなかった。

我 苦 了 一辈子, 就 盼 着 你们 不 再 这么 苦。

私　苦しい　(了 le)　一生涯　(就 jiu)　望む　～ている　あなたたち　～ない　ふたたび　こんなに　苦しい

私は一生苦労したので、あなたたちがもうこんなに苦労しないことを望んでいる。

以上の例における「形容詞＋了 le」は、やはり単純に「このような事実がある」と見なした方がよい。

4.5　ここまで分析して来ると、方言における1つの非常に有意義な現象を想

---

① 訳者注：「生」と「熟」は中国語において、形容詞とされている。

② 訳者注：「晴」は中国語において、形容詞とされている。

起させられる。それは即ち、ビン方言[①]において「V了 le」と対応する「有V」形式である。例えば：

我 昨日 有 睇 电影 。(我 昨天 看 了 电影。) —海丰

私 昨日 ある 見る 映画 (私 昨日 見る (了 le) 映画)

私は昨日映画を見た。

昨冥 汝 有 唱 啊 无 唱?(昨天 你 唱 了 没有?) —福州

昨日 君 ある 歌う か ない 歌う (昨日 君 歌う (了 le) ない)

昨日君は歌ったのか。

滚水 有 滚 无?(开水 开 了 没有?) —台湾

お湯 ある 沸騰する ない (お湯 沸騰する (了 le) ない)

お湯は沸いたのか。

ビン方言におけるこの種の「有V」形式は、まさに語尾の「了 le」が持っている文法的意味の語彙表現形式なのである（当然、言語体系と表現形式が異なるため、2者を完全に対応するものと見なすべきではない）。

4.6 以上をまとめてみると、次のようになる。

「了 le」の否定形式からわかるように、「了 le」が表すのは「没有 meiyou」の反対の意味——即ち、実際の状態、でなければならない。「了 le」を伴う文と「了 le」を伴わない文の対立からわかるように、「了 le」は動作または状態が事実になったことを表すものである。従って、「了 le」の文法機能については、語尾の「了 le」は動詞、形容詞及びその他の述語形式の後につき、当該語の意味によって指示されるものが事実の状態にあることを明示する、というように述べることができる。現在、多くの言語学者は「了 le」を中国語動詞の「アスペクト（aspect）」マーカーと見なしている。従って、「了 le」の文法的意味を「実現」としてまとめ（『現代漢語辞典／現代中国語辞典』によると、「実現」とは事実として成立させることである）、「了 le」を「実現相」のマーカー

① 訳者注：福建省、台湾、広東省東部に分布している方言。「海豊」「福州」「台湾」はその中の方言区。

と称することができよう。ここで、次の2点に注意する必要がある。

（Ⅰ）この種の「実現相」は「テンス（tense）」と関係がないので、Vが表す動作またはイベントが過去、現在、未来のいずれであっても、Vは「了le」を伴うことができる。例えば：

A　等 到 秋天，我们 就 卖 地，卖 了 地 就 进 城 找 你 姑妈 去。

待つ　到る　秋　私たち　（就 jiu）　売る　土地　売る　（了 le）　土地　（就 jiu）行く　町　尋ねる　あなた　おばさん　行く

秋になったら、私たちは土地を売って、土地を売ったら町へ行ってあなたのおばさんを尋ねて行こう。

B　昨儿 买 了 沙发，这会儿 买 了 大衣柜，赶明儿 买 了 自行车 就 齐 了。

昨日　買う　（了 le）　ソファー　今　買う　（了 le）　洋服ダンス　明日　買う（了 le）　自転車　（就 jiu）　揃う　（了 le）

昨日ソファーを買って、今日洋服ダンスを買って、明日自転車を買ったら、全部揃う。

（Ⅱ）ここで言う「実現」とは単に動詞の文法上の属性、即ち動作が位置する1種の状態のことである。従って、たとえ「実現」という語自体であっても「了 le」を用いることによって、その文中における文法的性質を明示しなければならないのである[8)]。次の例を比較してみよう。

A　我们 在 本 世纪 末 的 目标 是 实现 产量 翻 两 番。

我々　に　本　世紀　末　の　目標　だ　実現する　生産量　倍増する　2　倍

我々の今世紀末の目標は生産量4倍を実現することだ。

B　等 到 实现 了 产量 翻 两 番，就 有 资格 说，我们 的 决策 是 正确 的。

待つ　到る　実現する　（了 le）　生産量　倍増する　2　倍　（就 jiu）　ある　資格　言う　我々　の　政策決定　（是 shi）　正しい　（的 de）

生産量4倍を実現したら、我々の政策決定が正しかったと言う資格がある。

4.7　次に、なぜこれまで「了 le」が完了を表すとされてきたかということについて考えてみよう。誤解はおそらく次の２点によるであろう。

１つは、インド・ヨーロッパ語の文法論の影響によるものである。これについては、「了 le」の研究史を見さえすればすぐに分かるであろう。「了 le」は一度は「過去時」を表すとされたが、後になってようやく「了 le」がテンス (tense) の制約を受けないということが明らかになった。そこで、テンスの代わりに「完了」が持ちだされたのである。前者後者いずれも「インド・ヨーロッパ語の観点から中国語を見ている」のである。しかし、容易に誤解を引き起こすような事実がなければ、「先入観」だけでは、そのような似て非なる考え方が生みだされるはずがないであろう。

従って、もう１つの極めて重要な点は「実現」と「完了」の意味上のある種の重なりである。この点については、２つの角度から考える必要がある。１つは、概念関係という角度である。この角度から考えれば、「実現」と「完了」が表す範囲は重なることになる。「実現」は動作が事実になったか否かについて言うものであるが、「完了」は動作のプロセスが終了したか否かについて言うものである。プロセスの終了は１つの事実と見てもよいが、事実となるものが必ずしもプロセスの終了であるわけではない。「了 le」にマークされる動作がちょうど完了の状態にある場合、両者は重なる（角度が異なる）が、この範囲を超えると、両者は全く異なるものとなる。もう１つは、表現（語用論）という角度である。「了 le」は多くの場合平叙文（王力はかつてそれを平叙詞のマーカーと見ていた。1982）に用いられる。平叙文の機能はイベントを叙述することにあるが、イベントを叙述することの多くは回顧するという性格を持つ。よって、言及された動作は多くの場合、時間的にはおのずから過去のものとなり、状態的にはしばしばすでに完了したものとなる。従って、「了 le」の意味を「完了」や「過去」などと見なす可能性が生まれてくるのである。2.5では、「了 le」によって表される「完了」の意味はある条件における偶発的現象であると述べたが、その条件とは両者の重なりのことであることがこれで明らかになった。

5

5.1　この節では１つの例を用いて、「実現」の意味解釈能力をテストする。

1961 年、呂叔湘は『中国語文』において「漢語研究工作者的当前任務／中国語研究者の当面の任務」を発表し、次のような課題を提出している。

> 動詞の後の「了 le」は一般に「完了」を表すとされている。かつて次のような質問をした人がいる。「这本书我看了三天／この本は僕は3日間で読んだ」は、私が読み終わったことを意味するが、「这本书我看了三天了／この本は読み始めてから3日になる」は、私がまだ読み終わっていないことを意味する。なぜ、1つの「了 le」を用いた場合は、終了を表すことができるのに、「了 le」をもう1つ加えた場合は、終了を表すことができなくなるのか。これは大いに研究する価値のある問題である。

20 年余り立ち、多くの学者が様々な角度から、様々な方法でその問題の解釈を試みてきたが、その効果は満足できるものではなさそうである。本稿は「了 le」の文法的意味について認識を改め、これによって問題の解釈に新しい角度を提供した。

5.2　「了 le」は実現相のマーカーである。動詞は「了 le」を伴うと、文法的には実現相の動詞となるが、意味的には実在的性質（事実になった）を獲得することになる。次の例を比較してみよう。

A

这 本 书 我 看 三 天。
この　冊　本　私　読む　3　日
この本は僕は3日間で読む。

这 间 房 出租 半 年。
この　間　部屋　貸す　半　年
この部屋は半年間賃貸しする。

B

这 本 书 我 看 了 三 天。
この　冊　本　私　読む　（了 le）　3　日
この本は僕は3日間で読んだ。

这 间 房 出租 了 半 年。

この　間　部屋　貸す　(了 le)　半　年

この部屋は半年間賃貸しした。

「動詞V＋時間量を表す成分T」は動作の時間量を表す。Aグループの動詞は「アスペクト」に制約されず、これらの文は主にある計画または構想を表し、数量は1種の想定した量である。それに対し、Bグループの動詞には「アスペクト」のマーカーがあり、数量は実現した量となる。

「V（了 le）＋T」は多義性を有する形式である。時間量を表す成分は、動作自体の持続時間の長さを表すことができるだけではなく、動作が完了した後の経過時間の長さを表すこともできる。しかし、この形式を述語として用い、しかもそれによって文を終結させようとすれば、それは単に動作自体の持続時間の長さを表すことになり、もう一方の意味を持たなくなる。従って、非持続性動詞、即ち動作の開始点と終結点が重なる動詞は、次のような状況に用いることができない。例えば：

*这个　人　死　三　年。

この　人　死ぬ　3　年

*この人は3年間で死ぬ。

*这个　人　死　了　三　年。

この　人　死ぬ　(了 le)　3　年

*この人は3年間で死んだ。

「这本书我看了三天／この本は僕は3日間で読んだ」という文は、「V（了 le）」＋T」の後に後続成分がなく、しかも動詞も実現相の動詞であることから、動作対象全体（书／本）に対して動作（看／読む）を行った実際の持続時間量（三天／3日間）を表している。

5.3　筆者は「了 le」が完了を表すものではないと考えている。では、「这本书我看了三天／この本は僕は3日間で読んだ」は私が読み終わったことを意味するが、この「読み終わった」という意味はどこからきているのであろうか。

筆者は3.2で「V完 wan」形式を分析する際、動作自体の完了と動作対象の完了を区別する必要があると指摘した。しかし、人間の行為には常に目的があるもので、動作の全プロセスは常に動作対象の完了のプロセスであるため、動作が終了したと理解されると同時に、動作対象も完了したと理解される可能性が生まれてくる。「这本书我看了三天／この本は僕は３日間で読んだ」について言えば、最も重要なのは動作対象が主題の位置に置かれ、動作対象と動作の関係が強調されるということである。従って、「V（了 le）＋T」の形で文を終了させ、しかも他の特別な説明がない場合は、動作の実際の持続時間を１つの総和と見なし、動作プロセスと動作対象の完了を一致するものと見なすことができるので、動作も「书／本」も完了したと見なされるのであろう。

文が伝達する情報は、必ずしも字面の意味だけとは限らない。文から得た意味のすべてを字面の意味といちいち対応させることは不可能であり、またそのような必要もない。「这本书我看了三天／この本は僕は３日間で読んだ」という文が持つ「完了」の意味は、特定のコンテクストの中で生じたものであり、コンテクストが変わると、そのような意味が全くなくなってしまう可能性がある。例えば：

这 本 书 我 看 了 三 天 还 没 看 完。
この　冊　本　私　読む　（了 le）　3　日　まだ　～していない　読む　おわる
この本は私は３日間読み続けたが、まだ読み終わらない。

这 条 路 我 走 了 五 天 还 差 一百 里。
この　本　道　私　歩く　（了 le）　5　日　まだ　不足する　100　里
この道は私は５日間歩き続けたが、まだあと 100 里ある。

以上の２例では、動作対象が完了していないだけではなく、動作自体が終了したか否かさえも定かでない（まだ持続し続ける可能性が高い）。

このことから明らかなように、「这本书我看了三天／この本は僕は３日間で読んだ」において、字面の意味は、実際に発生した動作とその時間量だけであり、「看完／読み終わる」という意味は、文字以外のものによって表されているのである。

5.4　次は「这本书我看了三天了／この本は私は読み始めてから３日になる」について見てみよう。まずこの文の構造を分析してみたい。これまでは一般に、

「了 le」[①]は「看了三天／3日間読んだ」に加えられたものとされてきたが、本稿では新しい分析方法を提案したい。即ち「了 le」は「三天／3日間」に加えられたものと見なすのである。その構造の階層は次のようになる。

看 了 ／三 天 了。
読む (了 le) 3 日 (了 le)
読んだ 3日になった

このような分析方法は、次の2つの理由によって支持される。

1つは拡張である。例えば：

看 了 三 天 了。
読む (了 le) 3 日 (了 le)
読み始めてから3日になる。

看 了 都 三 天 了。
読む (了 le) すでに 3 日 (了 le)
読み始めてからすでに3日になる。

看 了 三 天 了。
読む (了 le) 3 日 (了 le)
読み始めてから3日になる。

看 了 都 快 三 天 了。
読む (了 le) もう すぐ 3 日 (了 le)
読み始めてからもうすぐ3日になる。

看 了 三 天 了。
読む (了 le) 3 日 (了 le)
読み始めてから3日になる。

① 訳者注：この「了 le」は文末の「了 le」即ち「了$_2$」のことである。

看 了 大概 都 快 三 天 了。
読む　(了 le)　おそらく　もう　すぐ　3　日　(了 le)
読み始めてからおそらくもうすぐ3日になる。

もう1つは抽出である。例えば：

看 了 几 天 了?　――――――　三 天 了。
読む　(了 le)　幾　日　(了 le)　3　日　(了 le)
読み始めて何日になるのか。　3日になる。

分 了 几 块 了?　――――――　五 块 了。
分ける　(了 le)　幾　個　(了 le)　5　個　(了 le)
何個に分けたのか。　5個だ。

来 了 多 长 时间 了?　――――――――――　五 个 月 了。
来る　(了 le)　どれぐらい　長い　時間　(了 le)　5　ケ　月 (了 le)
来てからどれくらい立つのか。　5ヶ月になる。

以上のような構造分析によって、その文法的性質がこれまでよりははっきりしたであろう。

5.5　名詞性成分の後にはふつう「了 le」を伴うことができないが、数量詞は名詞性成分に属するにも関わらず、しばしば「了 le」を伴う。例えば：

这个 孩子 五 岁 了。
この　子　5　才　(了 le)
この子は5才になった。

体温 三十八 度 了。
体温　38　度　(了 le)
体温は38度になった。

二十 斤 了, 不要 再 装 了。
20　斤　(了 le)　～しないでくれ　さらに　詰める　(了 le)

20斤（10 kg）になったので、それ以上詰めないでください。

九 个 月 了，还 不 见 人。

9 ケ 月 （了 le） まだ ～ない 見る 人

9ヶ月になったが、まだ誰も来ない。

中国語の「名詞性成分＋了 le」には他の形式もある。例えば：

春天 了，怎么 还 不 见 燕子 飞 回来？

春 （了 le） どうして まだ ～ない 見る ツバメ 飛ぶ 帰って来る

春になったというのに、どうしてツバメが帰ってくる姿がまだ見られないんだ。

星期五 了，该 来 信 了。

金曜日 （了 le） ～べきだ 来る 手紙 （了 le）

金曜日になったので、手紙が来るはずだ。

大姑娘 了，还 整天 疯疯癫癫的。

年頃の娘 （了 le） まだ 1日中 大騒ぎする

大人になったというのに、今だに1日中大騒ぎしている。

黄庄 了，要 下 车 的 请 往 车 门口 走。

黄莊 （了 le） 必要だ 降りる 車 （的 de） どうぞ へ 車 ドア 移動する

黄莊です。お降りになる方はドアまでお進みください。

以上のような名詞性成分の間には共通点が存在することに容易に気付くであろう。即ちそれらは関係する語と共に1つの連続変化するチェーンを構成することができるのである。例えば：

春天、夏天、秋天、冬天、春天……

春、夏、秋、冬、春 ～

星期一、星期二、星期三、星期四、星期五……

月曜日、火曜日、水曜日、木曜日、金曜日 ～

小姑娘、大姑娘、孩子的母亲……

幼い娘、年頃の娘、子供の母親　～

人民大学、黄庄、中关村、北京大学……[①]

人民大学、黄莊、中関村、北京大学　～

変化のプロセスにおいては、その中の任意の位置に到達することができる。名詞性成分が「了 le」を伴うのは、それによって実際に到達した位置を説明するためである。

数量はもともと連続するものであるため、それらを表す語は自然に連続するチェーンを構成する。従って、数量詞がしばしば「了 le」を伴うのも少しも不自然なことではない。「了 le」を伴った後に表す数量の位置はチェーン全体の中の1点に過ぎないので、それは持続することもできれば、中止することもできる。例えば：

看 了 三 天 了, 不 再 看 了。　　**中止**

読む　(了 le)　3　日　(了 le)　～ない　再び　読む　(了 le)

読み始めてから3日になるので、もう読むのをやめた。

看 了 三 天 了, 还 得 两 天。　　**延長**

読む　(了 le)　3　日　(了 le)　まだ　～しなければならない　2　日

読み始めてから3日になるが、あと2日かかる。

従って、「看了三天了／読み始めてから3日になる」という文について言えば、それが示しているのは動作がすでに有している時間の量であり、動作自体が終了したか否かについては説明していない。しかし、すでに行われている動作の中止は特別に説明する必要があるので、説明がない状況では、動作はまだ進行し続けるものと見なされる。動作がまだ続く以上、動作の対象も完了しているはずがない。従って、「这本书我看了三天了／この本は僕は読み始めてから3日になる」は、私がまだ読み終わっていないことを意味しているが、この「还没看完／まだ読み終わっていない」という意味も文字以外のものによって暗示されているのである。

① 訳者注：同じバス路線における停留所の名前。

6

6.1　「了 le」の文法的意味について疑問を感じたのは筆者が最初ではないという点について、ここで説明しておかなければならない。少し詳細な文法書または語学の教科書ならほとんどのものがこの問題に言及している。例えば：

> なお、例えば中国語動詞の後の「了 le」は、ふつう完了を表すとされているが、その機能はロシア語の完了相または英語の完了形式とは必ずしも完全に一致するものではないことは、翻訳経験がある者なら分かるはずである。　　　　　　　　（『語言和語言学／言語と言語学』）

一部の文法書は「了 le」が完了を表すと定義しているものの、具体的な解釈においては、常に補充説明や概念交換を行っている。例えば：

> 話し手が動作または行為がある時点においてすでに実現または完了していることを説明しようとするとき、その動作・行為を表す動詞の後に「了 le」を用いる。　　　　　　（『実用現代漢語語法／実用現代中国語文法』）
>
> もし動作の完了またはある事柄がすでに発生したことを強調せず、ただ単に一般的に過去のある時点の状況を述べる場合は、通常「了 le」を用いない。　　　　　　　　（『実用漢語課本／実用中国語教科書』）

朱徳熙の『語法講義／文法講義』では、２種類に分けて説明している。まず動詞の後に用いられる「了 le」は動作が完了の状態にあると説明し、次に形容詞に「了 le」を加えた場合は、「すでに実現している事柄を表す」と説明している。

従って、本稿の考えは「ただ先賢の諸説を勘案し、それを全面的に理解した」ものに過ぎず、決して筆者の独創ではない。

6.2　「完了」説はすでに慣用的な解釈になっているため、この既成事実について、２つの対応の仕方がありうる。１つは「完了相」の名称の下でその定義を修正する。もう１つは新しい解釈に切り替える。中国語と外国語の対照及び中国語そのものについての理解を深める必要からすれば、後者の方法を採るのが妥当であろう。

趙世開等はかつて中国語の「了 le」とそれに対応する英語の表現について詳細な統計を行ったことがある。以下がその結果である。

	了₁	了₂	了₁₊₂	合　計
一般現在時	79	112	22	213
一般過去時	478	147	90	715
未　来　時	20	66	0	86
完　了　相	124	62	127	313
そ　の　他	8	27	2	37
合　計	709	414	241	1364

中国語と英語の「完了」の差はかなり大きい。中国語の「了 le」に対応する英語の表現に実際に完了相を用いたものは 23 %にも及ばず（313:1364）、しかもその比率は文末の「了 le」によって上がっている。もし「了₁」だけを見れば、17 %強に過ぎない（124:709）。趙等が、「英語の一般的な使用者は「了₁」が表す動作の完了が英語の「完了相」に相当すると誤解しているが、実際、それは異なる２つの文法概念である」と指摘しているのは正しい。異なる文法概念である以上、できるだけ異なった術語を用いた方がよい。また、中国語と外国語の対照研究という点では、同じ術語を残して異なりを求めることと、違う術語に替えて共通点を求めることとでは、後者の効果の方がより積極的かつより示唆的であろう。

6.3　シナ・チベット語族という観点から考察すると、多くの少数民族言語における「アスペクト」の使用は、中国語の「了 le」と密接な対応関係があるが、英語の「完了」との間には相当距離があることが分かる（邢公畹，1979）。動作・行為の実在を重視することは、おそらくシナ・チベット語族諸言語の共通点であり、他の語族の言語と区別される１つの特徴でもあるかもしれない。この点からすれば、術語変更の意義はより大きくなると言えよう。

注

1）趙氏は「了 le」の意味を解釈した後、更に次のように指摘している。「‘了 le’は動作の完了を表すが、当然、他の形式で同様の意味を表すこともある。例えば、次の文では、‘了 le’を省略することができる。

这 是 去年 完成（了）的 房子。

これ だ 去年 完成する （了 le） （的 de） 家

これは去年完成した家です。

なぜなら‘完成／完成する’がすでに動作の完了を表しているからである」。呂叔湘はA Grammar of Spoken Chineseを『漢語口語語法／中国語口語文法』に訳す際、この部分については簡略化している。

2）このような解釈の方法はよく見かけるが、厳密なものではない。ここでは動詞と形容詞の間に見られる非対称現象を明示するためだけに用いたのである。**3** を参照。

3）呂叔湘は『中国文法要略／中国語文法要略』（5.31）において形容詞の例を挙げている。

说 到 这里，声音 渐渐 低 了 下去，一回儿 忽然 高 了 起来。

言う まで ここ 声 次第に 低い （了 le） いく しばらく 突然 高い （了 le） はじめる

ここまで言うと、声が次第に低くなっていったが、しばらくすると突然高くなった。

一 到 十 月，这些 树叶 便 红 了 起来。

～（する）と ～になる 10 月 それら 木の葉 （便 bian） 赤い （了 le） はじめる

10月になると、これらの木々は紅葉し始める。

呂氏はここの形容詞が「ある状態の開始を表す」と考えている。これらの例は筆者が挙げた動詞の例と完全に対応している。

4）例えば、西安方言：

吃 毕 了 再 买。 **動作を指す**

食べる （毕 bi） （了 le） また 買う

食べ終わってから買う。

吃 完 了 再 买。 **対象を指す**

食べる （完 wan） （了 le） また 買う

食べてしまってから買う。

西寧方言：

话 吃 罢 了 再 说 呵 成 嫑？（有 话 吃 完 了 再 说 行 吗？）

話 食べる （罢 ba） （了 le） また 言う （呵 a） いい だめ

話があるなら食べ終わってから言ってくれませんか。

米 吃 完 了 再 买 呵 成 嫑？（米 吃 完 了 再 买 行 吗？）

米　食べる　(完 ba)　(了 le)　また　買う　(呵 a)　いい　だめ

米は食べてしまってから買ったらどうですか。

5)「没有 meiyou」は同時に文末の「了 le」の否定形式でもある。本稿は語気詞の「了 le」については検討しないので、例を挙げる際は、文末の位置の「了 le」を避けている。

6) ここで言う制約とは単に意味的制約のことである。実際に「了 le」を伴うことができるか否かはその上に文法的制約も受ける。しかし、それはすでに本稿のテーマの範囲内で明らかにすることができるものではなくなってしまっている。

7) このように「完了」に解釈する唯一の根拠は「了 le」という文字である。即ち、「了 le」があるから完了であり、完了であるから「了 le」が用いられているのである。これは「了 le」を用いるべきか否か、どのような場合に「了 le」を用いるのかを知りたい人にとっては明らかに無意味なものである。

8) 正にこの意味において、文法マーカーの代わりに語彙を用いて文法的意味を求める（または検証する）というやり方は妥当ではないと筆者は考えている。そのようなやり方は訓詁学の「文に従って意味解釈をする」というやり方と類似しており、説明に便利ではあるが、ペテンにかかりやすい。

参考文献

趙元任　1968　*A Grammar of Spoken Chinese*, University of California press.呂叔湘訳『漢語口語語法／中国語口語文法』, 商務印書館, 1979.

王　力　1984　『中国語法理論／中国語文法理論』,『王力文集』第1巻, 山東教育出版社.

王了一　1982　『漢語語法綱要／中国語文法綱要』, 上海教育出版社.

呂叔湘　1982　『中国文法要略／中国語文法要略』, 商務印書館, 新版.

呂叔湘　1983　「漢語研究工作者的当前任務／中国語研究者の当面の任務」、「語言和語言学／言語と言語学」, いずれも『呂叔湘語文論集』に収録, 商務印書館.

呂叔湘主編　1981　『現代漢語八百詞／中国語用例辞典』, 商務印書館.

呂叔湘・朱徳熙　1979　『語法修辞講話／文法・修辞講座』, 中国青年出版社, 新版.

朱徳熙　1982　『語法講義／文法講義』, 商務印書館.

朱徳熙　1981　「"在黒板上写字" 及相関句式／『在黒板上写字』及び関連構文」, 語言教学与研究, 第1期.

劉月華等　1983　『実用現代漢語語法／現代中国語文法総覧』, 外語教学与研究出版社.

馬希文　1987　「与動結式動詞有関的某些句式／動詞＋結果型の動詞に関わる幾つかの文型」，中国語文，第6期.

趙世開・沈家煊　1984　「漢語“了 le”字跟英語相応的説法／中国語の『了』とそれと対応する英語の言い方」，語言研究，第1期.

邢公畹　1979　「現代漢語和台語里的助詞“了”和“着”／現代中国語と台湾語における助詞『了 le』と『着 zhe』」，民族語文，第2,3期。

馬慶株　1981　「時量賓語和動詞的類／時間量を表す目的語と動詞の分類」，中国語文，第2期.

鄭懐徳　1980　「“住了三年”和“住了三年了”／『住了三年』と『住了三年了』」，中国語文，第2期.

北京語言学院　1981　『実用漢語課本／実用中国語教科書』第1冊，商務印書館.

（本稿における考え方の多くは師友の方々と議論を繰り返すことによって次第に出来上がったものである。ここで心より御礼を申し上げる。本稿の用例には一部の文法書から引用させていただいたものもある。原著者に対しても、心より感謝の気持ちを表したい。）

原文：「現代漢語詞尾“了”的語法意義」，中国語文，1988年第5期

4　「V来了」について

陸倹明 著
成田靜香／于康 訳

0

「V来了」とは「動詞＋方向動詞“来lai”＋“了le”」[①]のことであり、これは現代中国語の中で、しかもとりわけ口語の中でよく見られる構造である。例えば：

（1）（他）以为 来 了。
（彼）　思う　来る　（了le）[②]
（彼は）来たと思った。

（2）（他）同意 来 了。
（彼）　同意する　来る　（了le）
（彼は）来ることに同意した。

（3）（他）走 来 了。
（彼）　歩く　来る　（了le）
（彼は）歩いてきた。

（4）（他）搬 来 了。
（彼）　引っ越す　来る　（了le）
（彼は）引っ越してきた。

（5）（他）玩儿 来 了。
（彼）　遊ぶ　来る　（了le）
（彼は）遊びに来た。

（6）（他）休息 来 了。
（彼）　休む　来る　（了le）

---

① 訳者注：ローマ字は中国語の発音を示したものである。
② 訳者注：相当する表現が日本語にないものは原漢字を示す。

（彼は）休みに来た。

この構造は一見したところ、３つの単語からなる単純なものだが、実のところ、内部構造は複雑である。これが筆者がこの構造に関心をもつ理由である。本稿はこの構造内部の文法関係と階層を細かく分析し、主にこの構造が呈する複雑な状況は全てそこに用いられている動詞の意味特徴の複雑性に関わっていることを重点的に解明する。最後にその中の「了le」および「Ｖ来lai」構造についても触れたい。

１　「Ｖ来了」の内部構造

「Ｖ来了」によって表し得る内部の文法関係には３種類の異なるものがある。

Ａ.「動詞＋目的語」関係

例えば：

以为 来 了　思う　来る　（了le）　／来たと思った

同意 来 了　同意する　来る　（了le）　／来ることに同意した

Ｂ.「動詞＋補語」関係

例えば：

走 来 了　歩く　来る　（了le）　／歩いてきた

搬 来 了　引っ越す　来る　（了le）　／引っ越してきた

Ｃ．連動関係①

例えば：

玩儿 来 了　遊ぶ　来る　（了le）　／遊びに来た

休息 来 了　休む　来る　（了le）　／休みに来た

また「Ｖ来了」には２つの異なる構造が考えられる[1)]。

Ⅰ．Ｖ来/了

Ⅱ．Ｖ/来了

范継淹は、「Ｖ来了」の構造はいずれの場合も「Ｖ来/了」であるとした[2)]。しかし実際にはⅠとⅡがある。前節で挙げた例（２）、（３）、（４）がⅠに属する。即ち、

---

① 訳者注：「連動関係」とは、「連動構造」のことで、２つ以上の動詞または動詞フレーズの連用によって述語が構成されていることである。

同意 来 / 了　　　　同意する　来る / (了le)

走 来 / 了　　　　歩く　来る / (了le)

搬 来 / 了　　　　引っ越す　来る / (了le)

それに対し、前節で挙げた例（１）、（５）、（６）はⅡに属する。即ち、

以为 / 来 了　　　　思う / 来る　(了le)

玩儿 / 来 了　　　　遊ぶ / 来る　(了le)

休息 / 来 了　　　　休む / 来る　(了le)

(その理由については3を参照されたい。)

ここまで述べたことには根拠があるのか、「Ｖ来了」内部の複雑な構造は何によって決定されるのかについて、以下に具体的な分析を行いたい。

2

前節において筆者は「Ｖ来了」によって表し得る内部の文法関係には３種類の異なるものがあることを指摘した。「Ｖ来了」は、その３種類の異なる文法関係に基づいてＡ、Ｂ、Ｃの３類に分けることができる。本節では主にＡ、Ｂ、Ｃ３類の区別は動詞Ｖと関係があることについて明らかにする。

2.1　まず「動詞＋目的語」関係であるＡ類に用いられる動詞をＶaとする。これは属する動詞の少ない閉鎖的な類である。よく見られるのは以下の動詞である。

认为／思う、以为／思う、觉得／思う、感到／（～のような）気がする、看／思う（＝认为／思う)、发现／気付く、证明／証明する、表明／表明する、说明／説明する（＝证明／証明する、表明／表明する)、同意／同意する、赞成／賛成する、决定／決定する、允许／許す、答应／応じる、要求／要求する、请求／請求する、要／求める（＝要求／要求する)、反对／反対する、欢迎／歓迎する、盼望／期待する、希望／希望する、保证／保証する、相信／信じる、怀疑／疑う、知道／知る、估计／推測する、听说／聞くところによると、打算／～ようとする、想／～たいと思う

Ｖa類動詞には極めて顕著な文法的特徴がある。

（ｉ）動詞性の目的語を伴うことがある。その目的語は意味的には「内容目的語」となる。

（ⅱ）具体的な意味の方向補語を伴わない[3]。

このA類構造を「Va来了」と表記することとする。「Va来了」の内部には他にも複雑で興味深い状況がある。そこでVa内部をさらに細分化する必要があり、それについては3においてさらなる検討を加える。

2.2　「動詞＋補語」関係であるB類に用いられる動詞をVbとする。これも属する動詞の少ない閉鎖的な類である。よく見られるのは以下の動詞である。

上／上がる、下／下りる、进／入る、出／出る、过／通過する、回／戻る、起／起きる、走／歩く、跑／走る、跳／跳ねる、奔／走る、跟／付く、追／追う、逃／逃げる、赶／急ぐ（＝赶路／道を急ぐ）、闯／飛び込む、冲／突進する、爬／登る

拿／持つ、送／送る、取／取る、抓／つかむ、捞／すくい上げる、拉／引く、牵／牽く、拖／引く、拽／曳く、抬／上げる、扛／担う、搬／運ぶ、运／運ぶ、拔／抜く、捧／持つ、找／捜す、寻／探す、抱／抱く、捉／捉える、拣／よる（＝拣柴禾／柴をよる）、采／摘む、交／渡す、还／返す、借／借りる，貸す、搞／やる、买／買う、弄／いじる、换／換える、骗／騙す、哄／欺く、偷／盗む、抢／奪う、夺／奪う、寄／（手紙などを）送る、写／書く、开／運転する（＝开汽车／車を運転する）、争取／勝ち取る、搜集／収集する

以上のように、Vb類動詞はほとんど単音節動詞である。またVb類動詞にも極めて顕著な文法特徴がある。

（ⅰ）動詞性の目的語は伴わない。

（ⅱ）具体的な意味の方向補語を伴うことがある。

このB類構造を「Vb来了」と表記することとする。

2.3　「連動構造」であるC類に用いられ、A類とB類の構造には用いられない動詞をVcとする。Vc＝V－（Va＋Vb）である。Vcは開放的な類である。以下にいくつかの例を挙げる。

吃／食べる、看／見る、喝／飲む、敲／たたく、埋／埋める、挂／掛ける、洗／洗う、卖／売る、睡／眠る

休息／休む、洗澡／入浴する、聊天／雑談する、跳舞／踊る、看病／診察

を受ける、帮忙／手伝う、祝贺／祝う、道歉／謝る、修理／修理する、汇报／報告する、玩儿／遊ぶ、游泳／泳ぐ、送行／見送る、欢送／歓送する、学习／学習する、表演／演じる

Vc類動詞には文法機能上注意すべき点が２つある。

（ｉ）動詞性の目的語は伴わない。

（ii）具体的な意味の方向補語は伴わない。

このＣ類構造を「Vc来了」と表記することとする。

2.4　Va、Vb、Vcの文法機能上の違いは下表の通りである。

	Va	Vb	Vc
動詞性の目的語	＋	－	－
具体的な意味の方向補語	－	＋	－

2.5　なぜ、同じく動詞でありながら、文法的機能を異にし、異なる「V来了」となるのか。それは３類の動詞の意味特徴の違いと関係している。

意味というレベルから見れば、Va類動詞は、認知（「认为／思う」、「以为／思う」、「知道／知る」、「估计／推測する」等）、感知（「感到／（～のような）気がする」、「觉得／（～のような）気がする」、「听说／聞くところによると」等）、認可（「同意／同意する」、「赞成／賛成する」、「反对／反対する」等）、意志願望（「希望／希望する」、「盼望／期待する」、「打算／～ようとする」等）を表す。それらは全て人間の心理や感覚の活動に関連するものなので、ひとまずVa類動詞の意味特徴を［＋心理］としておこう。

意味というレベルから見れば、Vb類動詞には「上／上がる」、「下／下りる」、「进／入る」、「出／出る」、「走／歩く」、「跑／走る」、「奔／走る」、「追／追う」、「逃／逃げる」、「赶／急ぐ（＝赶路／道を急ぐ）」、「爬／這う」等のように、動作主の移動を表すものがある。また「送／送る」、「拉／引く」、「拖／引く」、「拽／曳く」、「搬／運ぶ」、「运／運ぶ」、「交／渡す」、「还／返す」、「买／買う」、「抢／奪う」、「偷／盗む」等のように、受動者の移動を表すものもある。そのほか「抱／抱く」、「搞／やる」、「写／書く」、「抓／捕まえる」、「找／捜す」等のように、本来は事物の移動を表さないにもかかわらず、「V来了」

に用いられると、その構造全体としては明らかに事物（受動者）の移動を表すものもある。例えば：

（7）他 把 柴禾 抱 来 了。

彼　（把ba）　柴　抱える　来る　（了le）

彼は柴を抱えてきた。

（8）写 来 了 两 封 信。

書く　来る　（了le）　2　通　手紙

２通の手紙を書いてよこした。

（9）抓 来 了 一 个 俘虏。

捕まえる　来る　（了le）　1　個　捕虜

捕虜を１人捕まえてきた。

（10）搞 来 了 一 批 材料。

取る　来る　（了le）　1　群　資料

いくつかの資料を入手してきた。

（11）把 他 找 来 了。

（把ba）　彼　捜す　来る　（了le）

彼を捜して連れてきた。

どんな状況においても、Ｖb類動詞には、明らかに［＋移動］の意味特徴が見られる。

Ｖc類動詞の意味特徴を理解するために、まずＣ類構造についてさらに深く分析をしなければならない。

上で述べたように、Ｃ類構造は「連動構造」である。「Ｖc来了」という「連動構造」については注意すべきことが２点ある。第１に「来lai」は常に動作主の移動を表す。第２にＶcは常に動作主の移動目的をもった動作・行為を表す。例えば、「他参观来了／彼は見学しに来た」は彼がここに来た目的が見学であることを表し、「我休息来了／私は休みに来た」は私がここに来た目的が休むためであることを表す。つまりＣ類構造は常に、動作主が新しい場所（話し手のいるところ）に移動したのが、ある行為動作を行うためであったことを表す。と言うことは、動詞の表す動作行為が、動作主の移動目的の動作行為であるときに、その動詞を「Ｖc来了」構造に用いることができ、そうでなければ、この構造に用いることはできないのである。例えば「笑／笑う」は、１つの動作行為を表すが、動作主の移動目的の行為となることはないので、「Ｖc来了」構造に用いることはできない。つまり「笑来了／笑いにきた」という言い方はない。このＶc類動詞の意味特徴は［＋目的行為］と表記することができる。

2.6　筆者のテストによれば、ＶaはＢ類構造に用いることができず、逆に、ＶbはＡ類構造に用いることができない。これは「Ｖ来了」が「動詞＋目的語」関係と「動詞＋補語」関係を兼ねる多義構造になることはないということを意味する。換言すれば、「Ｖa来了」は決してＢ類構造であることはなく、「Ｖb来了」は決してＡ類構造であることはない。その理由は、Ｖa類動詞には［＋移動］という意味がないからである。つまり、Ｖaの意味特徴は次のようになる。

Ｖa［＋心理、－移動］

それに対し、Ｖb類動詞には［＋心理］という意味特徴が見られない。つまり、Ｖbの意味特徴は次のようになる。

Ｖb［－心理、＋移動］

2.3においてＶc＝Ｖ－（Ｖa＋Ｖb）を提示したように、ＶcはＡ類構造に用いられないだけでなく、Ｂ類構造にも用いられない。これはＶc類動詞には［＋心理］と［＋移動］という意味がないからである。つまり、Ｖcの意味特徴は次のようになる。

Ｖc［－心理、－移動、＋目的行為］

ただしＣ類構造に現れる動詞がＶcであるとは限らないことに注意しなければならない。

2.7　「请求／願う」、「欢迎／歓迎する」、「反对／反対する」等、若干のＶa動詞はＣ類構造にも現れ、「連動構造」を構成する。例えば：

（12）年轻小伙子都要求参军，连 不 满 十八 岁 的 小铁柱 也 请求 来 了。

さえ　～ない　達する　18　歳　の　鉄柱　も　申請する　来る　（了le）[①]

若い青年達も入隊を求め、18歳に満たない鉄柱も申請しに来た。

（13）他们一听说老校长来了，便 都 涌 出 校门 欢迎 来 了。

① 訳者注：中国語逐語訳は点線部のみとした。以下同じ。

すぐに　皆　涌く　出る　校門　歓迎する　来る　（了le）

彼らは前の校長先生がいらしたと聞くと、一斉に校門を出てお迎えに来た。

(14) 他们反对我,我不在乎,可 我 真 想不到 他 也 跟 着 反对 来 了。

しかし　私　本当に　思いもよらない　彼　も　付く　（着zhe）　反対する　来る　（了le）

彼らが反対するのは構わないが、よもや彼まで一緒に反対しに来るとは思わなかった。

しかし、ほとんどのVaはC類構造に用いることができない。それはVaをVa_1とVa_2の２類に分けることができることを意味する。両者の違いは次のようになる。

	A類	C類
Va_1	＋	−
Va_2	＋	＋

筆者のテストによれば、これはVa動詞の意味特徴と関係がある。Va_1は本来［＋心理］の意味特徴だけを備えるもので、［＋目的行為］の意味特徴は備えていない。しかしVa_2は［＋心理］の意味特徴だけでなく、［＋目的行為］の意味特徴をも備えている。両者の意味特徴をまとめると次のようになる。

Va_1　［＋心理、－移動、－目的行為］

Va_2　［＋心理、－移動、＋目的行為］

ここから容易に考えられるように、Va_1からなる「Va_1来了」はもっぱらA類構造のみに属するのに対し、Va_2からなる「Va_2来了」はA類構造であることも、C類構造であることもある。例えば、「他又反对来了」は「彼はもともと来ることに反対しなかったのに、今は逆に反対している」とも理解でき、また「彼はまた何か反対意見を言うために来た」とも理解できる。このとき、前者はA類構造であり、後者はC類構造である。そこで「Va_1来了」は単義構造であり、「Va_2来了」は多義構造であることがわかる。Va_2はA類構造に対し、［＋心理］という意味特徴を必要とし、［＋目的行為］という意味特徴は必ずしも必要とせず、一方、C類構造に対しては、［＋目的行為］という意味特徴を必要とし、［＋心理］という意味特徴は必ずしも必要としない。

2.8　Ｖb類動詞の相当数のものもＣ類構造に用いられ、「連動構造」を構成することがある。例えば：

（15）小李你看，老张 又 找 来 了，看来他的车钥匙还没找着。
張さん　また　捜す　来る　（了le）
李くん見て、張さんがまた捜しにきた、きっと車の鍵がまだ見つからないんだよ。

（16）小王，你 也 到 这儿 采 来 了？这儿蘑菇不多，我们到那边林子里采去吧。
あなた　も　へ　ここ　採る　来る　（了le）
王くん、君もここへ採りにきたのかい。ここはきのこが少ないから、あっちの林へ採りに行こう。

（17）李老师要借的书你准备好了吗？李 老师 现在 拿 来 了。
李　先生　今　持つ　来る　（了le）
李先生がお借りになりたい本は準備できましたか。李先生が取りにいらっしゃいました。

一方、「上／上がる」、「下／下りる」、「赶／急ぐ（＝赶路／道を急ぐ）」、「逃／逃げる」等のいくつかのＶb類動詞はＣ類構造に用いることができない。これはＶb類動詞も２類に分けることができることを意味する。それをVb_1、Vb_2とすると、両者の違いは表のようになる。

	Ｂ類	Ｃ類
Vb_1	＋	−
Vb_2	＋	＋

筆者のテストによれば、これもＶb動詞の意味特徴と関係がある。Vb_1は本来［＋移動］の意味特徴だけを備えるもので、［＋目的行為］の意味特徴は備えていない。しかしVb_2は［＋移動］の意味特徴だけでなく、［＋目的行為］の意味特徴をも備えている。両者の意味特徴をまとめると、次のようになる。

Vb_1　［−心理、＋移動、−目的行為］

Vb_2　［－心理、＋移動、＋目的行為］

Vb_1動詞は、方向動詞「上／上がる」、「下／下りる」、「进／入る」、「出／出る」、「过／通過する」、「回／戻る」、「起／起きる」、および「走／歩く」、「奔／走る」、「跟／付く」、「赶／急ぐ」、「逃／逃げる」、「扑／突き進む」等のように、いずれも単方向動詞である。Vb_2動詞は、「拿／持つ」、「取／取る」、「抓／捕まえる」、「捞／すくい上げる」、「交／渡す」、「还／返す」、「搬／運ぶ」等、あらゆる双方向他動詞、および「跑／走る」、「跳／跳ねる」、「追／追う」、「闯／飛び込む」、「冲／突進する」、「爬／登る」等、いくつかの単方向動詞を含む。Vb_1からなる「Vb_1来了」は単義構造であって、もっぱらB類構造のみに属するのに対し、Vb_2からなる「Vb_2来了」はB類構造であることも、C類構造であることもある。例えば、「他也爬来了」は「彼もここまで登ってきた」とも理解でき、その場合はB類構造に属し、「彼もここへ来て登った」とも理解でき、その場合はC類構造に属する。また例えば「他拿来了」は「彼はある物を別のところからここへ持ってきた」とも理解でき、その場合はB類構造に属し、「彼はここへ来てある物を手にした」とも理解でき、その場合はC類構造に属する。したがってVb_2はB類構造に対し、［＋移動］という意味特徴を必要とし、［＋目的行為］という意味特徴は必ずしも必要とせず、一方、C類構造に対しては、［＋目的行為］という意味特徴を必要とし、［＋移動］という意味特徴は必ずしも必要としない。

2.9　2.7から2.8に述べたところからわかるように、C類構造に用いられる動詞にはVc以外にVa_2とVb_2がある。したがってC類構造は次のように改めなければならない。

$V_{c+a_2+b_2}$来了

よって、A、B、C３類の構造は次の通りである。

A．Va来了＝$V_{a_1+a_2}$来了

B．Vb来了＝$V_{b_1+b_2}$来了

C．Vc 来了
Va_2来了 ｝ ＝$V_{c+a_2+b_2}$来了
Vb_2来了

別の角度から、「Ｖ来了」を解釈すると、次のようになる。

Va_1来了 ― 単義構造、Ａ類に属する。

Va_2来了 ― 多義構造、Ａ類に属し、Ｃ類にも属する。

Vb_1来了 ― 単義構造、Ｂ類に属する。

Vb_2来了 ― 多義構造、Ｂ類に属し、Ｃ類にも属する。

Vc　来了 ― 単義構造、Ｃ類に属する。

3

筆者は１において、「Ｖ来了」の内部には、「Ｖ来/了」と「Ｖ/来了」という、２つの異なる内部構造があり得ることを指摘した。これについて、ここでもう一度、分析を加えよう。

3.1　まずＢ類構造を見る。

Ｂ類構造は「動詞＋補語」関係を表し、その内部構造は「Ｖb来/了」しかあり得ない。その理由は、以下の通りである。

1．「Ｖb来/了」から「了le」を除き、「Ｖb来」としても、それだけで成立し得る。これは単に「Ｖb来了」の内部構造が「Ｖb来/了」である可能性があることを示している。

2．「動詞＋補語」構造には次のような特徴がある。助詞「得de」を介在させずに結果補語あるいは方向補語を伴う「動詞＋補語」構造において、補語となる成分は、簡単な形式 ― 単語でなければならない[4)]。Ｂ類構造は、正に助詞「得de」を介在させずに方向補語を伴う「動詞＋補語」構造（「上来／上がって来る」、「走来／歩いて来る」、「拿来／持って来る」）である。したがってＢ類構造の内部構造は「Ｖb来/了」であって、「Ｖb/来了」であるということはあり得ない。

3．「Ｖb来了」内の「了le」は完了を表し、「来lai」によって表される移動の完了を表すだけでなく、Ｖbによって表される動作の完了をも表す。この点から考えても、「Ｖb来了」の内部構造は「Ｖb来/了」であると見るべきである。

3.2　次にＣ類構造を見る。

Ｃ類構造の内部構造は「Ｖc/来了」しかあり得ない。その理由は、以下の通りである。

1．「Ｖc/来了」から、「了le」を除き、「Ｖc来」とすると成立しない[5]。これは単に「Ｖc来了」の内部構造が「Ｖc/来了」である可能性があることを示している。

2．Ｃ類構造は「連動構造」である。現代中国語の「連動構造」には注意すべき点が２つある。第１に「連動構造」内の前項が単一動詞である時、後項が単一動詞になることはない（「去／行く」を唯一の例外として）[6]。第２に、単一方向動詞「来lai」が「連動構造」内の後項になることは決してない[7]。この２点によりＣ類構造の内部構造は「Ｖc/来了」でしかあり得ない。

3．「Ｖc来了」内の「了le」は、「来lai」によって表される動作主の移動の完了のみを表す。Ｖcによって表される行為が行われるか否かについて、肯定はしない。この点から考えても、「Ｖc来了」の内部構造は「Ｖc/来了」であると見るべきである。

3.3　ここでＡ類構造について考える。

Ａ類構造は「動詞＋目的語」関係を表すが、それには２種類ある。

第１は構造全体が「動詞＋目的語」構造で、その内部構造は、「以为/来了／来たと思った」のように、「Ｖa/来了」である。この種のＡ類構造をA_1構造と呼ぶこととする。

第２は構造の主要部分が「動詞＋目的語」構造で、内部構造は「Ｖa来/了」であって、Ｖaの目的語は、「同意来/了／来ることに同意した」のように、「来lai」だけである。この種のＡ類構造をA_2構造と呼ぶこととする

A_1とA_2の共通点は、動詞Ｖaの目的語はすべて動詞性のものであって、意味上からはすべて「内容目的語」であるということである。一方、両者の相違は次の２点で、（1）A_1の目的語は「来了lai　le」で、A_2の目的語は「来lai」である。（2）A_1中の「了le」は動態助詞であって、完了を表し、「来lai」の後に付される。一方、A_2中の「了le」は語気詞であって、新しい状況の出現を表し、「Ｖa来」の後に付される。したがって、A_2は必ず変化の意味を含む。「同意来了／来ることに同意した」は先には来ることに同意しておらず、今、

同意したということを表している。一方、A_1には変化の意味が含まれない。

A類構造をA_1とA_2に分けることができるのは、Va動詞内部の分岐のためである。

3.4　細かく観察すると、Va動詞は3組に分けられることがわかる。

Va_{-I}：　「以为／思う」、「认为／考える」、「觉得／思う」、「感到／（〜のような）気がする)」、「看／思う（＝认为／思う)」、「发现／気付く」、「证明／証明する」、「表明／表明する」、「说明／説明する（＝表明／表明する、证明／証明する)」

Va_{-II}：　「同意／同意する」、「赞成／賛成する」、「决定／決定する」、「允许／許す」、「答应／応じる」、「要求／要求する」、「请求／願う」、「要／求める（＝要求／要求する)」、「反对／反対する」、「欢迎／歓迎する」、「盼望／期待する」、「希望／希望する」

Va_{-III}：　「想／〜たいと思う」、「保证／保証する」、「相信／信じる」、「知道／知る」、「估计／推測する」、「听说／聞くところによると」、「打算／〜ようとする　」

Va_{-I}とVa_{-II}の違いは明確である。Va_{-I}動詞の動詞性目的語は複雑なものでなければならず、Va_{-I}動詞が単一動詞を目的語とすることはない[8]。例えば：

认为：认为 要 考

考える　〜なければならない　試験をする

試験をしなければならないと考える

认为 考 物理

考える　試験をする　物理

物理の試験をすると思う

认为 考 得 不错

考える　試験をする　（得de）　いい

試験の結果がいいと考える

*认为 考

考える　試験をする

試験をすると考える

觉得：觉得 没 增加

思う　～ていない　増加する

増加していないと思う

觉得 应该 增加 些 家俱

思う　～べきである　増加する　些か　家具

家具を少し増やすべきだと思う

觉得 增加 得 不 多

思う　増加する　(得de)　～ない　多い

あまり増えていないと思う

*觉得 增加

思う　増加する

増加すると思う

发现：发现 没有 卖

気付く　～ていない　売る

売っていないことに気付く

发现 在 卖 袖珍 录音机

気付く　～ている　売る　携帯　テープレコーダー

携帯テープレコーダーを売っていることに気付く

发现 卖 得 很 便宜

気付く　売る　(得de)　とても　安い

とても安く売っていることに気付く

*发现 卖

気付く 売る

売ることに気付く

表明：表明 早已 完成

表明する 早くもすでに 完成する

すでに完成していることを示す

表明 完成 了 计划

表明する 完成する （了le） 計画

計画したことができあがったことを示す

表明 完成 得 很 出色

表明する 完成する （得de） とても 出色だ

よくできたことを示す

*表明 完成

表明する 完成する

完成することを示す

Ｖa-Ⅱ動詞には上のような制限がない。例えば：

同意：同意 以后 再 卖

同意する 以後 再び 売る

将来再度売ることに同意する

同意 先 卖 自行车

同意する 先に 売る 自転車

先に自転車を売ることに同意する

同意 卖 得 便宜 些

同意する 売る （得de） 安い 些か

少し安く売ることに同意する

同意 卖

同意する　売る

売ることに同意する

要求：要求 马上 完成

求める　すぐに　完成する

すぐに完成させることを求める

要求 完成 计划 的 一半

求める　完成する　計画　の　半分

計画の半分まで実行することを求める

要求 完成 得 好 些

求める　完成する　（得de）　いい　些か

よりよい出来にすることを求める

要求 完成

求める　完成する

完成させることを求める

允许：允许 继续 增加

許す　継続して　増加する

継続して増やすことを許す

允许 增加 经费

許す　増加する　経費

経費を増やすことを許す

允许 增加 得 多 些

許す　増加する　（得de）　多い　些か

多めにすることを許す

允许 增加

許す　増加する

増やすことを許す

反对：反对 马上 就 考

反対する　すぐに　（就jiu）　試験をする

すぐに試験をすることに反対する

反对 考 难题 偏题

反対する　試験をする　難問　奇問

難問奇問を出すことに反対する

反对 考 得 太 多

反対する　試験をする　（得de）　あまりに　多い

あまりたくさんの試験をすることに反対する

反对 考

反対する　試験をする

試験をすることに反対する

Va_{-I}動詞の動詞性目的語は、複雑なものでなければならないことから、「Va_{-I}来了」内部の構造は、

Va_{-I}/来了

であり、

*Va_{-I}来/了

ということはあり得ないと断定することができる。「Va_{-I}来了」はまさに3.3で述べたA_1構造である。

一方、Va_{-II}動詞の動詞性目的語は、複雑なものであっても、単純なものであってもよいことから、「Va_{-II}来了」の内部構造を断定することは難しく、「Va_{-II}/来了」、「Va_{-II}来/了」どちらと見ることもできそうである。しかし、実際にはそうではない。

まず、次の１組の興味深い例を見てみよう。

（18）同意 买 了　同意する　買う　（了le）

（19）同意 卖 了　同意する　売る　（了le）

例（18）は1つの文法的意味「もともとは買うことに同意していなかったが、今は買うことに同意した」を表すだけである。したがって、例（18）の内部構造は、

同意买/了

であるはずである。例（19）は2つの文法的意味を表し得る。1つは「もともとは売ることに同意していなかったが、今は売ることに同意した」で、これは例（18）と似ている。この文法的意味によれば、「同意卖了」の内部構造は、

同意卖/了

であるはずである。もう1つは「売ってしまうことに同意する」で、これは例（18）には含まれないものである。この文法的意味によれば、「同意卖了」の内部構造は、

同意/卖了

である。以上により、例（18）は単義構造、例（19）は多義構造であることがわかる。

例（18）と例（19）には、なぜこのような違いがあるのか。これは目的語となる動詞に関係しているようである。さらにいくつかの例を見てみよう。

甲	乙
同意 盖 了	同意 拆 了
同意する　建てる　（了le）	同意する　壊す　（了le）
建てることに同意した	壊すことに同意した 壊してしまうことに同意する
允许 存 了	允许 扔 了
許す　置く　（了le）	許す　投げる　（了le）
置くことを許した	投げることを許した 投げてしまうことを許す
要求 修建 了	要求 砍 了
要求する　建設する　（了le）	要求する　切る　（了le）

建設することを求めた

切ることを求めた
切ってしまうことを求める

決定 画 了
決定する　描く　（了le）
描くことを決めた

決定 抹 了
決定する　消す　（了le）
消すことを決めた
消してしまうことを決める

请求 做 了
願う　作る　（了le）
作ることを求めた

请求 烧 了
願う　焼く　（了le）
焼くことを求めた
焼いてしまうことを求める

赞成 增加 了
賛成する　増やす　（了le）
増やすことに賛成した

赞成 删 了
賛成する　削る　（了le）
削ることに賛成した
削ってしまうことに賛成する

希望 戴 了
希望する　着ける　（了le）
着けることを希望した

希望 摘 了
希望する　取る　（了le）
外すことを希望した
外してしまうことを希望する

反对 贴 了
反対する　貼る　（了le）
貼ることに反対した

反对 撕 了
反対する　はがす　（了le）
はがすことに反対した
はがしてしまうことに反対する

言うまでもなく、甲群も乙群も述語動詞はVa_{-II}である。仮に目的語である動詞をV_0とするならば、甲群・乙群の例は構造上、すべて「$Va_{-II}V_0$了」である。しかし、上の例からわかるように、甲群の例は例（18）と同じで、１つの意味しか表さず、乙群の例は例（19）と同じで、２つの意味を表す。甲群・乙群の例において述語として用いられている動詞は全く同じであるから、意味上の違いはV_0に求めるしかない。筆者の分析によれば、乙群の例で目的語として用いられているV_0動詞「拆／壊す」、「扔／なげる」、「砍／切る」、「抹／消す」、「烧／焼く」、「删／削る」、「摘／取る」、「撕／はがす」、および例（19）の「卖／売る」には、共通の意味特徴［＋消去］が明らかに含まれている。甲群の例で目的語として用いられているV_0動詞「盖／建てる」、「存／置く」、「修建／建設する」、「画／描く」、「做／作る」、「増加／増やす」、「戴／着ける」、「贴／貼る」、および例（18）の「买／買う」は、いずれにも意味特徴［＋消去］が含まれていない。そこから次のことがわかる。V_0が意味特徴［＋消去］を含む動詞である場合、それによって構成される「$Va_{-II}V_0$了」という「動詞＋目的語」構造は２つの意味を表し得、２つの内部構造 ──「$Va_{-II}V_0$/了」と「Va_{-II}/V_0了」── があり得る。V_0が意味特徴［＋消去］を含まない動詞である場合、それによって構成される「動詞＋目的語」構造「$Va_{-II}V_0$了」は１つの意味しか表さず、１つの内部構造 ──「$Va_{-II}V_0$/了」── しかない。テストによって検証した結果、これに例外はない。

ここで再び「Va_{-II}来了」構造について考えよう。「Va_{-II}来了」は「$Va_{-II}V_0$了」の実例の１つであると見ることができる。また、方向動詞「来／来る」に［＋消去］の意味特徴が全く含まれないことは、容易に断定できることから、「Va_{-II}来了」は甲群の例に属する。したがって、その内部構造は、

Va_{-II}来/了

しかあり得ない。

以上に述べたところをまとめるならば、A類構造の内部構造に、A_1とA_2があり得るのは、Va動詞内部の細分化のためである。即ち：

A_1：Va_{-I}/来了

A_2：Va_{-II}来/了

とすることができる。

ここで、この節でVa動詞をVa_{-I}とVa_{-II}に分けたことと、2.7でVa動詞をVa_1とVa_2に分けたことには本質的な違いがあることを指摘しておかなければならない。2.7では、Va動詞の分類に対し、Vaが意味特徴［＋目的行為］を備えるか否かを根拠とし、それを備えていないものをVa_1動詞とし、備えているものをVa_2動詞とした。この節において、Va動詞を細分化する際、その動詞性

目的語が複雑なものでなければならないか否かを根拠とし、複雑な目的語でなければならないものを$\mathrm{Va}_{-\mathrm{I}}$とし、そうでないものを$\mathrm{Va}_{-\mathrm{II}}$とした。したがって、それはＡ類構造の範囲内におけるＶa動詞の分類にとどまり、それがＡ類構造に２つの異なる内部構造が出現し得る原因についての更なる理解の助けとなる。しかし再び話をもとに戻さなければならない。Ｖa動詞を$\mathrm{Va}_{-\mathrm{I}}$と$\mathrm{Va}_{-\mathrm{II}}$に分けた直接の根拠は、目的語が複雑なものでなければならないか否かという点であった。しかし動詞自身の意味特徴が無関係というわけではない。2.5においてすでに指摘したように、Ｖa動詞はいずれも意味特徴［＋心理］を備え、そこに認知（例えば「以为／思う」、「认为／考える」等）、感知（例えば「感到／（～のような）気がする」、「觉得／思う」等）、認可（例えば「同意／同意する」、「反对／反対する」等）、意志願望（例えば「希望／希望する」、「打算／～ようとする」等）を表す動詞が包括される。上述の$\mathrm{Va}_{-\mathrm{I}}$動詞は、すべて認知か感知を表すものであるから、ここでとりあえず［＋心理（認知)］をその意味特徴を表す標記とする。上述の$\mathrm{Va}_{-\mathrm{II}}$動詞は、すべて認可か意志願望を表すものであるから、ここでとりあえず［＋心理（意志願望］をその意味特徴を表す表記とする。こうすることにより、$\mathrm{Va}_{-\mathrm{I}}$と$\mathrm{Va}_{-\mathrm{II}}$の違いはそれぞれが備える意味特徴から次のように解釈することができる。

$\mathrm{Va}_{-\mathrm{I}}$［＋心理（認知)］

$\mathrm{Va}_{-\mathrm{II}}$［＋心理（意志願望)］

次に$\mathrm{Va}_{-\mathrm{III}}$動詞について述べる。$\mathrm{Va}_{-\mathrm{III}}$は$\mathrm{Va}_{-\mathrm{II}}$と似て、後の動詞性目的語は複雑なものでも、簡単なものでも構わない。例えば「估计／推測する」は、「估计明天演／明日演じると思う」、「估计演《将相和》／『将相和』を演じると思う」、「估计演到下星期三／来週の水曜日まで演じると思う」等のように用いることは可能であり、「估计演／演じると思う」と用いることもできる。しかし、実際には$\mathrm{Va}_{-\mathrm{II}}$とは異質で、それは主に、$\mathrm{Va}_{-\mathrm{III}}$動詞が「Ｖa来了」構造に用いられた場合、構造全体をA_1類とも、A_2類とも理解できるという点に現れる。例えば：

(20)（他）估计 来 了

（彼） 推測する 来る （了le)

A_1：(彼は）すでに来たと思う

A_2：(彼は）もともとは来ないと思っていたが、今は来ると思う（ようになった)。

Va_{-III}がVaの中で独立した一類ではなく、Va_{-I}とVa_{-II}を兼ねるものであると考えられる理由がある。それは動詞「想/思う」において最も顕著に現れる。次の例を見てほしい。

(21) (我) 想 来 了

(私) 思う 来る (了le)

A_1:(私は) もう来たと思う

A_2:(私は) もともとは来たくなかったが、今は来たくなった

A_1にしたがって理解すれば、「想/思う」はVa_{-I}中の「认为/考える」に相当し、A_2にしたがって理解すれば、「想/思う」はVa_{-II}中の「希望/希望する」に相当する。「想/思う」は意味特徴[+心理(認知)]を備えるとともに、意味特徴[+心理(意志願望)]をも備えている。したがってVa_{-III}が備える意味特徴は[+心理(認知+意志願望)]である。

3.5 以上述べたところに従えば、内部構造上、「V来了」を次のように分類することができる。

I.「V来/了」　　これは次の2類が含まれる。

A_2類:Va_{-II}来/了

B 類:Vb来/了

II.「V/来了」　　これは次の2類が含まれる。

A_1類:Va_{-I}/来了

C 類:$Vc_{+a_2+b_2}$/来了

4

次に「V来了」中の「了le」について述べる。

一般に「了le」は2つに分けられる。1つは動態助詞で、「動作が完了の状態にあることを表す」とされ、1つは語気詞で、「新状況の出現を表す」とされる[9)]。上述のA_1、C類構造の「了le」は、まぎれもなく動態助詞の「了le」である。A_2類構造の「了le」は、まぎれもなく語気詞の「了le」である。ではB類構造の「了le」は動態動詞の「了le」であろうか、それとも語気詞の「了le」であろうか。朱徳熙は「了le」に触れた際、北京語には2つの「了le」があり、

１つは動詞の接尾辞の「了le」（朱は、一般に動態助詞と見なされているものを、動詞の接尾辞と見なしている）、１つは「語気詞」の「了le」である、「動詞の接尾辞‘了le’は文中にしか現れず、文末には現れない。語気詞‘了le’は文末にしか現れず、文中には現れない。」[10]としている。しかし「Ｖb来了」は文中に現れ、また文末にも現れ得る。例えば：

（22）忽然 跑 来 了 一个 孩子。
突然　走る　来る　（了le）　１人　子供
突然、子供が走ってきた。

（23）昨天 他 拿 来 了 一 筐 苹果。
昨日　彼　持つ　来る　（了le）　１　籠　りんご
昨日彼はりんごを１籠、持ってきた。

（24）叫他来他不来，不 叫 他 来 却 跑 来 了。
～ない　命じる　彼　来る　かえって　走る　来る　（了le）
彼に来いと言っても来なかったのに、来るなと言うとかえってやってきた。

（25）你 要 的 书 他 拿 来 了。
君　ほしい　の　本　彼　持つ　来る　（了le）
君がほしい本を彼が持ってきた。

例（22）、例（23）の「跑来了／やってきた」、「拿来了／持ってきた」は文中に位置し、その中の「了le」は確かに動態助詞の「了le」である。例（24）、例（25）の「跑来了／走ってきた」、「拿来了／持ってきた」は文末に位置しているが、その中の「了le」は語気詞の「了le」であろうか。朱徳熙はまた「文末の‘了le’の前が動詞であれば、この‘了le’は語気詞である可能性も、動詞の接尾辞‘了le’と語気詞の融合体である可能性もある。」[11]としている。朱の分析によれば、例（24）、例（25）の「了le」は語気詞の「了le」、或いは少なくとも２つの「了le」の融合体であると言うことができる。そうであるならば、Ｂ類構造「Ｖb来了」中の「了le」は動態助詞の「了le」でも、語気詞の「了le」でもあり得ると言うことができる。

仮に動態助詞の「了le」を「$了_1$le」とし、語気詞の「了le」を「$了_2$le」とするならば、「Ｖ来了」構造は次のように分けて、示すことができる。

A_1：Va_{-1}/$来了_1$

A_2 ：Va_{-II}来/了$_2$

B ：Vb来/了$_{1/2}$ [12)]

C ：$Vc_{+a_2+b_2}$/来了$_1$

5

内部構造が 「V来/了」である場合（A_2類とB類を含む）、その中の「了le」を除くことができ、「了le」を除いた後も「V来」は成立する。内部構造が「V/来了」である場合（A_1類とC類を含む）、その中の「了le」を除くことはできず、「了le」を除いた「V来」は成立しない。これは現代中国語における「V来」構造は「動詞＋目的語」関係または「動詞＋補語」関係のみを表し、「連動関係」を表し得ないということを物語っている。

一般に方向動詞「来／来る」と「去／行く」を1類として、「'来'類」と呼び、「上／上がる」、「下／下りる」、「进／入る」、「出／出る」などの単純方向動詞（一般に「'上'類」と呼んでいる）と「上来／上がってくる」、「下去／下りていく」、「进来／入ってくる」、「进去／入っていく」などの複合方向動詞（一般に「'上来'類」と呼んでいる）と区別している[13)]。しかし、これは「来／来る」と「去／行く」に文法機能上違いがないということではない。「V来」、「V去」の構造においては明らかな違いがある。「V来」は「動詞＋目的語」関係と「動詞＋補語」関係のみを表し、「連動関係」を表すことがなく、「V去」は3つの関係すべてを表し得る。例えば：

(26) 我 <u>想 去</u>。
私 ～たい 行く
私は行きたい。

(27) 请 你 把 书 <u>送 去</u>。
請う あなた （把ba） 本 届ける 行く
本を届けて行って下さい。

(28) 我 <u>参观 去</u>。
私 見学する 行く
私は見学にいく。

例（26）の「想去／行きたい」は「動詞＋目的語」構造であり、例（27）の「送去／届けて行く」は「動詞＋補語」構造であり、例（28）の「参观去／見学にいく」は「連動構造」である。

「来／来る」と「去／行く」はいずれも話し手の位置を座標として、方向を表す移動動詞であるが、両者の移動の方向は正反対である。「来／来る」は移動方向が話し手に向かっていることを表し、「去／行く」は移動方向が話し手と反対であることを表す。そこから、「来／来る」と「去／行く」の意味特徴には違いがあり、まさにその意味特徴の違いが両者の用法上の違いをもたらしているのである。

6

近年来、中国語の文法学界では、意味特徴の分析という手段を用い、多義構造をもたらす原因をより深く分析するようになった[14)]。本稿もこの分析手段を運用した実験であり、ここに研究者諸氏の叱正を請う。

注

1）「Ｖ来了」中の「了le」は虚辞であることから、「Ｖ来了」に「Ｖ/来/了」と三分する内部構造はあり得ない。

2）范継淹「動詞和趨向性後置成分的結構分析／動詞と方向性後置成分の構造分析」(『中国語文』1963年第２期)。

3）具体的な意味の方向補語とは実際に事物の移動を表す方向補語のことである。方向補語には多くの二次的用法がある。例えば「吵起来了／けんかしだした」、「说下去／話し続ける」、「说来话长／話しだすと長くなる」における「起来／～だす」、「下去／～続ける」、「来／～だす」は二次的意味を表し、事物の移動の方向とは無関係である。本稿で言う具体的な意味の方向補語にこれらの二次的用法は含まない。

4）例外も見られるようである。例えば「写/大了点儿／少し大きく書いた」は実際には「写得大了点儿／少し大きく書いた」(「得de」を介在させた動詞補語構造）の簡略形である（朱徳熙『語法講義／文法講義』1982、商務印書館、§9.11参照)。したがって「得de」を介在させずに結果補語を伴う「動詞＋補語」構造には属さない。

5）例えば「我刚才去玩儿来／私は今さっき遊んでいた」、「我中午上办公室休息来／私は昼、事務室へ休憩しに行く」のように、「玩儿来／遊ぶ」、「休息来／休憩する」という構造も見られるかのようである。しかし上における「来lai」は方向動詞とは見なされるものではなく、助詞「来着laizhe」の変形（范継淹、前掲論文）である。その他、いくつかの方言に「(我)以为来」という言い方があるが、これは標準語では「我以为要来／私は来ると思う」と言わなければならないものである。

6）「連動構造」内の前項が「来／来る」または「去／行く」である場合、「你来看／見に来て」、「我去买／私は買いに行く」のように、後項は単一動詞であってもかまわない。「連動構造」内の前項が単一動詞である場合、後項は、「我买去／私は買いに行く」、「我拿去／私は取りに行く（＝我去拿／私は取りに行く)」のような「去／行く」を唯一の例外として、他の単一動詞になることはない。

7）本文**5**を見られたい。

8）Va_{-1}動詞は、「以为好／いいと思った」、「认为脏／汚いと思う」あるいは「以为可以／できると思った」「认为应该／当然だと思う」のように、単一形容詞または単一能願動詞を目的語とすることができる。「来／来る」は能願動詞ではなく、もちろん形容詞でもない。

9）朱徳熙『語法講義／文法講義』§5.15.1（商務印書館、1982年、北京）参照。

10）前掲書§5.15.5。

11）前掲書§16.2.3。

12）「了$_{1/2}$」は「了$_1$」でも「了$_2$」でもあり得ることを表す。

13）注2）に同じ。

14）朱徳熙「“在黒板上写字”及相関句式／『黒板に字を書く』及び関連構文」(『語言教学与研究』1981年第1期)、同「与動詞“給”相関的句法問題／動詞『給』と関連するシンタクスの問題について」(『方言』1979年第2期)、および馬慶株「時量賓語和動詞的類／時間量を表す目的語と動詞の種類」(『中国語文』1981年第2期）参照。

原文：「“V来了”試析」,『現代漢語句法論』, 商務印書館, 1993年

5　動態助詞「了」の自由な省略・付加について

李興亜 著
丸尾誠／張勤 訳

0

1949年以降、我が国の言語学界の動態助詞「了 le」（以下、動態助詞の「了 le」を「了$_1$ le」、語気助詞の「了 le」を「了$_2$ le」とする）に関する研究は主として、①接尾辞か独立した語か、②動詞自体、動詞の目的語、動詞の修飾語という３つの角度から、いかなる状況の下で「了$_1$」を用いることができないかということを研究したもの、という２つの問題に集中している。この第２の問題を研究したものに、呂叔湘・朱徳熙両氏の共著である『語法修辞講話／文法修辞講話』、鐘梫「什麼時候不用詞尾“了”？／いつ接尾辞の『了』を使わないのか」[1)]、房玉清「従外国学生的病句看現代漢語的動態範疇／外国人学生の文法的に誤った文からみた現代中国語の動態範疇」[2)]などがある。

呂叔湘主編の『現代漢語八百詞／中国語用例辞典』では「了$_1$」が時として省略（自由に省略・付加）できることが指摘され、また後ろに節が続くという重要な概念も提起され、これにより「了$_1$」の研究に重要な手立てを示すこととなった。

「了$_1$」の自由な省略・付加の条件とタイプを探るには、別の今のところ完全には解決されていない問題にも関連せざるをえないため、本稿では明確に断言できる部分について「了$_1$」の自由な省略・付加という問題におおまかな輪郭を与えるにとどめ、考察の範囲を「Ｖ了$_1$」が述語の中心に位置する場合に限ることとする。

1

我々の観察によると、現代中国語において「了$_1$」の自由な省略・付加を可能にする主な要因は以下の５つである。

A　動詞の前に過去を表す語がある

B　動詞の後ろに数量フレーズがある

C　連続する動作を表す節が後ろに続く

D　動詞の後ろに結果の意味を表す補語がある

E　文末に「了₂」がある

「了₂」を文末に用いると、事態にある変化が生じたことを断定することとなり、コミュニケーションがその表す意味にある程度の曖昧性を認める場合には、動作の完了を表す「了₁」と交換することが可能であり、このことが「了₁」の自由な省略・付加を可能とする1つの要因となっている。以下は「了₁」と「了₂」が互いに交換が可能であるという証拠である。

（1）破风筝：孩子们 比 你 强，你 的 那点 体己 大概 穿 在 肋条 上 了！

子供たち　より　あなた　ましだ，あなた　の　あれっぽっち　へそくり　おそらく

着る　に　肋骨　上　（了 le）

方太太：我 是 有，是 穿 在 了 肋条 上！（老舍剧作全集2·49页）

私　（是 shi）　ある，（是 shi）　着る　に　（了 le）　肋骨　上

破風筝：子供たちはあなたよりましだ。あなたのあれっぽっちのへそくりはおそらく肋骨の上に身につけているんでしょう。

方太太：確かにある。肋骨の上に身につけている。

（2）“你 昨天 下 水 着 凉 了。” 白慧 说。

あなた　昨日　入る　水　引く　風邪　（了 le）。白慧　言う

“不是。我 夜 里 没 关 窗户 着 了 凉。”（冯骥才选集2·37页）

ちがう。私　夜　中　～なかった　閉める　窓　引く　（了 le）　風邪

「あなた昨日水に入って風邪を引いたんだ」と白慧は言った。

「ちがうよ、私は夜窓を閉めなかったので、風邪を引いたんだ」

（3）咱们 去年 就 改革 了 一家子，去年 斗争 了 许有武，清算 了 八百多 石 粮食，把 他 的 地、房子、牲口 全 顶 粮食，分 给 穷人 了，这个 院子……（丁玲：太阳照在桑干河上·82～83页）

我々　去年　（就 jiu）　改革する　（了 le）　一家，去年　やっつける　（了 le）

許有武，清算する　（了 le）　800　あまり　石　食料，（把 ba）　彼　の　土地　家

家畜　すべて　代わりとする　食料，分ける　に　貧しい人　（了 le），この　庭

我々は去年一家を改革した。去年許有武をやっつけて、800 石あま

りの食料を清算し、彼の土地、家、家畜を食料の代わりとして貧しい人に分け与えた。この庭は･･･

（1）（2）が最も明らかである。例えば（1）の「破风筝／破風筝」の言葉は「了$_2$」を用いており、「方太太／方おばさん」は語気を強めて「破风筝／破風筝」の言葉を繰り返しているのに「了$_1$」を用いている。（3）の最後の一節も前の３つの節にそろえて「了$_1$」を用いて「把他的地、房子、牲口全顶粮食，分给了穷人。」のようにすることができる。

この５つの要因のうちで２番目のものが理解しにくい。なぜ動詞の後ろに数量フレーズがあることが「了$_1$」の自由な省略・付加が可能となる１つの要因であるのか、目下のところ我々はまだ合理的な解釈を見出すには至っていない。

この５つの要因が互いに組み合わさって、「了$_1$」が自由に省略・付加できる様々な状況を構成している。本節では８種類について論じる。

1）動詞の前に「已经／既に」の類の過去を表す語があり、かつ動詞の後ろに数量フレーズがある場合（AB）。比較してみる。

A　这 鸟儿 昨天 叫 了 两 声。

この　鳥　昨日　鳴く　（了 le）　2　（声 sheng）

この鳥は昨日ちょっと鳴いた。

B　这 鸟儿 昨天 叫 两 声。

この　鳥　昨日　鳴く 2　（声 sheng）

この鳥は昨日ちょっと鳴いた。

A　大炮 已经 响 了 三 天。

大砲　既に　鳴る　（了 le）　3　日

大砲は既に３日鳴った。

B　大炮 已经 响 三 天。

大砲　既に　鳴る　3　日

大砲は既に３日鳴った。

A　昨晚 我 跟 二春 拌 了 几 句 嘴。

昨晩　私　と　二春　（拌嘴／口論する）　（了 le）　数　語　（拌嘴／口論する）

昨晩私は二春とちょっと口論した。

B　昨晩 我 跟 二春 拌 几 句 嘴。

昨晩　私　と　二春　（拌嘴／口論する）　数　語　（拌嘴／口論する）

昨晩私は二春とちょっと口論した。

A　我 去年 春上 盖 了 三 间 瓦房。

私　去年　春　建てる　（了 le）　3　部屋　瓦ぶきの家

私は去年の春、３部屋の瓦ぶきの家を建てた。

B　我 去年 春上 盖 三 间 瓦房。

私　去年　春　建てる　3　部屋　瓦ぶきの家

私は去年の春、３部屋の瓦ぶきの家を建てた。

A、B両組はいずれも文法的に正しい文であり、かつ対応する２つの文の意味は基本的に等しい。

以下のものは書物にみられる実例である。［　］は原文中には「了₁」は用いられていないが、用いることができることを表す。［了］は原文中には「了₁」があるが、用いなくてもよいことを表す。

（4）而且 我 得到 消息 时，老沈 已 去世 ［ ］ 一个 多 月。我不能再发 唁电，便给沈大嫂电汇去一百元钱表示安慰。（冯骥才选集2·192页）

そのうえ　私　得る　知らせ　時，沈さん　既に　死ぬ　［ ］　1つ　あまり　月

そのうえ、私が知らせを受けた時、沈じいさんが死んで既に１ヶ月あまり経っていた。私はもう弔電を打つことができず、沈姉さん（沈さんの奥さん）に電報為替で100元送って、慰めの気持ちを表した。

（5）这 十 亩 地 原是 许有武 的，去年 已经 分 给 ［ ］ 二十 家 赤穷户。（太阳照在桑干河上·120页）

この　10　ムー　土地　もともと　許有武　の，去年　既に　分ける　に　［ ］　20　軒　極めて貧しい家

この 10 ムーの土地は、もともと許有武のものだった。去年既に 20 軒の極めて貧しい家々に分け与えた。

（6）据 统计，1980年 全世界 微型计算机 已 超过 ［ ］ 一千万 台。（刘尊全：电脑·6～7页）

～による　統計，1980 年　全世界　マイクロコンピューター　既に　超える　［ ］

一千万　台

統計によると 1980 年、全世界のマイクロコンピューターは既に一千万台を超えている。

（7）政府 发 给 姚士杰 土地证, 宣布 他 的 成分 最后 确定, 他 精神 上 已经 产生 ［了］ 一 种 安全感。(柳青: 创业史第一部·174页)

政府　発行する　に　姚士傑　土地証, 宣言する　彼　の　身分　最後　確定する, 彼　精神　上　既に　生じる　[(了 le)]　1　種　安心感

政府は姚士傑に土地証を発行して、彼の身分が最終的に確定したことを宣言した。彼は精神的に既に一種の安心感を感じていた。

通常の自然言語において、一般には上述の２つの条件を同時に備えている時に、「了$_1$」は自由に省略、付加が可能となる。もし動詞の前に過去を表す語がなければ、「了$_1$」を省略した後の形式は例えば、「老张去一趟／張さんが１度行く」「老张去一趟／張さんは１度行く」のように、必ずしも動作が既に完了していることを表すわけではない。もし動詞の後ろに数量フレーズがなければ、簡潔性を求める特殊な場合にのみ省略できる。例えば、電文中の「款已汇／金もう送った」や印章の「煤证已发／石炭証既に発行」などがそうである。一般の状況下では省略できない。

A　老张 已经 去 了。

張さん　もう　行く　(了 le)

張さんはもう行った。

B　*老张 已经 去。

張さん　もう　行く

張さんはもう行った。

A　这 鸟儿 昨天 叫 了。

この　鳥　昨日　鳴く　(了 le)

この鳥は昨日鳴くようになった。

B　*这 鸟儿 昨天 叫。

この　鳥　昨日　鳴く

この鳥は昨日鳴くようになった。

A　大炮 已经 响 了。

大砲　既に　鳴る　（了 le）

大砲は既に鳴りはじめた。

B　＊大炮 已经 响。

大砲　既に　鳴る

大砲は既に鳴りはじめた。

A　老三 刚才 给 我 讲 了。

三男（三女）　さっき　に　私　話す　（了 le）

三男（三女）はさっきもう私に話した。

B　＊老三 刚才 给 我 讲。

三男（三女）　さっき　に　私　話す

三男（三女）はさっきもう私に話した。

A　这个 意见 上学期 小王 提 了。

この　意見　前学期　王君　出す　（了 le）

この意見は前学期王君がもう出した。

B　＊这个 意见 上学期 小王 提。

この　意見　前学期　王君　出す

この意見は前学期王君がもう出した。

A組の動詞の後ろにあるのは「了$_{1+2}$」であり、B組はいずれも成立しない文である。言語学界には主述フレーズは適当な文脈があれば、独立して文になれるという見解がある。B組の主述フレーズは通常、あるものについてはいかなる状況下においても独立した文になれないという事実は、我々に、この見解に対して再考を要することを告げている。

2）動詞の前に過去を表す語があり、後ろには結果の意味をあらわす補語がある場合（AD）。

A　这 家伙 已经 窜 进 了 半岛 的 中心。

この　やつ　既に　逃げる　入る　（阻 le）　半島　の　中心

こいつは既に半島の中心に逃げ込んだ。

B　这 家伙 已经 窜 进 半岛 的 中心。

この　やつ　既に　逃げる　入る　半島　の　中心

こいつは既に半島の中心に逃げ込んだ。

A　男人 们 早 铲 净 了 院 里 的 枯草。

男　達　とっくに　削り取る　きれいだ　（了 le）　庭　中　の　枯れ草

男達はとっくに庭の枯れ草をきれいに削り取った。

B　男人 们 早 铲 净 院 里 的 枯草。

男　達　とっくに　削る　きれいだ　庭　中　の　枯れ草

男達はとっくに庭の枯れ草をきれいに削り取った。

A　我 昨天 回 到 了 开封。

私　昨日　帰る　着く　（了 le）　開封

私は昨日開封に帰り着いた。

B　我 昨天 回 到 开封。

私　昨日　帰る　着く　開封

私は昨日開封に帰り着いた。

ＡＢ両組の文はいずれも成立し、かつ対応する２つの文の意味は基本的に同じである。

実際の言葉についてみてみると、このような結果の意味を表す補語となっているのは通常「到 dao、出 chu、下 xia、得 de、好 hao、满 man、回 hui、过 guo」などであり、その中でも出現回数が最も多いのは「到 dao」で、その次は「出 chu、下 xia」である。例えば

（8）瑞宣 已经 听到 [　] 许 多 消息 —— 日本人在强化治安,控制思想,"专卖"图书,派任里长等设施的后面,还有个更毒辣的阴谋…（老舍:四世同堂·802页）

瑞宣　既に　耳にする　[　]　とても　多い　知らせ

瑞宣は既に数多くの知らせを耳にしていた —— 日本人には治安を強化し、思想を抑制し、図書を「専売」し、村長を派遣するなどの措置の背後で、さらにもっと悪辣な陰謀があった～

（9）党中央对推广普通话工作极为重视。……1956年2月,国务院 向 全国

发出 [ ] 《关于推广普通话的指示》。1958年，毛主席 发出 [了] "一切 干部 要 学 普通话" 的 号召。(徐世荣：普通话语音知识·6页)

国務院 ～に向けて 全国 発する [ ] 《共通語を押し広めることに関する指示》。1958 年，毛主席 発する [(了 le)] あらゆる 幹部 ～なければならない 学ぶ 共通語 (的 de) 呼び掛け

党中央は共通語を押し広める任務を極めて重視していた。…1956 年 2 月、国務院は全国に向けて《共通語を押し広めることに関する指示》を発した。1958 年、毛主席は「あらゆる幹部は共通語を学ばなければならない」という呼び掛けを行なった。

(10) 随着 这些 话，脚步 声 已经 走过 [ ] 窗 前，进 了 屋子。(秦兆阳：在田野上，前进！27页)

～とともに これら 話，足 音 既に 通り過ぎる [ ] 窓 前，入る (了 le) 部屋

これらの話とともに、足音は既に窓の前を通り過ぎて、部屋に入った。

(11) 有这事。你到郭县去的那几天里，生禄家 买 下 [ ] 河 那 岸 瘸 子 李三 的 一 亩 多 地。(创业史第一部·142～143页)

生禄の家 買う (下 xia) [ ] 川 あの 岸 足が悪い 李三 の 1 ムー あまり 土地

こんなことがあった。あなたが郭県に行った数日間、生禄の家では川の向こう岸の足が悪い李三の 1 ムーあまりの土地を買った。

(12) 他们 已经 走 回 [ ] 老韩 的 家里，文采同志还伏在桌子上写东西，他们便继续谈白银儿。(太阳照在桑干河上·69页)

彼ら 既に 歩く 戻る [ ] 韓さん の 家

彼らは既に韓さんの家に戻った。文采同志はまだ机に伏して何か書いており、彼らは引き続き、白銀児のことについて話した。

(13) 元大娘 已经 摆 好 [ ] 饭桌，放 好 [ ] 五 只 蒲团，锅里开水翻花，只等他们回来吃喜面。(刘绍棠：小荷才露尖尖角·192页)

元おばあさん 既に 並べる (好 hao) [ ] 食卓，おく (好 hao) [ ] 5 枚 座布団

元おばあさんは既に食卓を並べ、5枚の座布団を敷いた。なべの湯は沸いており、あとは彼らが帰ってきて祝いのうどんを食べるのを待つだけになった。

（14）芝秀 的 心 突突 乱 跳 回 到 家，她 娘 已经 做 得 ［ ］ 晚饭，她却又和面烙饼，支起炒勺摊鸡蛋。（同上·25页）

芝秀 の 心 どきどき 乱れる 動悸を打つ 帰る 着く 家，彼女 母 既に 作る できる ［ ］ 晩御飯

芝秀の心はどきどきと乱れたまま家に帰ると、彼女の母は既に晩御飯を作っていた。彼女は小麦粉をこねて烙餅を焼き、フライパンを持って卵焼きを薄く延ばして焼いた。

（15）现在，十几个 庄稼人，已经 蹲 满 ［ ］ 这 豆腐坊 的 潮湿 土脚地。（创业史第一部·216页）

現在，十数人 農民，既に かがむ いっぱいだ ［ ］ この 豆腐工場 の 湿った 土床

現在、十数人の農民達は既にこの豆腐工場の湿った土の床いっぱいにかがみ込んでいた。

結果の意味をもつ動詞、例えば「提高／引き上げる、取得／取得する、结束／終わる、丧失／失う」などは前に過去を表す語があれば、「了$_1$」は自由に省略、付加できる。例えば

（16）现在，艺人 的 地位 已经 提高 ［ ］，我又不甘心在家里白吃饭；您许我作艺去好不好？（老舍剧作全集2·79页）

現在，芸人 の 地位 既に 高める ［ ］

現在、芸人の地位は既に高くなった。私はただ家にいて無駄飯を食っているのに甘んじるわけにはいかない。どうか私が芸をするのを許してもらえないだろうか。

（17）近年来，通过各国学者的努力，在 癌症 治疗 上 已经 取得 ［ ］ 很 大 进展，有些癌症的缓解率或治愈率可高达百分之八十至九十。（光明日报1985.12.27·3版）

で 癌 治療 上 既に 得る ［ ］ とても 大きい 進展

近年、各国の学者の努力により、癌治療において既にとても大きな進展があった。いくつかの癌の緩和率や治癒率は 80 ～ 90%に

まで達した。

(18) 站 在 田野 里 环顾 四周, 竟 疑 身 居 在 城围 之 中, 牧歌式 的 生活 早已 结束 [ ]。(短篇小说选(1981)·1页)

立つ に 田野 中 辺りを見回す 四方, (竟 jing) 疑う 身 いる に 城壁 の 中, 牧歌式 の 生活 既に 終わる [ ]

田野に立って四方を見渡すと、城壁の中に身をおいているかのようであった。牧歌式の生活は既に終わってしまった。

(19) 在 苏南 东部 平原 上, 纵是 冬天, 也 早已 丧失 [了] 荒凉 的 感觉。(同上·1页)

で 蘇南 東側 平原 上, たとえ 冬, も とっくに 失う [(了 le)] 荒涼とした (的 de) 感覚

蘇南の東側の平原は、たとえ冬であっても、とっくに荒涼とした感じはなくなっていた。

(16) (18) で省略されているのは「了$_{1+2}$」である。語によってはそれ自体では過去を表さないが、一定の文脈の中では過去を表すものもある。例えば、次の文中の「也 ye」がそうである。

(20) 萧队长用全力压制自己的悲哀,他走来走去,想起了赵玉林的勇敢,也想起 [ ] 他 入 党 时候 的 情形,他的心涌起一阵阵的酸楚。(周立波: 暴风骤雨·225页)

また 思い出す [ ] 彼 入る 党 の 状况

蕭隊長はありったけの力で自分の悲しみを押さえた。彼は行ったり来たりし、趙玉林の勇敢さを思い出し、また彼が党に入った時の状況を思い出した。彼の心にひとしきり苦しい思いが沸き起こった。

3）動詞の前に過去を表す語があり、かつ文末に「了$_2$」がある場合（ＡＥ）。例えば

(21) 他 已经 懂得 [ ] 很 多 事情 了。(创业史第一部·312页)

彼 既に 分かる [ ] とても 多い 事 (了 le)

彼は既にとても多くの事が分かるようになった。

(22) 你 老老实实 讲, 我们 已经 掌握 [ ] 情况 了, 不 许 你 赖!

（短篇小说选(1981)·18页）

あなた　正直だ　言う，我々　既に　把握する　［　］　状況　（了 le），～ない　許す　あなた　言い逃れをする

正直に言え、我々は既に状況を把握している。言い逃れは許さないぞ。

動詞の前に「已经／すでに」の類の語がある、動詞の後ろに結果の意味を表す補語がある、文末に「了₂」があるという３つの条件の中で２つ満たしていれば、「了₁」は自由に省略、付加できる。しかし、実際の会話の中では、時として話者が「煩わしさ」をいとわずに、「了₁」を省略する時、この３つの条件を同時に出現させる。

(23)　这 时候，曹老鸭 已经 回 到 ［　］ 家 门口 了。(在田野上，前进！452页)

この　時，曹老鴨　既に　戻る　着く　［　］　家　入り口　（了 le）

この時、曹老鴨は既に家の入り口まで提ってきた。

(24)　"来 了。走 吧，同志。" 老金 已经 穿 好 ［　］ 衣服，在 外间 等候 了。(孙犁：白洋淀纪事·238页)

来る　（了 le）。去る　（吧 ba），同志。金さん　既に　着る　（好 hao）　［　］　服，で　外　待つ　（了 le）

「来た。行こう、同志」金さんは既に服を着て、外で待っていた。

４）動詞の後ろに数量フレーズがあり、かつ連続する動作を表す節が後ろに続く場合（ＢＣ）。例えば：

(25)　小王 从 桌 上 拿 ［　］ 一 本 书，便 看 起来。

王君　から　机　上　持つ　［　］　１　冊　本，（便 bian）　読む　はじめる

王君は机の上から１冊の本を取り、読みはじめた。

(26)　瑞宣 先 笑 ［了］ 一下，而后 声音 很 低 的 说："还是 打 好！"（四世同堂·27页）

瑞宣　まず　笑う　［(了 le)］　ちょっと，それから　声　とても　低い　（的 de）　言う：やはり　戦う　良い

瑞宣はちょっと笑ってから、低い声で言った「やはり戦った方がいい」。

連続する動作を表す節が後ろに続くかどうかは、時として文脈に含まれる意味を考慮しなくてはならない。例えば

(27) "你老人家舍得那样浪吃吗?" 生宝嘀嘀笑着,并不觉得事态有一点严重。老汉 抬 起 头, 严肃 地 瞟 [ ] 一 眼 生宝。"我 怎么 舍不得? 光 你 舍得?" (创业史第一部·128页)

老人 上げる 頭, 厳粛 (地 de) 横目で見る [ ] 一 目 生宝。私 どうして 惜しい?ただ お前 惜しまない

「あなたがたご老人はそのように派手に食べても平気なんですか」生宝はハハと笑った。少しも事態が深刻であるとは感じなかった。老人は顔を上げると、厳粛に生宝を横目でちらっと見た。「私がどうして惜しがるというのか。お前だけが惜しまないと思って？」

「我怎么舍不得?光你舍得?」には「老汉说／老人は言った」という意味が含まれている。

5）動詞の後ろに数量フレーズがあり、かつ結果の意味を表す補語がある場合（ＢＤ)。補語となっているのはやはり「到、出」が最も多い。

(28) 第一生产队 九十 亩 麦田, 照 规定 拿 到 [了] 九百 元。刘兴大一家, 就 得 到 [ ] 四十八 元 奖金。(短篇小说选(1981)·2页)

第一生産隊 90 ムー 麦畑, ～に照らして 規定 得る (到 dao) (了 le) 900 元。劉興大 一家 (就 jiu) 得る (到 dao) [ ] 48 元 賞金

第一生産隊の 90 ムーの麦畑は規定により 900 元を得た。劉興大一家は 48 元の賞金を得た。

(29a) (她)一身雪白的洋布衫,裁剪得又紧又窄,裤脚筒 底下 露出 [ ] 一 对 穿 白鞋 的 脚,脸上抹了一层薄薄的粉……(太阳照在桑干河上·68页)

ズボン 下 あらわれる [ ] 1 対 はく 白い靴 の 足

（彼女の）全身真っ白な木綿のシャツはぴったりときつく裁断してある。ズボンの下からは２本の白い靴をはいた足があらわれており、顔には薄いおしろいが塗られていた･･･

(29b) 不知是走热了,还是为了方便,他把稍长一点的袖口,挽在胳臂上,露 出 [了] 一长截 黝黑 的 手腕 和 长 满 茧巴 的 大 手。(罗广斌、

杨益言: 红岩· 2 页)

あらわれる　[(了 le)]　長いひと区切り　真っ黒だ　(的 de)　腕　と　成長する

いっぱい　タコ　(的 de)　大きい　手

歩いて熱くなったのか、それとも便宜を図ってなのか、彼は少し長めの袖口をひじのところでたくし上げ、真っ黒な腕の一部とタコだらけの大きな手をあらわにした。

(30a) 老婆 还 想 说 什么,却 从 墙角 转出 [　] 一个人,大声 的 问: "什么人?" (太阳照在桑干河上·261页)

妻　まだ　～したい　言う　何,(却 que)　から　角　飛び出す　[　]　1人,

大声　(的 de)　聞く：誰

妻がまだ何か言おうとしたところ、塀の角から一人飛び出してきたので、大声で聞いた。「誰？」

(30b) 这时 从 黑暗 里 又 转出 [了] 两个 人影, "你 到 哪儿 去 了? 可 把 人 好 找……" (同上·262页)

この時　から　暗闇　中　(又 you)　飛び出す　[(了 le)]　2つ　人影,　あなた　へ　どこ　行く　(了 le)　?本当に　(把 ba)　人　(好 hao)　探す

この時暗闇の中から2つの人影が飛び出してきた。「どこに行ってたの？ずいぶんと探したよ･･･」

(31) 五十多岁的梁三老汉累弯了腰, 颈项后面肩背上, 被 压 起 [　] 拳 头 大 一 块 死肉疙瘩。(创业史第一部·11页)

(被)　圧迫する　(起 qi)　[　]　こぶし　大きさ　1　塊　こぶ

50 才すぎの梁三じいさんは疲れて腰が曲がり、首の後ろの背中の上には、圧迫されてこぶしぐらいのこぶが出来ていた。

(32) 他边说边就帮我铺床、整理东西,一 转身 又 打 来 [了] 一 壶 洗 脸 水, 还 端 来 [　] 半个 大 西瓜。(建国以来短篇小说上·2页)

(一 yi)　体の向きを変える　(又 you)　汲く　来る　[(了 le)]　1　壷　顔を洗う水, 更に　運ぶ　来る　[　]　半分　大きい　西瓜

彼は話しながら私が布団を敷いて、荷物を整理するのを手伝ってくれ、体の向きを変えると顔を洗う水を汲んできてくれ、更に大きな半分の西瓜を運んできた。

6）動詞の後ろに数量フレーズがあり、かつ文末に「了₂」がある場合（BE)。このような条件下で「了₁」が自由に省略、付加可能な文はほとんどみられない。例えば

(33) 咱 住 ［了］ 几辈子 草棚屋 了，急着 住 瓦房 做 啥 哩 嘛！(创业史第一部·210页)

私たち 住む ［（了 le）］ 何世代 わらぶき小屋 （了 le），急いで 住む 瓦ぶきの家 する 何 （哩 li） （嘛 ma）

私たちは何世代もわらぶき小屋に住んできた。急いで瓦ぶきの家に住んでどうするんだ。

(34) 我 说 ［ ］ 三 遍 了，你 怎么 还 记不住？

私 言う ［ ］ 3 回 （了 le），あなた 何で まだ 覚えられない

私は3回も言ったのに、何でまだ覚えられないんだ。

7）連続する動作を表す節が後ろに続き、かつ動詞の後ろに結果を表す補語がある場合（CD)。このような状況はよくみられる。例えば

(35) 把 毛笔 插 进 ［了］ 铜 笔帽 里，戴 眼镜 的 穷 学究，严肃 地 用 双手 捧 起 ［ ］ 写 满 了 字 的 红 标布，从 头 至 尾，一 字 一 顿 地 念 了 起来。(创业史第一部·9页)

（把 ba） 筆 差す 入る ［（了 le）］ 銅 キャップ 中，かける 眼鏡 （的 de） 貧しい 勉強家，厳粛な （地 de） 用いる 両手 捧げて持つ （起 qi） ［ ］ 書く いっぱい （了 le） 字 （的 de） 赤い 標語を書いた布，から はじめ まで 終わり，1 字 1 区切り （地 de） 読む （了 le） はじめる

筆を銅のキャップに差し込むと、眼鏡をかけた貧しい勉強家は、厳粛に両手で字がいっぱい書かれた赤い標語を書いた布を捧げて持ち、はじめから終わりまで、一文字ずつ読み始めた。

(36) 她 吃 完 ［了］ 饭，换 上 ［ ］ 新 衣服、新 手帕、锈花鞋、镶边裤，又 擦 了 一 次 粉，加 了 几 件 首饰，然后 叫 于福 给 她 备 上 驴……(赵树理小说选·13页)

彼女 食べる 終わる ［（了 le）］ 飯，換える （上 shang） ［ ］ 新しい 服、新しい ネッカチーフ、縫い取りをした靴、縁飾りのついたズボン，また 塗る （了 le） 1 度 おしろい，加える （了 le） 幾つ 個 装飾具，それから （叫 jiao）

于福　～のために　彼女　準備する　（上 shang）　ロバ

彼女は食事を終えると、新しい服、新しいネッカチーフ、縫い取りをした靴、縁飾りのついたズボンに着替え、さらにおしろいを塗り、装飾具を幾つか身につけ、それから于福にロバの用意をさせ･･･

(37) 进村以后,刘兰叫我坐在街头休息,她 去 找 上 [ ] 关系, 打扫 了 房子, 然后 才 把 我 安排 到 炕上。(白洋淀纪事· 8 ～ 9 页)

彼女　行く　探す　（上 shang）　[ ]　関係，掃除する　（了 le）　部屋，それから　ようやく　（把 ba）　私　割り振る　に　オンドル　上

村に入ると、劉蘭は私を街頭に座って休ませた。彼女はつてを探し当て、部屋を掃除して、それからようやく私をオンドルの上に割り振った。

(38) 小伙子 也 笑 了, 连忙 放 开 [ ] 兴大, 还 打 招呼 说: "大伯伯, 你 找 谁?" (短篇小说选(1981)·11 页)

若者　も　笑う　（了 le），急いで　放す　（开 kai）　[ ]　興大，さらに　かける　あいさつ　言う：おじさん　あなた　探す　誰

若者も笑った。急いで興大を放すと、一声かけた「おじさん、誰をお探しで。」

(39) 到 了 家, 兴大 到 猪圈、羊圈、兔圈 转 了 一 转, 关 好 [ ] 门, 灭 了 电灯, 想进房去睡觉, 听见大门外有脚步声停下了。(同上·19页)

着く　（了 le）　家，興大　行く　ブタ小屋、ヒツジ小屋、ウサギ小屋　回る　（了 le）　（一 yi）　回る，閉める　（好 hao）　[ ]　扉，消す　（了 le）　電灯

家に着き、興大はブタ小屋、ヒツジ小屋、ウサギ小屋をぶらつくと、扉を閉め、電灯を消した。部屋に入って寝ようとすると、表門の外で足音が止まったのが聞こえた。

連続する動作を表す節が後ろに続くかどうかは、時として文脈に含まれる意味を考慮しなくてはならない。例えば：

(40) 他 顺手 拿 起 一 张 《中央日报》, 指 了 指 一 条 小 标题, 又 把 报纸 丢 开 [ ], "我看这里边另有文章！你说呢? 小余。" (红岩· 5 页)

彼　無造作に　持つ　（起 qi）　1　枚　《中央日報》，指す　（了 le）　指す　1　本　小さい　標題，また　（把 ba）　新聞紙　ほおりだす　（开 kai）　[ ]

彼は無造作に１枚の《中央日報》を手にすると、１つの小さな標題を指差し、また新聞紙をほおりだした。「私はこの中には別の含みがあると思う。あなたはどう思う、余君。」

（41）不想他刚走到门口, 小赵 一头 撞 了 进来, 手 里 拿 着 有 煤油 味 的 破布, 挡 住 [ ] 他:"张书记, 我可不让你走……"（在田野上, 前进！ 3 ～ 4 页）

小趙 いきなり 飛び込む （了 le） 入ってくる, 手 中 持つ （着 zhe） ある 灯油 におい (的 de) ぼろぼろの布, 遮る （住 zhu） [ ] 彼

意外にも、彼は入り口まで歩いてくると、小趙はいきなり飛び込んできた。手には灯油のにおいのするぼろぼろの布を持ったまま、彼を遮った。「張書記、私はあなたを行かせません･･･」

（40）「我看这里边另有文章！你说呢?小余。」には「他说／彼は言った」という意味が含まれており、引用符の中の言葉は前の節と連続する動作も表しているので、「丢开」の後ろには「了」（了$_{1+2}$）が省略されている。（41）も同様である。

結果の意味を表す補語としては、やはり「到 dao」が最も多い。「到 dao」が補語になっている時、後ろに続く節からみると、最もよくみられるのが、後ろに続く節の中の動詞が「了$_1$」を伴っている場合である。

（42）张骏 重新 回 到 [ ] 屋 里, 上 了 炕, 铺 好 被子 躺 下 了。（在田野上, 前进！56页）

張駿 また 戻る 至る [ ] 部屋 中, のぼる （了 le） オンドル, 敷く （好 hao） 布団 横になる （下 xia） （了 le）

張駿はまた部屋の中に戻り、オンドルにのぼり、布団を敷くと横になった。

（43）他很奇怪: "也有人给我打电话?" 就 跑 到 [ ] 隔壁 的 电话 室 里, 拿 起 了 耳机……(在田野上, 前进！473页)

(就 jiu) 走る 至る [ ] 壁隣 の 電話室 中, 持つ （起 qi） （了 le） 受話器

彼はとても奇妙に思った、「私に電話してきた人もいるのか。」すぐに壁隣の電話室に走っていき、受 話器をとって･･･

この他に、よくみられるのに、更に以下の３つの状況がある。１つ目は後ろ

に続く節の中の動詞が後ろに２音節の方向動詞を補語として伴っている場合であり、実際には「了1」が省略されている。

(44) 第二天早晨，尹华珍动身到王庄去时，曹老鸭不知怎么知道了，追 到 [ ] 村口，把 她 的 车子 抢 过来 推 着……(在田野上，前进！411页)

追う　至る　[ ]　村の入り口，(把 ba)　彼女　の　自転車　奪う　(过来 guolai)　押す　(着 zhe)

２日目の朝、尹華珍が王庄に行った時、曹老鴨はどうやって知ったのか分からないが、村の入り口まで追ってきて、彼女の自転車を奪うと、それを押して･･･

(45) 钱文贵 体味 到 [ ] 对方 的 无聊，便 又 递 过去 一 枝 太阳 牌 烟，并且 说……(太阳照在桑干河上·23页)

銭文貴　感じ取る　(到 dao)　[ ]　相手　の　退屈，(便 bian)　また　渡す　(过去 guoqu)　1　本　太陽印　たばこ　更に　言う

銭文貴は相手が退屈だと感じ取ると、また１本の太陽印のたばこを渡し、更に言った～

２つ目は、後ろに続く節が「了2」(或いは「了1+2」) を伴っている場合である。

(46) 吴小正 跳 到 [ ] 自己 坐 的 板凳 上，领 着 人们 喊 起 口号 来 了：……(在田野上，前进！458页)

呉小正　飛ぶ　至る　[ ]　自分　座る　(的 de)　腰掛け　上，率いる　(着 zhe)　人々　叫ぶ　(起来 qilai　はじめる)　スローガン　(起来 qilai はじめる)　(了 le)

呉小正は自分の座る腰掛けに飛び乗ると、人々を率いてスローガンを叫び始めた。･･･

３つ目は後ろに続く節の中の動詞の多くが「说／言う、问／尋ねる」の類となっている場合である。

(47) 郭木山 追 到 [ ] 大门 外边，瓮声瓮气 地 说：“跟着我的脚步儿走吧，保险你碰不着鼻子。”(在田野上，前进！286页)

郭木山　追う　至る　[ ]　表門　外，低い声で　(地 de)　言う

郭木山は表門の外まで追いかけると、低い声で言った「私の足跡について歩きなさい、あなたの鼻がぶつからないことを保証するよ」

(48) 郭万德 高一脚低一脚 地 一直 来 到 [ ] 他 的 跟前，继续 嚷

道：“木山，你 以为……” （在田野上，前进！197页）

郭万徳　ゆらりゆらり　（地 de）　まっすぐ　来る　至る　［ ］　彼　の　前，続けて　わめいて言う：木山，あなたは　思う

郭万徳はゆらりゆらりとまっすぐ彼の前まで来て、続けてわめいて言った「木山、あなたが思うには･･･」

つまり、後ろに続く節が表す動作はその多くが完了しているものである。

「～成 cheng」類の動詞は結果の意味を伴っており、後ろに節が続く時、「～成 cheng」類の動詞の後ろの「了₁」は自由に省略、付加できる。

(49a) 杨亮 写 了 一个 条子 给 文采，文采 看 后 揉 成 ［ ］ 一个 小 团，塞 到 裤子 口袋 里。（太阳照在桑干河上·84～85页）

楊亮　書く　（了 le）　1つ　メモ　渡す　文采，文采　見る　後　丸める　～になる　［ ］　1つ　小さい　塊，押し込む　至る　ズボン　ポケット　中

楊亮は１つメモを書いて文采に渡した。文采は見た後丸めて１つの小さい塊にし、ズボンのポケットに押し込んだ。

(49b) 足足 过 了 三 分钟 的 时间，他 忽然 把 眉毛 一 皱，生气 地 把 纸 揉 成 ［了］ 一团，往 门 外 一 扔。（在田野上，前进！340页）

たっぷり　過ぎる　（了 le）　3　分　の　時間，彼　突然　（把 ba）　眉毛　（一 yi）　しかめる，怒る　（地 de）　（把 ba）　紙　丸める　～になる　［(了 le)］　1塊，へ　入り口　外　（一 yi）　投げる

たっぷり３分の時間が過ぎてから、彼は突然眉毛をしかめて、怒って紙を丸めて一塊にし、入り口の外に投げた。

(50) 他们 把 坑边 的 苇子 踩 成 ［了］ 一 条 条 纵横交错 的 小 胡同，在 里边 钻来钻去 捉 迷藏。（同上·194～195页）

彼ら　（把 ba）　くぼみのはじ　の　アシ　踏む　～になる　［(了 le)］　1本本　縦横交錯した　(的 de)　小さい　路地，で　中　出たり入ったり　する　鬼ごっこ

彼らはくぼみのはじのアシを踏みつけて１本１本の縦横交錯した路地をつくり、中で出たり入ったりして鬼ごっこをした。

ここでは動詞の後ろの数量フレーズは「了₁」が自由に省略、付加できる必要条件ではない。

8）動詞の後ろに結果の意味を表す補語があり、文末に「了$_2$」がある場合（DE）。例えば

(51) 人们 象 打雷 一样 轰 叫 起来 了。吴小正 轻轻 地 跳 上 了 土台子，扒 着 人们 的 肩膀，很 敏捷 地 回 到 [ ] 座位 上 了。(在田野上，前进！344页)

人々　～のようだ　雷が鳴る　同じ　鳴る　叫ぶ　～しはじめる（了 le），呉小正　軽く　（地 de）　飛ぶ　のぼる　（了 le）　土で築いた台，つかむ　（着 zhe）　人々の　肩，とても　すばしこい　（地 de）　戻る　至る　[ ]　席　上　（了 le）

人々は雷が鳴ったようにどよめきはじめた。呉小正はポンと土で築いた台に飛びのると、人々の肩をつかみ、すばやく席に戻った。

(52) 唉唉！生茂和铁锁！你 两个 这回 算 结 下 [ ] 冤仇疙瘩 了！(创业史第一部·396页)

ああ！生茂　と　鉄鎖！君たち　2 人　今回　～といえる　結ぶ　(下 xia)　[ ]　深く憎しみ合う間柄　（了 le）

ああ、生茂と鉄鎖。君たち２人は今回深く憎しみ合う仲となってしまった。

(53) 现时 终究 和 解放 前 不 同 了，姚士杰 戴 上 [ ] 富农 帽子 了，是 不 宜于 出头露面 的 人。(同上·306页)

現在　結局　と　解放　前　～ない　同じ　（了 le），姚士傑　のせる　（上 shang）　[ ]　富農　帽子　（了 le），(是 shi)　～ない　～にふさわしい　人前に出る　（的 de）　人

現在は結局解放前とは違うんだ。姚士傑は富農のレッテルを貼られ、人前に出るのにふさわしくない人間である。

「～成 cheng」類の動詞は結果の意味をもち、文末に「了$_2$」がある時にも、こうした動詞の後ろの「了$_1$」は自由に省略、付加できる。例えば

(54) "嘻"，女人 笑 了。"一个 挺 会 说话 的 人，变 成 [ ] 哑巴 了。"(在田野上，前进！226页)

ウフフ，女性　笑う　（了 le）。1 人　とても　できる　話しをする　（的 de）　人，変わる　～になる　[ ]　口の利けない　人　（了 le）

「ウフフ」女性は笑った。「話し上手な人が、口の利けない人に変わってしまった」

(55) 程仁 对 她 的 冷淡 的 态度，也 使 她 的 热情 由 希望 而 变 成 ［了］ 惶惑，又 由 惶惑 而 变 成 ［ ］ 冷峻 了。(太阳照在桑干河上·158页)

程仁　対する　彼女　の　冷淡だ　（的 de）　態度，も　（使 shi）　彼女　の　熱情　（由 you）　希望　（而 er）　変わる　～になる　［(了 le)］　戸惑い，また　（由 you）　戸惑い　（而 er）　変わる　～になる　［ ］　冷淡さ　（了 le）

程仁の彼女に対する冷淡な態度はまた、彼女の熱情を希望から戸惑いへ、そして戸惑いから冷淡さへと変えた。

(56) 想法子呀，给孩子们弄点什么东西吃！看，小妞子 都 瘦 成 ［了］ 一 把 骨头 啦！(四世同堂·1079页)

見る，小妞子　すっかり　やせる　～になる　［(了 le)］　1　（把 ba）　骨　（啦 la）

方法を考えよう、子供たちに何とかして食べさせよう。ほら、小妞子はすっかりやせて骨だけになってしまった。

「了$_1$」が自由に省略、付加できるようになる要因が五つあるが、最もよくみられる状況は、どれか１つが実現して、１種類の「了$_1$」が自由に省略、付加できる事実を作り上げるというものである。我々は組み合わせの数式

$$C_m^n = \frac{m!}{n!(m-n)!}$$

に基づいて、その組み合わせを 10 通りと求めることができる[3)]。しかし上記において我々の論じた「了$_1$」が自由に省略、付加できるのは 8 種類であった。足りない 2 通りの組み合わせを求めるために、この 10 通りを１つずつ列挙してみる必要がある。

AB　1）			
AC	BC　4）		
AD　2）	BD　5）	CD　7）	
AE　3）	BE　6）	CE	DE　8）

足りないのはＡＣ、ＣＥの２種類の組み合わせである。すなわち動詞の前に「已经／すでに」の類の語があり、かつ後ろに節が続く場合であるか、或いは文末に「了$_2$」があり、かつ後ろに節が続いている場合である。みたところ、「已经／すでに」の類の語及び「了$_2$」と、後ろに節が続くこととはあまり相性が

よいものではない[4)]。

「了$_1$」の省略には通常５つの要因のうち２つを満たしておればよく、これは明らかに情報伝達とコード解読の過程において失われた部分を補うために、かなり高い忠実度が求められているからである。

2

「了$_1$」の自由な省略、付加には、１で論じた８種類の状況以外に、さらに以下の２種類の状況がある。

1）終わったと仮定する動作を表し、動詞の後ろには結果の意味を表す補語があるか、或いは動詞自体が結果の意味をもっている時、「了$_1$」は自由に省略、付加できる。例えば

(57) 老二, 你 要 不 把 它 关 上, 我 就 用 石头 砸碎 [了] 它!(四世同堂·37页)

兄貴, あなた もし ～ない (把 ba) それ 消す (上 shang), 私 (就 jiu) 用いる 石 打ち砕く [(了 le)] それ

兄貴、それをとめなければ、僕が石で叩き壊すよ。

(58) 您 自管 去 找, 找 遍 [了] 全 北京, 要 找 到 [ ] 同样 漂亮 的 活儿, 我们 荣昌厂 就 算 丢 了 人!(老舍剧作全集2·210页)

あなた 遠慮なく (去 qu) 探す, 探す (遍 bian) [(了 le)] すべて 北京, もし さがす (到 dao) [ ] 同様 きれいだ (的 de) 製品, 我々 栄昌工場 (就 jiu) ～といえる (丢人／恥さらしだ) (了 le) (丢人／恥さらしだ)

おかまいなく探して下さい、北京中探し回って、もし同様にきれいな製品を探し当てたのなら、我々栄昌工場はとんだ恥さらしだ。

(59) 中国 在 战斗 之 中 一旦 斩 去 [了] 帝国主义 的 锁链, 肃清 [ ] 自己 阵线内 的 汉奸 卖国贼, 得 到 [了] 自由 与 解放, 这种 创造力, 将 会 无限 的 发挥 出来。(方志敏: 可爱的中国)

中国 で 闘い の 中 一旦 断ち切る (去 qu) [(了 le)] 帝国主義 の 鎖, 粛清する [ ] 自己 戦線内 の 漢奸 売国奴, 得る (到 dao) [(了 le)] 自由 と 解放, このような 創造力, ～となるであろう (会 hui) 無限 (的 de) 発揮 (出来 chulai)

中国は闘いの中で一旦帝国主義の鎖を断ち切って、自己の戦線内の漢奸・売国奴を粛清し、自由と解放を得られるのなら、このような創造力は、無限に発揮されるであろう。

(60) 年轻 的 庄稼人 啊, 一旦 燃起 [了] 这种 内心 的 热火, 他们 就 成为 不顾一切 的 入迷 人物。(创业史第一部·102页)

若い (的 de) 農民 (啊 a), 一旦 燃える [(了 le)] このような 内心 の 熱い火, 彼ら (就 jiu) ～になる 一切を省みない (的 de) 夢中になる 人物

若い農民は、一旦このような内心の熱い火が燃え始めると、彼らは一切を省みず一心不乱に物事に打ち込む人間となる。

(61) 如果 当真 迷失 [了] 方向, 天明 以前 赶不到 潍河 东岸 去, 那 就 糟 了。(建国以来短篇小说中·416 页)

もし 本当に 見失う [(了 le)] 方向, 夜明け 前 間に合わない 潍河 東岸 行く それ (就 jiu) まずい (了 le)

もし本当に方向を見失ったのなら、空が明るくなる前に潍河の東岸に到達できない、それはまずいことだ。

2)「行為 — 結果」或いは「方式 — 結果」関係を表す複文中において、結果を表す節の動詞の後ろに「了₁」を用いた場合、前にある行為や方式を表す節の中では、動詞の後ろにある「了₁」はしばしば自由に省略、付加できるようになる。なぜなら、結果が既に現れているならば、行為、方式は当然ながら完了しているからである。例えば

(62) 党 认真 补救 [ ] 农业 合作化 后期 以来 农村 工作 上 的 失误, 提高 [ ] 农副产品 价格, 推行 [ ] 各种 形式 的 联产 计酬 责任制, 恢复 并 适当 扩大 [ ] 自留地,恢复 [ ] 农村 集市 贸易, 发展 [ ] 农村 副业 和 多种 经营,极大 地 调动 了 农民 的 积极性。(中国共产党中央委员会关于建国以来党的若干历史问题的决议)

党 真剣だ 補う [ ] 農業 合作化 後期 以来 農村 工作 上 の 失敗, 引き上げる [ ] 農業副産品 価格, 推進する [ ] 各種 形式 の 生産量をリンクする 賃金を計算する 責任制, 回復させる かつ 適当だ 拡大する [ ] 個人所有の畑, 回復する [ ] 農村 集市 貿易, 発展する [ ] 農村 副業 と 多種 経営, 最大限 (地 de) 引き出す (了 le) 農民 の 積

極性

党は真剣に農業合作化後期以来の農村工作上の失敗を補い、農業副産品の価格を引き上げ、各種形式の生産量リンク報酬計算責任制を推進し、個人所有の畑を回復、かつ適当に拡大し、農村集市貿易を回復し、農村の副業と多角経営を発展させ、農民の積極性を最大限引き出した。

(63) 五中全会 增补 [了] 政治局 常委委员, 成立 [ ] 中央书记处, 有力 地 加强 了 党 中央 领导。(同上)

五中全会　補充する　[(了 le)]　政治局　常務委員, 設立する　[ ]　中央書記処, 力強い　(地 de)　強化する　(了 le)　党　中央　指導者

五中全会は政治局常務委員を補充して、中央書記処を設立し、強力に党中央の指導者を強化した。

(64) 中国 微型电脑 应用 协会 最近 在 湖南 长沙 举行 [ ] 成立 大会, 通过 了 协会 章程, 选举 了 理事会 和 常务理事会, 制定 了 协会 工作 计划。(光明日报 1981.10.25.2 版)

中国　マイクロコンピューター　応用　協会　最近　で　湖南　長沙　行なう　[ ]　成立　大会, 採択する　(了 le)　協会　規約, 選ぶ　(了 le)　理事会　と　常務理事会, 制定する　(了 le)　協会　仕事　計画

中国マイクロコンピューター応用協会は最近湖南の長沙で成立大会を行ない、協会の規約を採択し、選挙して理事会と常務理事会を作り、協会の事業計画を制定した。

(65) 罗贯中 搜集 [了] 所有 的 关于 曹操 奸诈 恶毒 的 传说, 集中起来, 塑造 了 一个 剥削 阶级 的 利己者 的 典型。(中国科学院文学研究所:中国文学史三·848 页)

羅貫中　集める　[(了 le)]　あらゆる　(的 de)　関する　曹操　狡猾な　悪辣な　(的 de)　言い伝え, まとめる　(起来 qila), 作り出す　(了 le)　1つ　搾取する　階級　の　利己者　の　典型

羅貫中はあらゆる曹操に関する狡猾、悪辣な言い伝えを集め、まとめて、1つの搾取階級の利己者の典型を作り出した。

以上の例文中の「补救／埋め合わせる、提高／引き上げる、推行／推進する、恢复并适当扩大／回復、かつ適当に拡大する、恢复／回復する、发展／発展さ

せる、増补／補充する、成立／設立する、举行／行なう」の後ろにはいずれも「了$_1$」を用いることができる。「了$_1$」を用いた後には、前後の節の間の「行為 — 結果」或いは「方式 — 結果」の関係は元の文ほど明確ではなくなる。例（65）「搜集／集める」の後ろの「了$_1$」は省略することができる。省略した後には、節の間の「行為 — 結果」の関係は、元の文より明確になる。

注

1）『中国語文』1965 年第 4 期。

2）『語言教学与研究』1980 年第 3 期。

3）ここではm＝5、n＝2、 $C_5^2=\frac{5!}{2!(5-2)}=\frac{5\times4\times3\times2\times1}{2\times1\times3\times2\times1}=10$。

4）孔令達「関於動態助詞“過$_1$”和“過$_2$”／動態助詞『過$_1$』と『過$_2$』について」（『中国語文』1986 年第 4 期、275 頁）は動作の完了を表す「過$_1$」について論じ、次のように指摘している。「連続する複文の始めの節において、『V ＋過$_1$』の前には通常『已经』を用いない」。氏は次のような例を挙げている。

（1）想 过 这些, 他 开始 想 些 实际 的。

考える （过 guo） これら，彼 始める 考える 少し 実際 の

これらのことを考えると、彼は実際のことを考え始めた。

→＊已经想过这些,他开始想些实际的。

（2）我 游 过 华庭寺, 又 冒着 星星点点 细雨 游 了 一 次 黑龙潭。

私 遊ぶ （过 guo） 華庭寺，また 敢えて向かっていく まばらだ 小雨 遊ぶ （了 le） 1 度 黒龍潭

私は華庭寺に遊んだことがある。また小雨が降る中、黒龍潭に 1 度遊んだことがある。

→？我已经游过华庭寺,又冒着星星点点细雨游了一次黑龙潭。

このことは、我々が「了$_1$」について考察した際にみた状況と一致するものである。

原文：「試説動態助詞“了”的自由隠現」，中国語文，1989 年第 5 期

6　動詞接尾辞の「了$_1$」

盧英順 著

吉川雅之／張勤 訳

0　はじめに

伝統的な分類方法に従うと、現代中国語の「了」は２つに分けることができる。即ち動詞接尾辞の「了$_1$」と語気助詞の「了$_2$」である。本文では「了$_1$」の考察に重点を置き、必要な場合にのみ「了$_2$」にも触れることとする。

「了$_1$」に関する先行研究は非常に多く、ある程度の成果を上げてきた。しかし文法的意味の面にしろ文法規則の面にしろ、「了$_1$」については更に踏み込んだ研究が必要である。文法的意味について言えば、「了$_1$」に対する認識が研究者間で必ずしも一致を見ていない。即ちA.A.Драгунов[1)]のように、「時制」（「過去時」）を表すと見なす人もいるが、圧倒的多数は「了$_1$」は「アスペクト」を表すものであると見ている。「了$_1$」が「アスペクト」を表すと見なす点では同じであっても、どのような「アスペクト」を表すのかということになると、見解が一致していない。「了$_1$」は完了（「終結」の意）を表すと見なす向きが広がってはいるが、「実現」を表すと見なす人もいるのである。

本文では先行研究が作り上げてきた土台の上に、形式と意味を結びつけるという原則に基づいて、比較、変換などの方法を用いることで、統語論、意味論、語用論という異なる３つの次元から「了$_1$」に関連する問題について考察を行う。

本文で使用する記号は次のとおりである。

V：動詞

V（P）：動詞類。動詞と動詞フレーズを含む

S：主語

O：目的語

C：補語

S_o：V（P）の支配する成分から成っている文の主語

T_o：V（P）の支配する成分から成っている文の主題

NP：名詞フレーズ

Ovp：V（P）の支配する成分

t：痕跡。

1　「$了_1$」の文法的意味

文法学の世界では一般的に「$了_1$」の文法的意味は完了「終結」の意味を表すと見なしているが、「$了_1$」は「過去」を表すと見なす人もいる。筆者は「完了相」を表すものであると考えている（「終結」の意味を表す完了と区別するために、本文では「　」マークを付した「完了」で「完了相」を表し、「終結」の意味の完了には「　」マークを付さないか、別の言い方に変えることとする）。

「時制」と「アスペクト」の２つは動詞の基本的文法範疇である。「時制」が「過去」、「現在」、「未来」というふうに、動作の発生する時間に焦点を合わせているのに対し、「アスペクト」は「開始」、「進行」、「完了」というふうに、動作の進行の状況に焦点を合わせている。「アスペクト」は時間に焦点を合わせていないが、いかなる動作もその発生はつねに決まった時間、地点と結びついているので、時間とは関係を有している。動作の完了は一般的に過去のことであるため、それにより現代中国語の「$了_1$」は「過去」を表すものと見なされがちである。しかし、この見解では次のような言語事実を説明することができない。

（1）你 吃 $了_1$ 饭 再 去 吧。

君　食べる　（$了_1$ le）　ご飯　それから　行く　（吧 ba）

ご飯を食べてから行きなさいよ。

（2）你应该趁此机会去外国赚点钱，有 $了_1$ 钱，什么 事情 都 好 办。

持つ　（$了_1$ le）　お金，どんな　こと　みな　～しやすい　やるこのチャンスを利用して外国に行って少し稼いだ方がいいよ。お金が出来たら、どんなことだってやりやすい。

（3）喝 了₁ 这 杯 吧，你 不 会 醉 的。

飲む　（了₁ le）　この　杯　（吧 ba），君　〜ない　はず　酔う　（的 de）

これを飲みなさいよ。酔わないって。

明らかに、（1）から（3）の例では動作や状態が発話時に起きているわけではない。もし「了₁」が「過去」を表すと言うならば、上記の例の「了₁」は説明のしようがなくなる。

ならば、「了₁」は「終結」を表すのだろうか。まず次の例文を見てみよう。

（4）别开玩笑了，我 不过 是 做 了₁ 一 套 中学生 广播 体操。

僕　〜にすぎない　（是 shi）　やる　（了₁ le）　1　セット　中学生　ラジオ　体操

冗談言うなよ。俺は中学生のラジオ体操をやっただけだ。

（5）信 中 追述 了₁ 他 苦难 的 童年，以及 对 大海 梦幻 般 的 思恋；接着 他 写 了₁ 坎坷 的 青年 时代，直到 今天 他 还 是 个 不 认 罪 的 “右派”。

手紙　中　述懐する　（了₁ le）　彼　苦難　の　童年，および　対する　海　夢　ような　（的de）　憧れ；続いて　彼　書く　（了₁ le）　不遇　（的de）　青年　時代，〜になる　まで　今日　彼　まだ　（是 shi）　1人　〜ない　認める　罪　の　右派

手紙の中で苦難の幼年時代と海への夢のような憧れを述べて、続いて彼は不遇の青年時代、そして今になっても罪を認めない「右派」であることを書き記している。

例文（4）、（5）では「做／する」、「追述／述べる」、「写／書く」という行為が、既に終結していることには疑いの余地はない。しかし、次のような例文ではどうか。

（6）东胡家巷里的人虽然嘴杂，对 这 种 流传 了₁ 千百年 的 道德 观念 还是 很 严格 遵守 的。

対する　この　種　伝わる　（了₁ le）　千百年　の　道徳　観念　やはり　とても

厳しく　遵守する　（的 de）

東胡家巷の人々はおしゃべりがすきだが、この千年もの間続いている道徳観念に対してはやはり厳格に守っている。

（7）第一天没拉着什么钱。第二天的生意不错，可是 躺 了$_1$ 两 天，他 的 脚脖子 肿 得 像 两 条 瓠子 似 的，再 也 抬 不 起来。

しかし　横になる　（了$_1$ le）　2　日，彼　の　くるぶし　腫れあがる　（得 de）　似る　2　本　うり　ようだ　（的　de），二度と　も　持ち上げる　～ない　（起来 qilai）

１日目はあまり稼げなかった。２日目はまあまあよかったが、２日間横になっていると、彼のくるぶしは膨れ上がってウリのようになって、もはや起きあがれなくなった。

（8）这时，我们才发现她仅穿着衬衣衬裤，光着一双脚。她 也 意识 到 了$_1$ 什么，在 我们 的 目光 下 一时 显得 不知所措。随即，她 镇 定 了$_1$ 下来。

彼女　も　意識する　（到 dao）　（了$_1$ le）　なに，で　われわれ　の　目線　もと　一時　いかにも～に見える　どうしたらよいか分からない。すぐ，彼女　落ち着く　（了$_1$ le）　（下来 xialai）

この時、私たちはやっと彼女が下着だけ着て、裸足でいるのに気づき、彼女も何かに気付いて、我々の目線の下一瞬明らかに落ち着きを失ったが、すぐさま落ち着きを取り戻した。

（9）因为 看见 了$_1$ 渺茫 的 物形，他 的 耳 目 口 鼻 好似 都 恢复 了$_1$ 应有 的 作用。

から　目にする　（了$_1$ le）　渺茫とする　（的 d e）　物の形，彼　の　耳　目　口　鼻　のようだ　みな　回復する　（了$_1$ le）　あるべき　の　作用

かすかな影が視界に入ったので、彼の五感は本来の機能を取り戻した。

例（6）（7）では「了$_1$」は明らかに「終結」を表してはいない。この「道徳観念」は今後も「伝え」られていくだろうし、「彼」はまだベッドで「横に

な」っていなければならないからである。林裕文はかつて「ここで言う『完了』とは、活動全体の終結を指すのではなく、動作が一定の時間内で一段落つくことを指すのだというものだ」と、指摘したことがある[2]。例（8)、(9）では「了$_1$」と「終結」の意味の完了とは更に無関係なものとなっている。

林裕文のような完了に関する認識では、「完了」と「実現」とはあまり違いのないものになって、呼称が異なるだけになってくる。「了$_1$」の文法的意味を「実現」で括ってしまうのは、その人達が「完了」を「終結」と理解したからなのである。

しかし、中国語動詞のアスペクト（形態）のシステム全体から見ると、「了$_1$」を「実現相」と考えるのはどうかと思う。行為動作の具体的状況について言うと、そこには「開始」、「進行」、「完了」などが存在する。「実現相」という概念は包括的すぎて、行為動作の「開始－進行－完了」というステップ全体を含んでしまっているのである。このままでは「実現相」と「開始相」、「進行相」、「完了相」は属と種の関係になってしまい、そのため「実現相」は「開始相」や「進行相」などと同じレベルで扱うことができなくなる。もし同じレベルで扱おうとすると、中国語動詞のアスペクトのシステムをごちゃごちゃにしかねない。中国語の動詞体系を今度はロシア語の動詞体系を比較してみると、中国語動詞のアスペクトのシステムで「実現相」を立てることは、恐らく妥当性に欠けるものであるということが明らかになるだろう。ロシア語の動詞には「アスペクト」は２つしかない。それは完了相と未完了相である。完了相の動詞は行為がある境界に到り、結果を獲得することを表す[3]。「行為の境界」には「量の境界」と「質の境界」の２つがあり、ここで言っている「行為がある境界に到る」というのが意味しているのは「質の境界」であり、行為の「完結」と行為の「開始」はともに「質の境界」[4]である。そうであるがために、ロシア語動詞の完了相は次のような意味を基本的に有している。（１）既に完了したか間もなく完了しようとしている行為を表し、行為の結果を強調；（２）始まる行為を表す；（３）短い、瞬間的な行為を表す、などである。動詞の完了相と対立するのは「動詞の未完了相」であり、ある時間内に進行する行為を表し、行為が結果を獲得するか否かは表さない。動詞の未完了相は境界を示さない行為を表し、次のような意味を基本的に有している。（1）行為が進行する過程を表す；（2）常に繰り返される行為を表す；（3）日常的現象、事物の特徴、本能、自然の営みなどを表す。ロシア語の動詞には「完了相」と同レベルで並存する「開始相」、「進行相」などがないことが分かるだろう。その「完了相」と「未完了相」という分類はロジックから見て合理的なものであるが、中国語動詞のアスペクトのシステムにおいては、「完了相」があるのみならず、「開始相」、「経験相」、「進行相」なども存在する。動作の「完結」が実現であるからには、動作の「開始」、「進行」だって実現であってはいけないことはないだろう。これにより、中国語動詞のアスペクトのシステムに「実現相」を立ててしまうと、アスペクトのシステム全体を壊さなければならない事にあいなるのである。

それでは、中国語の「了$_1$」は一体どのような文法的意味を表すのであろうか。この問題をはっきりさせるには、「V」と「V了$_1$」で対比をしていくのがよいだろう。

（10）a. 她 做 饭，下 地……

彼女　作る　ご飯，出る　畑

彼女はご飯を作り、野良仕事に出～

b. 她 做 了$_1$ 饭，下 地。

彼女　作る　（了$_1$ le）　ご飯，出る　畑

彼女は食事をしてから、野良に出る。

（11）a. 地头上，人们散坐在麦个子旁边那短浅的阴影里，吃 馃子、喝 汤，开始 说 闲话 解 闷儿。

食べる　小麦粉をこねて油で揚げた食品、飲む　スープ，始める　話す　世間話　取り除く　退屈

畑で人々は積み上げられている麦の短くて浅い日陰に散らばって腰掛け、油揚げを食べ、スープを飲み、よもやま話をして退

屈しのぎを始めた。

b. ……吃 了₁ 馃子，喝 了₁ 汤，开始 说 闲话 解 闷儿。

食べる　（了₁ le）　小麦粉をこねて油で揚げた食品，飲む　（了₁ le）　スープ，

始める　話す　世間話　取り除く　退屈

～油揚げを食べて、スープを飲んでから、よもやま話をして退屈しのぎを始めた。

（12） a. 杨青 了解 那 后 一半 的 故事。

楊青　分かる　あの　あと　半分　の　物語

楊青はその物語の続きが分かっている。

b. 杨青 了解 了₁ 那 后 一半 的 故事。

楊青　分かる　（了₁ le）　あの　あと　半分　の　物語

楊青はその物語の続きが分かった。

（13） a. 一间布置成新房的房间里，四周墙壁粉刷的雪白，一色新的红漆家具亮得照人。整 个房子 充满 幸福、甜蜜 的 气氛。

全部　個　家屋　充満する　幸福、甘い　（的 de）　雰囲気

新婚夫婦の部屋に飾り付けられた部屋の中は、周りの壁は真っ白に塗られ、新しい赤一色のペンキ塗りの家具は明るくて鏡のようだ。家中は幸せで、楽しい雰囲気でいっぱいだ。

b. ……整 个 房子 充满 了₁ 幸福、甜蜜 的 气氛。

全部　個　家屋　充満する　（了₁ le）　幸福、甘い　（的de）　雰囲気

家中は幸せで、楽しい雰囲気でいっぱいになった。

（10）から（13）の例で、動詞は「了₁」を加えた時と加えない時で表す文法的意味が異なるということが分かるだろう。（10）の例について言えば、文aの「她做饭，下地。／彼女はご飯を作り、野良仕事に出る」が言っているのは彼女の習慣的な行為であり、「做饭／ご飯を作り」、「下地／野良仕事に出る」は事実の列挙に過ぎず、前後関係は別に存在しない。それでひっくり返して「她下地，做饭。／彼女は野良仕事に出、ご飯を作る」と言い直しても構わず、意

味は変わらない。文 b だとそうはいかない。文 b は習慣的な行為を述べているのではなく、ある行為の終了した後に、また別の行為が発生することを強調している。つまり彼女は「做了饭／ご飯を作ってしまった」後に、また「下地／野良に出る」ことになるわけであり、「做饭／ご飯を作る」と「下地／野良に出る」の間には前後関係が存在し、そのために「她下地，做了$_1$饭。／彼女は野良に出て、ご飯をつくってしまった」のようにひっくり返すことができない。同様に（11）の例では a、b 2つの文が表す意味が違う。文 a で言っているのは「人们／人々」が一方で「吃馃子，喝汤／油揚げを食べ、スープを飲み」ながら、一方で「说闲话解闷儿／よもやま話をして退屈しのぎをした」ということである。それに対し文 b の意味は人々が「吃了$_1$馃子，喝了汤／油揚げを食べ、スープを飲んでしまった」後になって、「说闲话解闷儿／よもやま話をして退屈しのぎをする」ことを始めたのであり、ある行為が終了した後に、また別の行為が発生するという意味を含んでいるのである。（12）の例の a、b 2つの文の違いは次の点にある。文 a は「杨青了解那后一半故事／楊青はその物語の続きが分かっている」という事実を述べ、「現在」の状況に焦点が当てられているのに対し、文 b は「了$_1$」があることで「楊青」が「那后一半故事／その物語の続き」をもともと「不了解／分かっていなかった」のが、後に「了解／分かる」ようになったことを暗示している。そのため文 b に「终于／ついに」という語を加えると「杨青终于了解了$_1$那后一半故事。／楊青はついにその物語の続きが分かった」となり、文として意味がすっきりする。文 a は「杨青终于了解那后一半故事。／楊青はついにその物語の続きが分かっている」とすることはできない。（13）の例は（12）と似ており、文 b は状態の変化する過程をはっきり示している。まさにこうした理由により、あるコンテクストの制約下では、b のタイプの文しか用いることができず、そして a のタイプの文を用いることができないのである。例えば：

（14）在“满盖荒原”上无数个不眠之夜里，我内心进行着深刻的反省。b. 我 认识 了$_1$ 自己 的 真实 面目。——a. ＊我 认识 自己 的 真实面目。

b. 私　分かる　(了₁ le)　自分　の　本当　姿

a. 私　分かる　自分　の　本当　姿

「满盖荒原」での無数の不眠の夜、私は心の中で深い内省を行い、b. 己の真の姿が分かった。――a. ＊己の真の姿が分かっている。

コンテクストから分かるように、(14) の例が物語っているのは、「我／私」が「自己的真实面目／己の本当の姿」をもともと知っていたわけではなく、ただ「深刻的反省／深い反省」を通すことでようやく「认识／認識した」、ということである。だから (14) の例で b のタイプの文をが使われているのは無理のないことなのである。それは語用論の面からの要求に適っているのである。もし文 a に置き換えたならば語用論の面からの要求に合わなくなる。というのは文 a はただ現状に対する叙述だけであり、そこには文 b に含まれるような「我认识自己的真实面目／私は己の本当の姿を認識する」のは「深刻的反省／深い反省」の結果であるという意味はないからである。そのため文 a を用いると、そぐわないのである。

こうしてみると、「了₁」はどうやら２つの文法的意味を表すことが出来るようである。１つは行為の「終了」で、１つは状態の「開始」である。しかしまだ簡単にそのような結論を下せるわけではない。というのは同じ動詞が「了₁」と結合してこの２つの機能を表すことの出来る例をまだ見いだしていないからである。「Ｖ了₁」が異なる意味を有するのは、「了₁」にかかっているのではなく動詞の違いにかかっているのである。そうすると、より高い次元において、「了₁」の文法的意味を「完了相」を表すものであり、完了相の標識であるというように概括しなければならない。このようにして「了₁」の文法的意味を理解することではじめてこれまで述べてきた現象を合理的に解釈することができるのである。動詞類の完了相の形式は、動詞類そのものの違いや文中のその他の成分（目的語など）の制約によって、行為や動作が既に終了したことを表しもすれば、行為や状態が「完了」した後に生じる結果を表しもする。というわけで、動詞類の完了相の形式に含まれる意味は行為や状態が「既成事実／既に事実となっている」ことなのである。ここで言う「既成事実／既に事実となっている」ことは相対的なものである。つまり、次の（15）の例などは、発話時に既に事実となっていることであり、発話の時点を「現在」とした場合の相対的な時間であるが、（16）の例などは、発話の時点でまだ事実となっていないが、将来のある特定の時間に照らして言えば、既に事実となっているのである。

（15）我 看 了$_1$ 这 本 书 了。

私　読む　（了$_1$ le）　この　冊　本　（了 le）

この本を読んだ。

（16）明天 吃 了$_1$ 晚饭 看 电影 好 吗?

明日　食べる　（了$_1$ le）　晩ご飯　見る　映画　好い　（吗 ma）

明日晩御飯を食べてから映画を見てもいいかい。

（15）の例は「看这本书／この本を読む」という行為が発話の時点までに事実となっている。（16）の例では「吃晚饭／晩御飯を食べる」が発話の時点でまだ事実となっていないが、「看电影／映画を見る」という行為の時点で言えば、それは既に事実となっているのである。というのも「吃晚饭／晩御飯を食べる」のが先で、「看电影／映画を見る」のが後だからである。

ここまでをまとめてみると、次のような結論を得ることが出来よう。中国語の動詞接尾辞「了$_1$」は「アスペクト」の文法的意味を表すものであり、「完了相」の標識である。中国語動詞の完了相という形式には状態でないものや行為が「既成事実／既に事実となっている」という意味が含まれており、行為や動作が既に終了していることを表したり、行為の状態が「完了」した後に生じる結果を表したりする。

「了$_1$」の文法的意味がはっきりしたところで、次のような現象を説明することができる。「了$_1$」を「过 guo（完了）」でもって置き換えることができ、それでいて文の基本的な意味は変わらない状況がある一方、それができない状況があることである。例えば：

(17) a. 你 明天 吃 了₁ 饭 再 去。

君　明日　食べる　(了₁ le)　ご飯　それから　行く

君は明日ご飯を食べてから出かけなさい。

b. 你 明天 吃 过 饭 再 去。

君　明日　食べる　(过 guo)　ご飯　それから　行く

君は明日ご飯を食べてから出かけなさい。

(18) a. 他 吃 了₁ 饭 了。

彼　食べる　(了₁ le)　ご飯　(了 le)

彼はご飯を食べた。

b. 他 吃 过 饭 了。

彼　食べる　(过 guo)　ご飯　(了 le)

彼はご飯を食べた。

(19) a. 他 洗 了₁ 脸，就 吃 早饭 去 了。

彼　洗う　(了₁ le)　顔，すぐ　食べる　朝ご飯　行く　(了 le)

彼は顔を洗うと、朝御飯を食べに出かけた。

b. 他 洗 过 脸，就 吃 早饭 去 了。

彼　洗う　(过 guo)　顔，すぐ　食べる　朝ご飯　行く　(了 le)

彼は顔を洗うと、朝御飯を食べに出かけた。

(20) a. 明天 他 到 了₁ 南京，我们 去 看望 一下。

明日　彼　到着する　(了₁ le)　南京，われわれ　行く　たずねる　ちょっと

明日彼が南京に着いたら、ちょっと顔見せに行く。

*b. 明天 他 到 过 南京，我们 去 看望 一下。

明日　彼　到着する　(过 guo)　南京，われわれ　行く　たずねる　ちょっと

明日彼が南京に着いたら、ちょっと顔見せに行く。

(21) a. 这 个 会 开 了₁ 三 天 了，再 有 两 天 就 结束 了。

この　個　会議　開く　(了₁ le)　3　日　(了 le)，さらに　ある　2　日

(就jiu)　終わる　(了 le)

この会議は３日目に入ったから、後２日で終わりだ。

*b.　这 个 会 开 过 三 天 了，再 有 两 天 就 结 束 了。

この　個　会議　開く　(过 guo)　3　日　(了 le)，さらに　ある　2　日　すぐ　終わる　(了 le)

この会議は３日目に入ったから、後２日で終わりだ。

(22) a.　他 吃 了$_1$ 三 碗 饭 了。

彼　食べる　(了$_1$ le)　3　(碗 wan／茶碗等を数える量詞)　ご飯　(了 le)

彼はご飯を３杯食べた。

*b.　他 吃 过 三 碗 饭 了。

彼　食べる　(过 guo)　3　(碗 wan／茶碗等を数える量詞)　ご飯　(了 le)

彼はご飯を３杯食べた。

(17) から (19) の例では文 a が「过 guo」でもって置き換えができるわけは、これらの文の「V了$_1$」がいずれも動作の「終了」を表していることによる。(20) の例では「过 guo」で置き換えができないのは、「到了$_1$／到着した」という完了相が「到／到着する」という行為が「完了」した後に生じる結果を表している。つまり「他明天某个时刻到达南京，从那时起，他一直在南京。／彼は明日ある時刻に南京に到着し、その時から、彼はずっと南京にいる」からである。英語の文「He has reached Nanjing」と比較してみよう。この文に含まれる意味は「He reached Nanjing, and now he is in Nanjing」である。だが「到／到着する＋过 guo」という形式はそのような意味を含んでおらず、「过 guo」は「経験」を表す。この点は、なぜ「動詞補語構造」の後ろには完了を表す「过 guo」を従えることができないのに、「了$_1$」を従えることができるのか、を物語っている。(21) (22) の例は動作行為が一段落ついているが、終了はしていないことを表しているので、そこで現れる「了$_1$」は「过 guo」で置き換えができない。このことから「过 guo」が「了$_1$に置き換わる条件を次のようにまとめることができよう。「V了$_1$」が行為動作が「終了」する場合、「过 guo」は「了$_1$」に置き換えることができる。

2　「了$_1$」の選択規則

前節では、現代中国語の動詞接尾辞「了$_1$」の文法的意味は「完了相」を表すものであるということを論じてきた。しかし中国語動詞の完了相の文法的意味の表現形式には英語のような出現を強制する力が働いていない。発話の構造次第では、中国語の動詞の中には完了相の文法的意味を「了$_1$」を使わずとも表すことができる、更には「完了相」の文法的意味を表す「了$_1$」と共起できないものすらある。本節では中国語の動詞と「了$_1$」の共起状況及び中国語動詞の完了相の文法的意味の「了$_1$」に対する選択状況を少し考えてみることにする。

（Ⅰ）文法要素の影響

1）「了$_1$」との関係で見た動詞のタイプ

①　一般状況下では「了$_1$」と共起できない動詞

i　述語性の語彙を目的語としなければならない動詞

得 dei ／しなければならない、该／すべきだ、应该／しなければならない、会／だろう；できる、可以／てもよい、愿意／進んで～する、情愿／進んで～する、能够／ことができる、能／できる、要／しなければならない、想／だろうと推測する；つもりだ、敢／あえて～する、敢于／思い切って～する、给以／与える、加以／行う、予以／与える、觉得／感じる；と思う、懒得／するのがおっくうだ、显得／いかにも～に見える、值得／する値打ちがある、省得／しないですむ、难免／免れない、期望／期待する、企图／たくらむ、希望／希望する、打算／つもりだ、禁止／禁止する、妄图／愚かにも～たくらむ、唯恐／のみ恐れる、认为／と考える、提议／提議する、建议／提案する、倡议／提唱する、主张／主張する、着手／着手する

ii　挿入語となる動詞

据说／いうところによれば、譬如／例を挙げれば

iii　その他

标志着／表している、等于／に等しい、对待／対処する、记得／覚えている、叫／称する、认得／見知っている、任凭／～によって；するに任せる、舍得／惜しいと思わない、体贴／思いやる、总计／合計して、尊敬／尊敬する、作为／とする、向／に向かって、在／いる；ある、像／似る、姓／～を名字とする、是／である[5)]

②　「了$_1$」と共起できる動詞

上記数タイプの動詞以外は、平叙文で完了相を表す場合、一般的に「了$_1$」と共起する。これには2つの状況がある。

i　「了$_1$」と共起しなければならない動詞（数は少ない）

病／病気になる、倒／倒れる、跌／転ぶ、灭／消える；消す、破／壊れる；壊す、伤／傷づける；傷つく、输／負ける、死／死ぬ、塌／崩れる；倒れる、瞎／失明する、炸／油で揚げる；炸裂する、醉／酔う；心を奪われる

ii　「了$_1$」と共起できる場合もあり、共起できない場合もある動詞。このタイプは数の上で多数を占める。以下、文法構造、意味要素の「了$_1$」に対する影響を述べる場合は、このタイプを指すものとする。

2）文法構造の中で動詞に前後する成分の「了$_1$」に対する制約

①　述語性の語彙のみを目的語にする動詞の場合、述語である動詞は「了$_1$」と共起できない。名詞性の目的語を従えることができ、動詞性の目的語を従えることもできる動詞は、名詞性の目的語を従える場合、「了$_1$」が現れることがあるが、動詞性の目的語を従える場合には、「了$_1$」が普通現れない[6)]。比べてみよう。

(23) ＊他 打算 了$_1$ 明天 去。

彼　つもりだ　（了$_1$ le）　明日　行く

彼は明日出かけるつもりにした。

(24) a. 真 没 想到，他 竟然 拒绝 了$_1$ 她。

ほんとうに　～なかった　思いつく，彼　意外にも　断る　（了$_1$ le）　彼女

本当に予想外だ、何と彼が彼女を拒んだなんて。

＊b. 他 拒绝 了$_1$参加 这 次 会议。

彼　断る　（了$_1$ le）　参加する　この　度　会議

彼は今回の会議に参加するのを断った。

② 動詞の後ろに「在／で、に」、「于／に、で」、「向／に向かって」、「給／に」からなる前置詞フレーズを従え補語としている場合、後ろには「了$_1$」を従えることができない。例えば：

(25) ＊他 出生 了$_1$在 北京。

彼　生まれる　（了$_1$ le）　に　北京

彼は北京で生まれている。

(26) ＊老李 逝世 了$_1$ 于 1980年。

李さん　逝去する　（了$_1$ le）　に　1980年

李さんは1980年に世を去ってしまった。

(27) ＊英勇 的 人民解放军 迅速地 冲 了$_1$向 敌人 阵地。

勇ましい　（的de）　人民解放軍　迅速に　突進する　（了$_1$ le）　に向かって　敵陣地

勇ましい人民解放軍は敵の陣地へ突撃した。

(28) ＊这些 蔬菜 处理 了$_1$ 给 食堂 吧。

これら　野菜　処分する　（了$_1$ le）　に　食堂　（吧 ba）

この野菜は食堂に回してしまってくれ。

③ 直接引用、間接引用の前（或いは後ろ）の動詞では、その後ろに他の成分がなければ「了$_1$」は現れない。例えば：

(29) 他 停 了 会儿 $\underset{\triangle}{\text{说}}$:“张书记 亲自 跟 我 谈 过 话 哩……”

彼　止まる　（了 le）　しばらく　言う　張書記　自ら　と　私　（谈话／談話する）

（过 guo）　（谈话／談話する）　（哩 li）

彼はちょっと口をつぐんでから「張書記が自ら私と話したことがあったが、・・・」と言った。

(30) 都 说 城里 来 的 娃娃 会 讲 故事 嘞!

みな 言う 町中 来る (的 de) 子 うまい 話す 物語 (嘞 lei)

「街から来た子は物語をいうのがうまい」と皆言っている。

(31) "'孙悟空 出世', 我 家 里 有。" 小炬 顺眼 瞟见 了 一 个 猴头, 马上 满不在乎 地 说。

孫悟空 出生, 我 家 中 ある。炬くん 目線の向くままに 横目で見る (了 le) 1 匹 猿, すぐ まったく気にかけない (地de) 言う

『「孫悟空出世」なら僕の家にある。』炬はサルが見えたので、すぐに気にかけていないように言った。

動詞の後ろに他の成分があれば、その時は「了₁」を後ろに加えてよい。例えば：

(32) 小罗锅瞪着眼睛，像僵住了一样，直直地瞅着她。直 停 了 好 长 时间，他 才 说 了₁句："明天，我 就 去 找 公社 张书记！"

ずっと 止まる (了 le) とても 長い 時間, 彼 やっと 話す (了₁ le) (句 ju／ことばを数える量詞)：明日, 私 すぐ 行く たずねる 公社 張書記

羅鍋が目を丸くして硬直したようで、じっと彼女を見つめていた。本当に長い時間が経ってから、彼はようやく「明日、僕が公社の張書記を尋ねに行く」とつぶやいた。

次の④⑤⑥といった条件下では、「了₁」の出現を強制する力が働くか、出現への強い傾向が備わっているようだ。「強制する力」とは、「了₁」を省けるにもかかわらず、実際の語句において「了₁」の出現しない状況が非常に少ないことを意味する。

④ 瞬間動詞から成るＶＯ構造では、Ｖの後ろには強制的に「了₁」を従える力が働くようである。例えば：

(33) 你老眼昏花了吧，哪 个 姑娘 瞎 了₁ 眼， 会 跟 朱世一 亲嘴！

どの 1人 娘 失明する (了₁ le) 目, はずだ と 朱世一 キスする

あなたは老眼で目がかすんだんでしょ。どこに目が見えなくなって、

朱世一とキスをする子がいますか。

(34) 车把 断 了。左边 的 灯 碎 了$_1$ 块 玻璃。

ハンドル 折れる (了 le)。左側 の ランプ 砕ける (了$_1$ le) 枚 ガラス

ハンドルが折れた。左のランプのガラスが砕けた。

この文の構造の特徴は、文の主語や主題と動詞の目的語の間に「従属」関係が存在するというものである。意味の面では、動詞そのものに［－持続］［＋完了］という特徴が備わっている外、動詞との関係がもっとも密接なのはその動詞の目的語である。文法面では、「ＶＯ」は「ＯＶ」に変換することができる。例えば、「瞎了眼／失明した」と「碎了块玻璃／ガラスが１枚砕けた」はそれぞれ「眼瞎了／（目は）失明した」と「（１）块玻璃碎了／１枚のガラスが砕けた」に変換できる。

⑤ Ｖ（Ｐ）の後ろに数量詞フレーズが続いて補語となっている場合、「了$_1$」が出現する傾向がかなりはっきりしている。例えば：

(35) 就是这样，陆步青和珊珊在天色微明的运动场，会面 了$_1$ 整整 一年。

会う (了$_1$ le) 完全 1 年

このように、陸歩青と珊珊が薄暗いグランドでまるまる１年間顔を合わせていた。

(36) 副 指导员 拿 着 肖像 端详 了$_1$ 一会儿，问：“送 给 我？”

副 指導員 持つ ～ている 肖像 しげしげと見る (了$_1$ le) しばらく，聞く 贈る に 私

副指導員は肖像を手にしながら暫くしげしげと見てから、「僕にプレゼント？」と聞いた。

⑥ ある条件下では、「了$_1$」が省略できる。これは２つの側面から考えることができ、１つ目はもともと「了$_1$」を有する文が、「了$_1$」を削除可能であるとするもので（[了$_1$] と記す)、２つ目はもともと「了$_1$」を有していないものが、「了$_1$」を加えることができ（[ ] と記す)、それでいて基本的に文意が変

わらないものである。主に次のような幾つかの現れ方をする。

i　「V完」、「V好」の後ろに他の行為を続ける場合、「了$_1$」は省略してよい。例えば：

(37) 她对自己的父母毫无印象，母亲生下了她便因产褥热而去世，父亲也只是负责为她取了个名字，这名字也取得很马虎，是从达・芬奇的名画蒙娜丽莎那里摘取过来的。父亲 取 完 [了$_1$] 名字 便 去 找 他 的 蒙娜丽莎 去 了。

父親　付ける　終わる　[（了$_1$ le）]　名前　すぐ　行く　探す　彼　の　モナリザ　行く　（了 le）

彼女は自分の両親の記憶がまったくない。母親は彼女を生んですぐ産褥熱で世を去ったが、父親も彼女に名前を付ける責任を果たしただけだ。この名づけでもたいへんいい加減で、ダ・ビンチの名画モナリザからとってきたものだった。彼女に名前を付けると、父親はすぐに自分自身のモナリザを探しに行った。

(38) 卸 完 [　] 化 肥，田宝 又 帮 着 换 车轱辘。

下ろす　終わる　[　]　化学肥料，田宝　また　手伝う　（着zhe）　換える　車輪

化学肥料を下ろすと、田宝はまた車輪の取り替えを手伝っている。

(39) 春珍 拽 住 田宝："哥，你 的 衣服。"

田宝："去，去！" 拽 好 [了$_1$] 衣服 走 进 屋。

春珍　つかむ　（住 zhu）　田宝：お兄さん，君　の　服

田宝　どく，どく！引っ張る　ちゃんと　[(了$_1$ le)]　服　歩く　入る　部屋

春珍がぐっと田宝をつかまえて、「お兄ちゃん、服だ。」

田宝は「どいて！どいて！」と言いながら、服をしっかり引っぱってのばして部屋に入った。

(40) 陆野明 擦 好 [　] 麦子，一 簸箕 一 簸箕 地 搓 到 布袋 里，准备扛到钢磨上去磨面。

陸野明　ふく　ちゃんと　[　]　麦，一　ちりとり　一　ちりとり　（地 de）　こ

する　到る　布袋　中

陸野明は麦をしっかりふいて、ちりとり１つ１つと布袋の中へこすり入れ、鋼臼へ担いでいって粉にひこうとしていた。

「V完」、「V好」がここで表すのは動作行為の終了である。しかるに「V（P）了$_1$」そのものに既に動作行為の終了を表す機能があるため、ここの「VP」の完了相は形式面で「了$_1$」が選択的なものとなり、強制的なものではなくなるのである。

ⅱ　動詞方向補語構造の後ろの「了$_1$」、及び動詞と複合方向補語構造の間の「了$_1$」は省略できる。例えば：

(41) 朱世一的这些人情话是他妈妈教的，没有估计到它会冲开姑娘的心扉，放 下 [了$_1$] 电炉 便 赶紧 走 出去。

下ろす　(下 xia)　[（了$_1$ le）]　ストーブ　すぐ　急いで　歩く　出て行く

朱世一のこれらの人情味のある話はその母親が教えたものだったが、それが女の子の心を開けたとは予想もできずに、ストーブを置くと急いで出ていった。

(42) 宋庆龄继续说：“他的妻子带着两个孩子历尽千辛万苦逃离了敌人的魔掌，就在逃难的路上，妈妈又被病魔夺去了生命，只 留 下 [　] 两 个 孤苦伶仃 的 孩子。”

ただ　残す　(下 xia)　[　]　２　人　ひとりぼっちで身を寄せるところがない　(的de)　子ども

宋慶齢は続けて言った。「彼の妻は２人の子どもを連れて、ありとあらゆる苦難をなめ尽くして敵の魔手から逃げ出したが、避難の途中で母親が病魔に命を奪われ、頼るすべのない２人の子供だけが残った。」

(43) 李自强他们见我走了，也要把票还给了玉吉，尾 我 追 [了$_1$] 上来。

～について　私　追う　[（了$_1$ le）]　(上来shanglai)

李自強達は私が歩き出したのを見ると、同じようにチケットを玉吉に返して、私を追いかけてきた。

iii　「V到／起／住／成」など、その他の動詞補語構造の後ろの「了₁」は省略することができる。これらの補語はみな動詞そのものに対する説明となっている。例えば：

(44) 她 从 简陋 的 小 高炉 想 到 [ ] 居里夫人 那 提炼 铀 的 土 设备……又 由 居里夫人 想 到 [了₁] 居里……

彼女　から　粗末だ　(的 de)　小さい　高炉　思う　つく　[ ]　キュリー夫人　あの　抽出する　ウラン　(的 de)　旧式　設備　また　から　キュリー夫人　思う　つく　[(了₁ le)]　キュリー

彼女は簡単な小さな高炉からキュリー夫人がウランを抽出した設備に思い至った。... またキュリー夫人からキュリーに思い至って ...。

(45) 陆步青 透过 蒙蒙 泪 光，望 着 烟波 浩渺 的 大海，他 不禁 忆 起 [了₁] 他 和 苏珊珊 的 初识，想 起 [了₁] 他 的 童年、青年……

陸歩青　通す　しとしとした　涙　光，眺める　～ている　霧にかすむ　果てしない　(的 de)　大海，彼　思わず　思い起こす　(起qi)　[(了₁ le)]　彼　と　蘇珊珊　の　出会い，思う　(起qi)　[(了₁ le)]　彼　の　童年、青年

陸歩青は涙越しに霧に霞んで果てしない大海を眺めて、蘇珊珊との出会いへ思いを馳せずに入られなかった。子供の頃、青年時代が思い出された。

(46) 他 又 编 成 [了₁] 《扬州 园林》，今年 可以 出版。

彼　また　編集する　～になる　[(了₁ le)]　揚州 園林，今年　できる　出版する

彼はまた『揚州庭園』を編集した。今年出版できそうだ。

ii とiiiの「V（P）」はともに動詞補語構造を成すものであり、動詞補語構造は平叙文においてそれ自体が既に動作行為が何らかの結果を有していることを表す。そして「結果を有する動作や過程というものはしばしば完了している動作や過程である。」[7] だから、「V（P）」が動詞補語構造となっている場合、

後ろの「了₁」は省略できるのである。

ⅳ　「已经／すでに」という語を含む文では、動詞類の後ろの「了₁」は省略できる。例えば：

（47）我们　“罗锅”队长　已经　几　次　申斥　［　］　这些　无聊　的　罪犯，他们就像苍蝇恋食臭肉一样，轰走了，又忽地一下子飞了回来。

われわれ　羅鍋隊長　すでに　幾ら　度　叱責する　［　］　これら　くだらない　（的de）　犯人

我らが「羅鍋」の隊長は既に何度かこのどうしようもない犯人を叱りとばしている。かれらはハエが腐った肉を貪るように、追っ払われてすぐまた飛んできた。

これは「已经／すでに」を含む文が一般に動作行為が既に発生してしまっていることを表すがために、「Ｖ（Ｐ）」の完了相標識である「了₁」は現れなくてもよいのである。

（Ⅱ）意味要素の影響

「了₁」の選択については、文法要素の影響以外には、意味要素も影響を及ぼしている。同じ文法条件下で、意味要素の違いが「了₁」を出現させるか否かに制約を与えることもある。意味要素の「了₁」の出没に対する影響は主に次の点に現れる。

1）同じ動詞でも、目的語との間の意味関係が異なると、状況により「了₁」を従えることができたり、できなかったりする。例えば：

（48）a.　他　在　酒　里　搀　了₁　水。（道具）

彼　に　酒　中　混ぜる　（了₁ le）　水

彼は酒に水をまぜた。

b.　＊他　把　葱末　搀　了₁　肉馅　里。（場所）

彼　（把 ba）　ネギのみじん切り　混ぜる（了₁ le）　肉餡　中

彼はネギのみじん切りを肉餡にまぜた。

(49) a. 她 一口气 揉 了₁ 几十 个 馒头。(結果)

彼女 一気 こねる (了₁ le) 何十 個 マントウ

彼女は一気に数十個のマントウをこねた。

b. 她 把 白 糖 揉 了₁ 馒头 里。(場所)

彼女 (把 ba) 白い 砂糖 こねる (了₁ le) マントウ 中

彼女は白砂糖をマントウの中にこねた。

2）もともと「了₁」を従えることのできる動詞が、修飾語の意味による制限から「了₁」を従えることができなくなる。これには次の状況がある。

① 動詞の前に「没（有）／～ていない；～なかった」があって修飾している場合、述語動詞は「了₁」と共起できない。例えば：

(50) ＊读 了 4 年 的 中文系，我 至今 还 没 买 到 了₁《现代汉语词典》。

勉強する (了1e) 4 年 の 中国言語文学部，私 今まで まだ ～ていない 買う (到dao) (了₁ le) 現代中国語辞典

文学科で4年勉強したが、今でもまだ『現代中国語辞典』を入手していない。

「V（P）了₁」が「没(有)／～ない；～なかった」と共起できないゆえんは、動詞類の完了相形式が表すものが「既成事実／既に事実となっている」ことであり、「没(有)＋V（P）」は動作行為がまだ発生していないことを表し、そのため「没(有)＋V（P）」と「V（P）了₁」が意味の面でかち合わないことによる。「没有／～ない」と「了₁」は当然共起することができない[8)]。

② 動詞の前に「正(在)／ちょうど～ている」があって修飾している場合、述語動詞は「了₁」と共起できない。例えば：

(51) ＊我 到 他 家 时，他 正 在 了₁ 吃 饭。

私 到着する 彼 家 時，彼 ちょうど～ている (了₁ le) 食べる ご飯

私が彼の家に着いたとき、彼は丁度ご飯を食べていた。

「正(在)／ちょうど～している」が動作行為がまだ終了していないことを表

しているから、「正(在)＋V（P）」と「V（P）了$_1$」の間には意味の面でも不一致が存在し、「正(在)／ちょうど～している」と「了$_1$」もまた共起できないのである。

③　動詞の前に「经常／つねに」を表すような語彙があって修飾している場合、もし文の表す内容が単一の事件であれば、述語動詞は「了$_1$」と共起できない。例えば：

(52)　＊我 每天 早上 六点半 起 了$_1$ 床。

私　毎日　朝　6時半　(起床 qichuang／起床する)　(了$_1$ le)　(起床 qichuang／起床する)

私は毎日朝6時半に起きた。

(52) の例は単一の事件を表している。文中には時間面での頻度を表す語彙である「每天／毎日」があり、常に行われる習慣的行為を表している。しかるに「V（P）了$_1$」は動作行為の終了や動作行為発生後に生じる結果を表し、常に起きる動作行為を表す条件を具えない。だから、常に起きる動作を表す語彙は単一の事件を表す文では「了$_1$」と共起できない。しかしもし1つの文に含まれるのが1つの事件に限らなければ、「我每天吃了$_1$饭就干活／私は毎日ご飯を食べたら野良に出る」というように、「经常／つねに」を表すような語彙は「了$_1$」と共起できる。この文には2つの事件が含まれている。それは「吃饭／ご飯を食べる」と「干活／野良に出る」である。「每天／毎日」の意味が支配する領域は「吃饭／ご飯を食べる」に限られるものではなく、「吃了饭就干活／ご飯を食べたら野良に出る」である。ここでは「了$_1$」は「干活／野良に出る」行為との相対的関係の中で使われていて、そこでは「吃饭／ご飯を食べる」という事件が既に事実となっており、「了$_1$」を使うことは「每天／毎日」とは直接の関係を有しない。

④　単純な平叙文で、動詞の前に「将来」を表す時間語があって修飾している場合、述語動詞は「了$_1$」と共起できない。例えば：

(53)　＊我 明天 做 完 了$_1$ 作业。

私　明日　やる　終わる　（了$_1$ le）　宿題

僕は明日宿題をやり終えた。

（53）の例では、「将来」を表す時間語「明天／明日」があり、将来の行為は当然まだ事実となっていないので、「了$_1$」と共起することはできない。しかし、「将来」の時間語を含む文が１つの事件に限らない場合、「Ｖ（Ｐ）了$_1$」が表すのが「(ある時点に対する) 相対としての既に事実となったこと」となる。こうなると、「将来」を表す時間語と連用することができる。例えば：

（54）我 明天 做 完 了$_1$ 作业 到 你 家 去，好 吗？

僕　明日　やる　終わる　（了$_1$ le）　宿題　到る　君　家　行く，よい　（吗 ma）

僕は明日作業を終えたら君の家に行くけど、いいかな。

３）動詞補語構造の補語が意味の面で主語に対する説明となっていて、そして文末に「了」がない場合、「了$_1$」の出現に強制力が働くようである。例えば：

（55）我 已经 干 腻 了$_1$ 这样 的 事情。
　　　　　　　△　△

僕　すでに　やる　飽きる　（了$_1$ le）　こんな　（的de）　こと

僕はもうこんなことをするのは飽きた。

（56）他 喝 醉 了$_1$ 酒。
　　　　△　△

彼　飲む　酔う　（了$_1$ le）　酒

彼は酒に酔った。

このタイプの文は「ＳＶＣＯ」構造に概括される。「ＳＶＣＯ」構造は意味の面で「ＳＶＯ＋ＳＣ」に分解される。このタイプの文ではＶＰの後ろに「了$_1$」が出現しなければならないが、それは次の事実と関係がある。それは例えば「我腻／私は飽きる、「他醉／彼は酔う」とは言えず、「我腻了／私は飽きた」、「他醉了／彼は酔った」と言うように、補語となる語句が単文を構成する場合「了$_1$」なしでは成立しない、ということである。

（Ⅲ）語用論の要素の影響

語用論の要素が「了$_1$」の選択に及ぼす影響は、特に次のところに現れている。ある動詞は後ろに「了$_1$」を加えることができるが、特定の発話構造では逆に「了$_1$」が出現しない。また、ある動詞は一般的状況下では「了$_1$」を用いないのに、一定のコンテクストにおいては逆に「了$_1$」を用いる。これには次の幾つかの側面が存在する。

1）話者が動作の結果を強調しようとする場合、「了$_1$」が現れることが普通であり、そうでない場合には現れない。比べてみよう。

(57) 他想着想着笑了。于是，摸 出 了$_1$ 雪茄，先清清停停地享受一番再说。

手探りする　出る　(了$_1$le)　葉巻タバコ

彼は考えているうちに笑い出した。そこで、葉巻を取りだして、まずゆったりと一口味わってからしようと。

(58) 于而龙也觉得自己过分，推开了王纬宇送来的听装的中华牌香烟，从口袋 里 摸 出 [　] 一 支 雪茄，点燃 了。

から　ポケット　中　手探りする　出る　[　]　1 本　葉巻タバコ　点火する　(了 le)

于而龍も自分がやりすぎたと思い、王緯宇が持ってきた缶入りの中華マークのタバコを押しのけて、ポケットから葉巻を1本取りだして、火をつけた。

2）話者が現在の状況を説明しようとする場合には「了$_1$」は出現しないが、現在の状態に至る過程を強調する場合には、「了$_1$」が現れることになる。比べてみよう。

(59) 还是那棵棕榈树下，身穿雨衣，手执布伞的美艳，孤寂地听着雨打棕叶发出的单调而腻人的声音。哗哗 的 雨滴 浇 在 她 身 上，扑灭着刚才一度又炽热起来的心。

ざあざあ　(的 de)　雨粒　注ぐ　に　彼女　体　(上 shang)

やはりあのシュロの木のもとで、美艶はレインコートを着て手に布傘を持ち、寂しそうに雨だれがシュロの葉っぱを打つ単調でうんざりする音を聞いている。ザーザーと雨粒が彼女の体に降り注ぎ、さき一度燃え始めた心を静めていった。

（60）不相信么？请看，于而龙 把 鱼钩 甩 在 了₁ 那 微微 冒 着 热气 的 平静 的 湖面 上。

于而龍　（把 ba）　釣り針　ほうる　に　（了 le）　あの　わずかに　立ち上がる　湯気　（的 de）　静かだ　（的 de）　湖の表面　上

信じないの。ほら、于而龍は釣り針をかすかに湯気が立っている静かな湖面に投げたのだおよ。

もし文中に変化が存在しないと暗示する語彙があれば、「了₁」はそもそも現れることができない。例えば：

（61）郭云鹏在街口小铺买了汽水，匆匆跑回房间，见 心 爱 的 人儿 仍 安静 地 躺 在 （＊了） 沙发 上，毛巾被盖着头，心里又说不出的爱慕。

見る　心　愛する　人　まだ　静かだ　（地 de）　横になる　に　（了 le）　ソファー　上

郭雲鵬は街角の売店でサイダーを買って、慌ただしく部屋へ走って帰ってきて、愛する人が頭からタオルをかけてまだ静かにソファーで横になっているのを見て、心に言い表せない愛慕を覚えた。

３）話者がある背景を説明しようとする場合は、普通「了₁」が現れない。例えば：

（62）淑霞 扫 完 地，倒 水 洗 脸。

淑霞　掃く　終わる　地面，つぐ　水　洗う　顔

淑霞は掃き掃除を終えると、水をついで顔を洗う。

（63）李淑霞 走 进 院子 里。田富海 看见 她，更 来劲 了。

李淑霞　歩く　入る　庭　中。田富海　目にする　彼女，更に　張り切る　（了 le）

李淑霞は庭に入っていく。田富海は彼女を目にして、更に気合いが入った。

（62）（63）の例はテレビドラマからの例であり、戯劇のト書きに相当する部分である。動詞類の後ろには「了₁」を従えることができるにもかかわらず、

用いられていない。

4）話者が、ある行為の発生後にまたもや別の行為が起きたことを強調しようとする場合には、先に起きた行為を表す動詞類には「了₁」を従えねばならない。例えば：

(64) 徐丽莎 听 完 了₁ 训示 便 奔 上 楼，把 发生 过 的 事情 当作 笑话 似的 告诉 朱世一。

徐麗莎　聞く　終わる　（了₁ le）　訓示　すぐ　走る　上る　建物の階層，（把 ba）　発生する　（过 guo）　（的 de）　こと　～と見なす　笑い話　～のようだ　教える　朱世一

徐麗莎は訓示を聞き終わるとすぐに上の階へと走り、起きた事柄を笑い話のように朱世一に告げる。

5）願望命令文には通常「了₁」が用いられない。それは願望命令文が表すのがまだ起きていない行為だからである。例えば：

(65) 打 开 窗户！
△ △

開ける　開ける　窓

窓を開けろ！

しかし表す必要がある場合は「了₁」を用いることがある。例えば：

(66) 咽 了₁ 那 个 药丸子！

飲み込む　（了₁ le）　あの　個　丸薬

あの丸薬を飲み干してしまえ！

(67) 别 撞 了₁ 狗！

するな　ぶつかる　（了₁ le）　犬

犬にぶつかるな！

これらはLiとThompsonが挙げている例である。彼らは「緊迫感がともわれてまもまく発生しようとする動作、とりわけ処理あるいは除去されなければならない事物の場合には、「了₁」は命令文で用いることができる」と指摘している。これが（66）の例である。命令文が聞き手に対する警告となっている場合

には「了₁」を用いねばならない。これが（67）の例である[9]。

3 「了₁」と「了₂」との区別

現代中国語の「了₁」と「了₂」は文法的意味が異なるとはいえ、その書記言語としての形式は同じものであるがゆえに、「了₁」と「了₂」の区別の足かせとなっている。別の角度から見ると、「了₁」は文末の「了」が次第に文中へと「やって来た」ものである。唐代には、動詞の後ろに目的語がある場合には、「了」は目的語の後ろに置かれていたのが、後に次第に意味が薄れ、元代になると、「了」は既に動詞の後ろまで「やって来て」、動詞と目的語の間に位置するようになる[10]。疑問を抱かせるのは、この「やって来た」結果、完了相の「了₁」も文中の動詞と目的語の間まで「やって来た」のか、ということだ。次の２つの文を比べてみよう。

a.　你 吃 饭 了 没有 ?

君　食べる　ご飯　（了 le）　～ていない

ご飯を食べましたか。

b.　你 吃 了 饭 没有 ?

君　食べる　（了 le）　ご飯　～ていない

ご飯を食べましたか。

文 b の「了」が「了₁」であることに異論を夾む余地はない。文 a の「了」は目的語の後ろにあるから、「了₁」かそれとも「了₂」かは議論がある。筆者はこれを「了₁」であると考える。理由は次のようなものである。１つ目は、同じコンテクストでは a、b ２文の表す意味が同じであるということ。例えば、食事をしているときに、客が家にやって来た。この客は既にご飯を食べているかも知れないし、まだ食べていないかも知れない。その場合主人が「你吃饭了没有？／ご飯を食べましたか。」或いは「你吃了饭没有？／ご飯を食べましたか。」とたずねるはずである。２つ目は、「你吃饭没有了？」或いは「你吃饭没有吃饭了？」とは言えないことである。

明らかに、「了₁」と「了₂」を区別する難しさは文「ＳＶ＋了」だけでなく、文「ＳＶＰ＋了」の中にも存在する。「了₁」と「了₂」を区別するには次の方法を採るとよい。

1）還元法

中国語において主語は動作主が充たることができるだけでなく、被動作主が充たることもできる、そのため、Ｖ（Ｐ）が支配する成分は表層構造では文の主語や主題に成ることもでき、その場合「了」を含む文型は「Ｓ。／Ｔ。＋（被ＮＰ）＋（Ｐ）＋了」となる可能性がある。ここでは「Ｓ。」が指すのはＶ（Ｐ）の支配する成分から成っている文の主語で、「Ｔ。」が指しているのはＶ（Ｐ）の支配する成分から成っている文の主題である。例えば：

(68) 衣裳揭开了，那蝴蝶一下子飞起来了。

服　はがす　（开 kai）　（了 le）

服をはがしたら、その蝶がすぐに飛び出してきた。

Ｖ（Ｐ）が支配する成分は前文を承けて省略され、文の末尾が「Ｖ（Ｐ）了」となることがある。例えば：

(69) "怎么能让你送书。" 美艳客气地说。郭云鹏机灵地把书分给了孩子们。孩子们一哄而上，高兴地抢光了。

嬉しい　（地de）　奪い取る　（光 guang）　（了 le）

美艶は「どうしてもあなたに本をプレゼントさせるわけには参りません」と遠慮しながら言った。郭雲鵬は機転を効かせて本を子供達に分けてやった。子供達はわーっと集まってきて、嬉しげに本を全部取っていってしまった。

Ｖ（Ｐ）の目的語は語用論的な必要から前に置かれることがある。例えば：

(70) 我从来没有画得那么好过，真的！最后一笔，我存心一顿，把笔尖顿折了。

（把 ba）　筆の穂先　筆を止めて力を入れる　折れる　（了 le）

私はいままでこんなに見事に書いたことはなかった。本当だ！最後のところで、私はわざと力を入れて筆を止め、穂先を折ってしまった。

（71）她 连 外衣 的 领 钩 都 勾 上 了，只不过还赤着一双脚。

彼女 まで 上着 の 襟 カギ みな かける （上 shang） （了 le）

彼女は上着の襟のホックまでかけ、まだ足だけが裸足のままであった。

これらの例文の共通点は次のとおりである。どの文も「V（P）」で文が終わっている。文中のV（P）が支配する成分（Ovpと記す）がV（P）の前面に現れている。深層構造から見ると、Ovpの位置はV（P）の後ろにあり、それによって、Ovpが前に置かれる場合には、OvpはV（P）の後ろに痕跡 t を残すはずである：

A：V（P）＋了＋O → （Ovp）...... V（P）＋了＋ t

これと関連するもう１つの痕跡は次である。

B：V（P）＋了＋O → （Ovp）...... V（P）＋ t ＋了

例えば：

（72）在他所混过的宅门里，有文的也有武的；武的里，连一个能赶上刘四爷的还没有；文的中，虽然有在大学堂教书的先生，也有在衙门里当好差事的，字 当然 认识 不 少 了，可是没遇到一个讲理的。

字 勿論 知る ～ない 少ない （了 le）

彼がいた屋敷には、読書人もいれば、武道を身につけている人もいた。武道に長じるものの中では劉四爺に並ぶものはなかった。読書人では大学堂で教鞭を執る先生もいたし、役所でいい仕事についているものもいたが、みんな字はもちろん沢山知っていても、道理をわきまえるものはなかった。

（73）他 不 能 再 等 了。

彼 ～ない できる もう 待つ （了 le）

彼はもうこれ以上待てない。

ｔに姿がないため、Ａ、Ｂ２つの痕跡は表層構造ではともに「(Ovp…… Ｖ（Ｐ）＋了）となる。しかしその源には違いがあるので、ここの「了」も違いがあることになる。つまりＡから出たものは動詞接尾辞の「了$_1$」で、Ｂから出たものは語気助詞の「了$_2$」かもしれないし、動詞接尾辞の「了$_1$」もしれないが、「了$_1$」と移動の痕跡となる。よって、「(Ovp）…… Ｖ（Ｐ）了」構造の「了」が「了$_1$」か「了$_2$」かは、還元法を取ることができ、「Ｖ（Ｐ）了＋Ｏ」に還元できたものは「了$_1$」、「Ｖ（Ｐ）＋了＋Ｏ」にしか還元できなかったものは「了$_2$」となる。還元法の理論的基盤は痕跡理論である。

このようにして、上記の例文はそれぞれ次のように還元できる。

①　→　揭开了（　）

②　→　抢光了（　）

③　→　顿折了（　）

④　→　勾上了（　）

⑤　→　认识不少（　）了

⑥　→　不能再等（　）了

①から④では「了」は「了$_1$」、⑤と⑥だと「了$_2$」である。

一言断っておきたいのは、「(Ovp）…… ＋Ｖ（Ｐ）＋了」の文の中にはコンテクストを離れて２つの還元法を有することができるが、具体的言語環境では還元法は１つしかないものがあるということである。還元法はＶ（Ｐ）の支配する成分が文法構造においてＶ（Ｐ）の前に現れる文か前文を承けて省略されている文に適用される。

２）鑑定字法

現代中国語の共通語では、「没有／〜なかった；〜ていない」と「不／〜ない」は「了$_1$」と共起できない。そのため、「没有／〜なかった；〜ていない」と「不／〜ない」とを「了$_1$」と「了$_2$」を区別する鑑定字としてよかろう。「没有／〜なかった；〜ていない」か「不／〜ない」と共起できれば、それは「了$_2$」である：

(74) 咱们 厂 连续 两 年 没 完成 任务 了₂。
　　　　　　　　　　　　△
　　　われわれ 工場 連続して 2 年 ～ていない 完成する 任務 （了₂ le）
　　　我々の工場は2年続けて任務を全うしていない。

(75) 他 已经 三 天 没有 吃 饭 了₂。
　　　　　　　　　△ △
　　　彼 すでに 3 日 ～ていない 食べる ご飯 （了₂ le）
　　　彼はもう3日間食べていない。

(76) 他 只 瞪 了 她 一 眼，张妈 不 再 出 声 了₂，仿佛 看出 点 什
　　　　　　　　　　　　　　　　　△
　　　么 危险 来。
　　　彼 ただ にらみつける （了 le） 彼女 1 目，張家のお母さん ～ない もう
　　　出す 声 （了₂ le），あたかも 見いだす 少し 何 危険 来る
　　　彼がちょっとにらみつけると、張家のお母さんはもう何も言わなか
　　　った、あたかも何か危険と見たかのように。

(77) 我 没 有 勇气 实告 小妹，母亲 已 不 在 人 世 了₂。
　　　私 ～ない ある 勇気 実を告げる 小さい妹，母親 すでに ～ない いる 人
　　　世 （了₂ le）
　　　私は妹に母は既にこの世にいないと、事実を告げる勇気がなかった。

3) 移動法

「ＯＶ了」構造の「了」の性質を判断するには、更に移動方法を利用することもできる。「了₁」が普通「Ｖ」と「Ｏ」の間に位置することから、「ＯＶ了」構造の「了」を「Ｖ」と「Ｏ」の間に移し、移動する前後で文意に変化があるかどうかを見、変化がなければ「了₁」、さもなければ「了₂」ということになる。例えば：

(78) 爸爸约他回家吃晚饭，并且说有要是相告，邹素贞 在 午饭 时 转告
　　　　　　　　　　　　　　　　　　　　　　　―――　―　――　――
　　　他 了。 （了₁le）
　　　―　―
　　　鄒素貞 に 昼ご飯 時 伝える 彼 （了 le）
　　→ 转告了他。
　　　　　△
　　　父親から大事なことを伝えたいから、家に帰って夕食をとるように

と誘ってきた。鄒素貞は昼ご飯の時に彼にそれを伝えた。

(79) 我 当时 一定 是 恶魔 附 体 了!　（了$_1$le）

私 当時 きっと （是 shi） 悪魔 附く 体 （了 le）

→ ……附了体。

当時私は悪魔にとりつかれていたに違いない。

(80) 大概 有 十一 点 多 了，祥子看见了人和厂那盏极明而怪孤单的灯。（了$_2$le）

大体 ある 11 時 余り （了 le）

→ ＊……大概有了十一点多。

大体11時過ぎだったか、祥子は人和廠のあのとても明るくて寂しいランプを目にした。

4）添加法

「跌到／ころんでひっくりがえる」、「醉／酔う」など、支配する成分を従えることのできない動詞類については、「不／〜ない」や「没有／〜なかった；〜ていない」を加えることで調べてよかろう。「不／〜ない」や「没有／〜なかった；〜ていない」を加えた後で文が成り立たなければ、そのときは「了$_1$」である。なぜなら「了$_1$」は「不／〜ない」、「没有／〜なかった；〜ていない」とは共起しないからである。例えば：

(81) 他 跌 倒 了。

彼 転ぶ 倒れる （了 le）

→ ＊他 没 跌 倒 了$_1$。

彼 〜なかった 転ぶ 倒れる （了 le）

彼は転んだ。

→ 彼は転ばなかった。

(82) 他 病 了。

彼 病気する （了 le）

→ ＊他 没 病 了$_1$。

彼　～なかった　病気する　（了$_1$ le）

彼は病気になった。

→　彼は病気にならなかった

(83) 我 的 声音 哽咽 了。

私 の 声 涙にむせぶ （了 le）

→ a.　＊我 的 声音 没 哽咽 了$_1$。
　　　　　　　　　△

私 の 声 ～なかった 涙にむせぶ （了$_1$ le）

→ b.　我 的 声音 不 哽咽 了$_2$。
　　　　　　　　△

私 の 声 ～ない 涙にむせぶ （了$_2$ le）

私の声はむせび泣きだった。

→ a. 私の声はむせび泣いていなかった。

→ b. 私の声はむせび泣かなかった。

上記の現象が示しているのは、(81)（82）の例のように、瞬間動詞類から成る文では、瞬間動詞類の後ろの「了」はつねに「了$_1$」である、ということである。瞬間動詞類から成る文では、後ろに来ている「了」には２つの可能性があるが、「了$_1$」であるか「了$_2$」であるかは、コンテクストによって決まる。話者の表しているのが「完了」した行為であれば、それは「了$_1$」ということになり、丁度「開始」したかまさに「開始」しようという行為であれば、それは「了$_2$」ということになる。例えば：

(84)“啊，占国，你来了”

おお，占国，君 来る （了$_1$ le）

「おお、占国、来てくれたか。」

(85) 我到北大荒的第三个冬季，我们 连队 由 十几 个 知识青年 组成 了 一 支 垦荒 先遣小队，向 那里 进发 了$_2$！

われわれ 中隊 から 十何 人 インテリ青年 組織する ～になる 1 （支 zhi）

開墾 先遣小隊，～に向かって あそこ 出発する （了$_2$ le）

私が北大荒に来てから３年目の冬、私の属する連隊で十数人のインテリ青年から開墾先遣小隊を結成して、そこへ出発した。

(86) 来 了₂，来 了₂，别 这么 高 声 怪 叫。

来る　(了₂ le)，来る　(了₂ le)，するな　こう　高い　声　変に　叫ぶ

来た、来た、そんなにぎゃあぎゃあ騒ぐな。

5）削除法

現代中国語では、どの文にも語気というものが備わっているが、語気助詞が結構豊富であるにもかかわらず、全ての文に語気助詞が必要なわけではない。このことから、語気助詞は特定の語気を強調するだけであり、文の独立性には別に影響しないのだ、という結論が出せるのではなかろうか。そこで、削除法に基づいて文末の「了」の性質を判断することができよう。削除した後でも文が成り立ち、文意が基本的に変化していなければ、「了₂」であり、そうでなければ「了₁」である。例えば：

(87) 我 的 衣服 破 了。　　　了＝（了₁ le)

私　の　服　綻びる　(了 le)

→　＊我的衣服破[　]。

私の服は綻びた。

(88) 他 昨天 就 走 了。　　　了＝（了₁ le)

彼　昨日　もう　立つ　(了 le)

→　＊他昨天就走[　]。

彼は昨日既に出発した。

(89) 他 三 天 没有 吃 饭 了。　　　了＝（了₂ le)

彼　3　日　〜ていない　食べる　ご飯　(了 le)

→　他三天没有吃饭[　]。

彼は3日間食べていない。

→　彼は3日間食べていない

(90) 出了狱，恰巧入了民国，巡警的势力越来越大。刘四爷看出地面上的英雄已成了过去的事儿，即使 黄天霸 在 世 也 不 会 有 多少 机

会了。　　了＝（了$_2$ le）

たとえ〜ても　黄天覇　いる　世　も　〜ない　はず　ある　いくらか　チャンス

（了 le）

→　……即使黄天霸在世也不会有多少机会[　]。

監獄を出てからちょうど時代は民国になっていたので、巡査の勢力がますます大きくなった。劉四爺は分かったのだ。世の中の英雄というのはもう過去のことになった。たとえ黄天覇が蘇ってもそんなにチャンスがあるとも思えなかった。

→　たとえ黄天覇が蘇ってもそんなにチャンスがあるとも思えなかった。

語気助詞の削除が文の成立及び意味に関して何ら質的な影響を及ぼさないことは傍証でもって証明できる。語気助詞「呢／ne」を含む文を見てもらいたい：

(91)　你 同 谁 一起 去 ［呢］？

君　と　誰　一緒に　行く　［呢 ne］

君は誰と一緒に行くのかね

(92)　你 是 明天 动身 ［呢］，还是 后天 动身 ［呢］？

君　（是 shi）　明日　出発する　［呢 ne］，それとも　明後日　出発する　［呢 ne］

君は明日出発するのか、それとも明後日出発するのかね。

(93)　这 句 话 对 不 对 ［呢］？

この　（句 ju／ことばを数える量詞）　話　正しい　〜ない　正しい　［呢 ne］

この文は正しいかね。

(94)　你们 何必 大惊小怪 ［呢］？

君たち　〜する必要がないではないか　なんでもないことに驚いてみせる　［呢 ne］

空騒ぎすることなんかあるのかね。

王自強は「このタイプの疑問文の『呢 ne』は用いなくてもよい。『呢 ne』を用いなくとも、意味は変わらず、語気がややバッサリ切ったような感じになる」と指摘している[11)]。語気助詞「了$_2$ le」と語気助詞「呢 ne」には類似点が見られるのである。

4　おわりに

本文では現代中国語の「了₁」が「完了相」を表すことを考察してきた。「了₁」には独立した語彙的な意味はなく、英語の to have + v-ed に相当する。「了₁」と「-ed」は同じで、ともに付属的である。しかし英語の(to have + v)-ed は動詞に付属する。例えば「to have worked」の「ed」は「work」に付属するものである。しかるに中国語の「了₁」は語に付属できるだけでなく、「我们厂完成并且超额完成了₁全年的生产任务／我々の工場は年度分の生産任務をまっとうし、そして生産量をオーバーしてまっとうした」、「我们在上海学习和生活了₁三年／我々は上海で３年間勉強し生活した」のように、並列した動詞フレーズにも付属できる。「了₁」が動詞フレーズに付属できることを念頭に置き、本文では「了₁」を動詞接尾辞と呼称し、「完了相」の文法標識とした。これが１つ目である。２つ目は、動詞完了相の文法的意味の文法形式に対する選択であるが、英語では強制的であるのに対して、中国語では逆に自由だ、ということである。比べてみよう。

(95) 我 在 上海 住 [　] 三 年。

私 に 上海 住む [ ] 3 年

上海に３年住んでいる。

I have lived in Shanghai for 3years.

* I live in Shanghai for 3years.

(96) 我 刚 收 到 [　] 一 张 汇款单。

私 ～たばかり 受け取る (到dao) [ ] 1 枚 郵便為替

丁度郵便為替を１枚受け取ったところだ。

I have just received a money order.

本文での考察をまとめると、中国語動詞にも「アスペクト」の範疇があるが、インド・ヨーロッパ語とは違い、形式面で独自の特徴を持っている、ということになる。

注：

1）A．A．Драгунов は「過去の時制体系は接尾辞『了』、『過』や（全ての方言でそうではないが）『的』、『来（着）』で表す。この体系において、中心的地位を占めるのは『了』である。」、「『了』は完了や終結の過去時制を表す」と述べている。この論述からは彼が「了$_1$」を「過去時制」を表すものと見なしていたことが分かる。『現代漢語文法研究／現代中国語文法研究』(鄭祖慶訳、科学出版社 1985 年版) p. 117、125 を参照のこと。

2）林裕文「談時態助詞“了”／テンス・アスペクト助詞『了』について」、『語文知識』、1959 年 11 期。

3）周春祥、王昭瑾編著『俄語実践語法／ロシア語実践文法』（上）、北京師範大学出版社、1983 年版、p. 279。

4）高乃賢編、徐振新続編『俄語動詞／ロシア語動詞』、商務印書館、1984 年版、p. 138-139 を見られたい。

5）王安憶の作品には「她不知怎么就来到了一个乡下，也不知怎么就在了$_1$一个箩筐，由一圈又厚又硬的棉被拥着。／彼女はなぜか田舎に来てしまって、なぜか竹籠の中に入っていて、硬くて厚い布団に囲まれている」のように「在／いる」の後ろに「了$_1$」を置く例があるが、これは規範から外れた例である。

6）「进行／進行する；行う」は例外である。それ以外の語は述語性の目的語を従える場合、「了$_1$」を付すことはそう多くない。「我流了泪，点点头答应了$_1$做他的妻子。／私は涙を流して、頷きながら彼の妻になることを承知した」、「他只顾了$_1$想买车，好似卖骆驼是件毫无困难的事。／彼は車を買うことで頭がいっぱいで、あたかも駱駝を売るのは極簡単なことのようだ。」などの数例があるのみである。

7）高名凱『漢語文法論／中国語文法論』、商務印書館、1986 年版、p. 195。

8）老舎『駱駝祥子』では「虎妞并没有怀了$_1$孕／虎さんはべつに妊娠していたわけじゃなかった」、「过了些日子，大伙儿看祥子仍然拉车，并没改了$_1$行当／数日経ってみんながが見たのは、相変わらず車をひいて、べつに転職もしていない祥子だった」などのように「没有／〜なかった；〜ていない」と「了₁」が共起する例が数個見られるが、恐らく北京方言と関係があるのだろう。

9）Charles N. Li & Sandre A. Thompson 原著、黃宣范訳著、*Mandarin Chinese: A Functional Reference Grammar*、『漢語文法／中国語文法』、文鶴出版有限公司、1984年版、p.189、192。

10）王力『漢語史稿／中国語歴史』(中)、中華書局、1908年版、p.306-307を見られたい。

11）王自強編『現代漢語虚詞用法小辞典／現代中国語虚辞用法小辞典』、上海辞書出版社、1984年版。

主要参考文献

趙元任　1979　『漢語口語文法／中国語口語文法』，商務印書館.

湯廷池　1979　『国語文法研究論集／国語文法研究論集』，台湾学生書局.

呂叔湘　1980　『現代漢語八百詞／中国語用例辞典』，商務印書館.

胡裕樹主編　1981　『現代漢語／現代中国語』(増訂本)，上海教育出版社.

朱徳熙　1982　『文法講義／文法講義』，商務印書館.

呂叔湘　1984　『漢語文法論集／中国語文法論集』(増訂本)，商務印書館.

田申瑛　1985　『語法述要／文法概要』，安徽教育出版社.

范暁、杜高印、陳光磊　1987　『漢語動詞概述／中国語動詞概論』，上海教育出版社.

兪　敏　1959　「"了"跟"着"的用法／『了』と『着』の用法」，語文学習，第11期.

王　直　1957　「時態助詞"了"と語気助詞"了"／アスペクト助詞『了』と語気助詞『了』」，語文知識，第8期.

張　秀　1957　「漢語動詞的"体"和"時制"系統／中国語動詞の『アスペクト』と『テンス』の体系」，語法論集一，中華書局.

林裕文　1959　「談時態助詞"了"／アスペクト助詞『了』について」，語文知識，第11期.

鍾　梫　1965　「什麼時候不用語尾"了"／どんな場合に接尾辞『了』を使わないか」，中国語文，第4期.

刑公畹　1979　「現代漢語和台語里的助詞"了"和"着"／現代中国語とタイ語の助詞

『了』、『着』」，民族語文，第2-3期.

鄭懐徳　1980　「"住了三年"和"住了三年了"／『住了三年』と『住了三年了』」，中国語文，第2期.

馬慶株　1981　「時量賓語和動詞的類／時間量を表す目的語と動詞の種類」，中国語文，第2期.

馬希文　1982　「関於動詞"了"的弱化形式／動詞『了』の弱化形式／・lou／について」，中国語言学報，第1期.

宋玉柱　1983　「関於"着、了、過"的語法単位的性質問題／『着、了、過』の文法単位の性質について」，語文学習，第5期.

趙世開等　1984　「漢語"了"字跟英語相応的説法／中国語の『了』と相応する英語表現」，語言研究，第1期.

楊恵芬　1984　「動態助詞"了"の用法／動態助詞『了』の用法」，語言教育与研究，第1期.

毛修敬　1985　「関於"V（c）了"中的"了"／『V（c）了』の『了』について」，天津師範大学学報，第1期.

胡裕樹、范暁　1985　「試論語法研究的三個平面／文法研究の３つの角度について」，新疆師範大学学報，第2期.

張暁鈴　1986　「試論"過"与"了"的関係／『過』と『了』の関係について」，言語教育と研究，第1期.

劉月華　1988　「動態助詞"過₂、過₁、了"用法比較／動態助詞『過₂、過₁、了』の用法の比較」，語文研究，第1期.

劉勲寧　1988　「現代漢語詞尾"了"的語法意義／現代中国語の語尾『了』の文法的意味」，中国語文，第5期.

陳　平　1988　「論現代漢語時間系統三元結構／現代中国語における時間体系の３元構造」，中国語文，第6期.

Chauncey C. chu & W. Vincent Chang 1987 The Discourse Function of the Verbal Suffix-LE in Mandarin, Journal of Chinese Linguistics, Vol.15, No.2.

原文：「動詞語後綴"了$_1$"」, 胡裕樹・范暁主編『動詞研究』, 河南大学出版社, 1995年

7　動詞後の「了le」の意味分析

戴耀晶 著
伊藤さとみ／于康 訳

0　はじめに

アスペクトとは、時間の展開における出来事の構成を観察する方法である。

出来事は言語の中においては文を用いて表現される。文の各成分はどれもアスペクトの意味に対して影響を与えるが[1]、その中でも影響がもっとも大きいのが動詞である。

出来事の観察方法が異なれば、得られるアスペクトの意味も異なる。１つの出来事の構成には、開始、持続、終結などがあるが、外部から観察する場合は、その出来事の構成を分解することができないため、完全相の意味が得られる。内部に注目して観察する場合は、その出来事の構成を分解することができ、即ち、開始、持続、終結のどれも観察することができるため、非完全相の意味が得られる。このように、完全相が表すのは出来事の全体的性質（entirety）であり、非完全相が表すのは出来事の部分的性質（section）である。これを図示すると、次のようになる。

図１

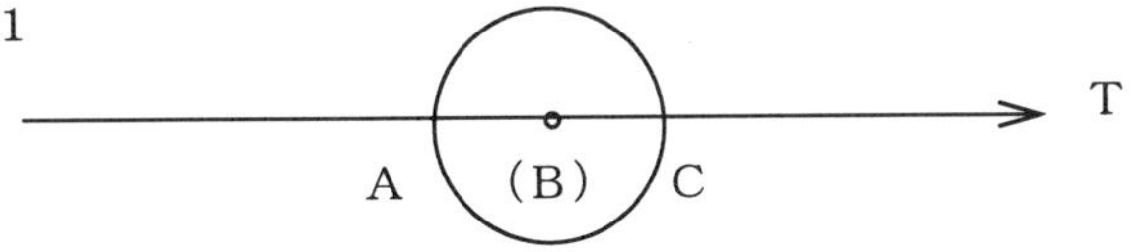

図中の円は時間軸上で AC の長さを占める１つの出来事を表す。完全相とはこの AC 全体に対する観察のことであり、非完全相とはその一部に対する観察のことである。A を観察すると開始相が得られ、C を観察すると終結相が得られ、B を観察すると持続相が得られる（カッコは B の位置が決まっていないことを表す）。

アスペクトは１つの文法範疇を成し、必ず特定の言語形式によりその特定の意味内容を表さなければならない。現代中国語では、動詞の後の「了 le」は完全相の意味を示し、動詞の後の「着 zhe」は非完全相の意味を示している。「了 le」と「着 zhe」の用法を比較すると、両者のアスペクト上の違いを見てとることができる。例えば：

（1） a 小王 踢 了 门。(一 下、两 下、一会儿) [1]

王くん 蹴る （了 le） 門 （1 回、2 回、しばらく）

王くんが門を（1回、2回、しばらく）蹴った。

b 小王 踢 着 门。(*一 下、*两 下、*一会儿)

王くん 蹴る （着 zhe） 門 （*1 回、*2 回、*しばらく）

王くんが門を（*1回、*2回、*しばらく）蹴っている。

aには「了 le」が用いられている。これは「小王踢门／王くんが門を蹴る」が分解できない完全な出来事であることを表しているため、文中に「一下／1回」、「两下／2回」、「一会儿／しばらく」などの、完全性のある具体的内容を明示する語句が現れることができる。それに対し、bには「着 zhe」が用いられている。これは話者が観察の中で「小王踢门／王くんが門を蹴る」という出来事を内部から分解していてるため、非完全であり、文は出来事の持続部分を表している。従って、「一下／1回」、「两下／2回」、「一会儿／しばらく」などの語句が文中に現れることはない。即ち：

（2） a 小王 踢 了 一 下 门。

王君 蹴る （了 le） 1 回 門

王君は1回門を蹴った。

b *小王 踢 着 一 下 门。

王君 蹴る （着 zhe） 1 回 門

*王君は1回門を蹴っている。

語用論の観点からすると、完全相は叙述（declarative）の傾向が比較的強く、非完全相は描写（descriptive）の傾向が比較的強い。前者の重点は出来事を述べることにあり、後者の重点は出来事の一部分を描き出すことにある。

言語形式及びそれらの表す意味内容によって、現代中国語の完全相は主に次の3つに分けることができる：

（I）現実完全相。現実の完全な出来事を表し、形式としては、動詞の後に

---

① 訳者注：下線は訳者による。

「了 le」を伴う。

（Ⅱ）経験完全相。経験された完全な出来事を表し、形式としては、動詞の後に「过 guo」を伴う。

（Ⅲ）短時間完全相。短時間の完全な出来事を表し、その形式は動詞の重ね型である。短時間相は出来事の時間量という要素を特に強調する。

現代中国語の非完全相は主に次の３つに分けることができる。

（Ⅰ）持続非完全相。出来事が持続中であることを示す。形式としては、動詞の後に「着 zhe」を伴う。

（Ⅱ）開始非完全相。出来事が始まり、持続しようとしていることを示す。形式としては、動詞の後に「起来 qilai」を伴う。

（Ⅲ）持続非完全相。出来事がある中間点に達した後、なおも持続し続けようとしていることを示す。形式としては、動詞の後に「下去 xiaqu」を伴う。

本稿は、現実完全相の「了 le」について、その３つの主な意味内容（動態性、完全性、現実性）と、これによって決められる文法上の制約と文の意味解釈を検討するものである。

1　動態性

動態性は静態性と対になるものである。両者の基本的な違いは、動態は変化を表し、動態的な文は変動する出来事を表すのに対し、静態は変化を表さず、静態的な文は恒久的な出来事を表すという点にある。例えば：

（３）a 小王 拍 着 手。(笑 着)

王くん　たたく　(着 zhe)　手　(笑う　{着 zhe})

王くんは手をたたいている。(笑っている)

b 小王 盘 着 腿。(坐 着)

王くん　巻く　(着 zhe)　足　(座る　{着 zhe})

王くんはあぐらをかいている。(座っている)

a は１つの動態的出来事であり、出来事の中に含まれている動作「拍手／拍手する」は持続の過程にあって、その過程には力の変化と位置の移動が見られる。即ち、「拍手する」力は絶えず変化しており、手の位置は絶えず移動している。よって、出来事の進行過程中の任意の一点を取ると、どれも他の点における構造とは異なっている。例えば、前の一点では手のひらが下でぶつかっており、次の一点では手のひらは上に上がっている。即ち、動態的出来事は異質性（heterogeneity）を持っている。bは1つの静態的出来事であり、出来事の中に含まれている動作「盘腿／あぐらをかく」は、持続の過程にはあるとは言えるが、その過程には力の変化や位置の移動は見られない。出来事の進行過程中の任意の一点を取っても、他の点における構造と全く同じである。即ち、静態的出来事は均質性（homogeneity）を持っている。

現実完全相（以下、現実相と略す）である「了 le」の動態性は、主に、それが1つの変化点を明示するという点にあるのであり、出来事の構成における非均質的特性または動作性を表すという点にあるのではない（この点については完全持続相「着 zhe」も表現することができる。例えば、「小王拍着手／王くんは手をたたいている」)。静態性は変化点がなく、持続の幅しか持たない。「了 le」は点的特性を持っているが、「着 zhe」のような幅的特性は持っていない。現実相のこの特性は静態動詞を述語とした文の中で比較的はっきりと見ることができる[2)]。

「知道／知る」は変化を表さず、均質な時間構造を持っているので、静態動詞である。よって「知道／知る」を述語動詞に用いた文は、普通、静態的出来事を表す。例えば：

（4）马兰 知道 这 件 事。

馬蘭　知る　この　件　事

馬蘭はこのことを知っている。

しかし、もし現実相マーカーの「了 le」が用いられると、文の静態性に変化が生じ、動態的に変わってしまう。なぜなら、「了 le」が「知らない」から「知っている」への変化点を示すからである。例えば：

（5）a 马兰 知道 了 这 件 事。

馬蘭　知る　（了 le）　この　件　事

馬蘭はこのことを知った。

b 他们 知道 了 怎样 走 进 中国 大门。

かれら　知る　（了 le）　どうやって　歩く　入る　中国　表門

彼らはどうやって中国の表門に入るのか知った。

c 在高三星把加林的铺盖行李捎回村的当天晚上, 高家村 的 大部分

人　都　知道　了　这　件　事。①
　　高家村 の 大部分 人 みな 知る （了 le） この 件 事
　　高三星が加林の布団や荷物を村に持って帰ったその日の晩、高家の村の大部分の人はこのことを知った。

　以上の文の中の「了 le」はどれもある静態への変化点を明示しているので、動態性を持つようになっている。とりわけ、cはこのことを最もはっきりと示しており、「了 le」を取ってしまうと、もう容認される文ではなくなってしまう。

　例（4）と例（5）の表している出来事の時間軸上の違いは下のように図示することができる（丸い点は動態を表し、直線は静態を表す）。

図2

　　　　　▽
　　　　　｜　　　　　　　　　　　　　　　　　→ T
　　t₁　　●
　　　　　｜─── 马兰 知道 了 这 件 事／馬蘭はこのことを知った。
　　　　　｜─── 马兰 知道 这 件 事／馬蘭はこのことを知っている。

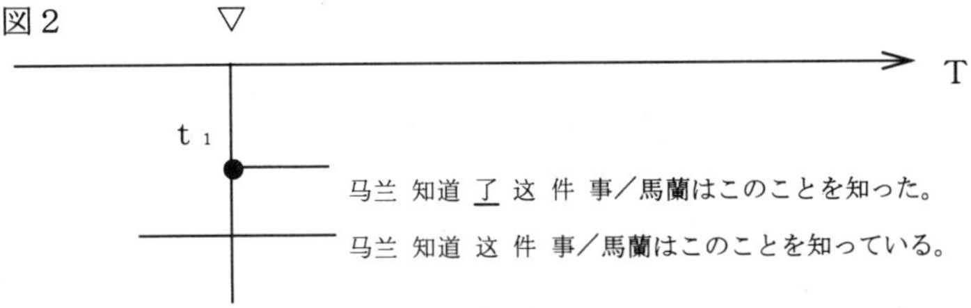

　図から見て取れるように、「了 le」を伴う文は、出来事の開始点という動態性を明示しているが、「了 le」を伴わない文は、開始点を明示しておらず、単に出来事が静態的持続段階にあることを説明しているだけである。

　「知道／知る」以外にも、いくつかの静態動詞が「了 le」を伴って述語となると、その文は静態への変化点を示すことになり、動態性を持つ。次の例を比較してみよう。

　（6）a 王二婶 相信 红军 会 打 回来。
　　　　　王二 おばさん 信じる 紅軍 （会 hui） 攻める 戻ってくる
　　　　　王二おばさんは紅軍が戻ってくると信じている。
　　　b 王二婶 相信 了 区长 说 的 话。
　　　　　王二 おばさん 信じる （了 le） 区長 話す （的 de） 話
　　　　　王二おばさんは区長の言った話を信じた。
　（7）a 新 来 的 那个 小伙子 姓 王。

───────────────

① 訳者注：逐次訳は点線部のみを示す。

新しく　来る　（的 de）　あの　若者　～という　王

新しく来たあの若者は王という名前である。

b 自打 他 姓 了 王, 咱 村 就 没的 安宁 了。

から 彼　～という　（了 le）　王　我ら　村　（就 jiu）　～なかった　平穏である　（了le）

彼が王という姓になってからは、我らが村は平穏でなくなった。

（8） a 哑姑 脸 红 脖子 粗。

唖さん　顔　赤い　首　太い

唖さんは顔を赤らめ、青筋を立てている。

b 哑姑 唰 地 红 了 脸。

唖さん　さっと　（地 de）　赤い　（了 le）　顔

唖さんはさっと顔を赤くした。

以上の例の中で、a はみな静態文であり、b はみな動態文である。その違いは動詞の後に変化点を明示する「了」があるか否かである。形容詞の主な性質は、「她的脸很红／彼女の顔はとても赤い」、「她的性格真好／彼女の性格は本当によい」などのように、事物の属性や質を表すことであるため、形容詞を述語にした文は普通、静態的出来事を表す。ただし、形容詞が一旦現実相形態素の「了」を付加されると、例（8）のように、文が表す出来事は動態的性質を持つようになる。例えば：

（9） a 呵, 这 屋子 真 干净!

ああ, この　部屋　本当に　きれいだ

ああ、この部屋や本当にきれいだ。

b 屋子 干净 了 三 天, 这不, 又 脏 了。

部屋　きれいだ　（了 le）　3　日, ほら, また　きたない　（了le）

部屋は3日間きれいだったのに、ほらまた汚くなった。

「了le」の動態的性質が明らかになると、現代中国語の「有／ある、いる」「存在／存在する」といった純粋に静態的存在を表す動詞が、時間の始まりと終わりを含む文にも使われ、動態的出来事を表し得るのも納得がいく。例えば：

（10） a 金贵 有 了 钱 以后, 腰板 也 直 起来 了。

金貴　ある　（了 le）　金　あと, 腰　も　まっすぐだ　はじまる　（了 le）

金貴は金があるようになってからは、腰までまっすぐになった。

b 这个 研究会 只 存在 了 三 天,很 快 就 解散 了。

この　研究会　だけ　存在する　（了 le）　3　日，とても　早く　（就 jiu）

解散する　（了 le）

この研究会は3日間やっただけで早くも解散になった。

もちろん、「知道／知る」、「相信／信じる」、「姓／～という姓である」、「红／赤い」、「好／よい」、「干净／きれいだ」、「有／ある、いる」、「存在／存在する」などの意味上静態的性質を持つ語句が、「了 le」を伴って動態を表しても、動作動詞や結果動詞の表す動態とはやはり違いがある。その主な違いは、次のようである。

静態動詞が「了 le」を伴って表すのは変化の開始点であり、その後はずっと静態を保ち、さらに変化することはないということである。これを開始点的動態（ingressive dynamics）と呼ぶことにしよう。

動作動詞が「了 le」を伴って表す変化は、動作と常に一致しており、動作が始まれば変化も始まり、動作が止まれは、変化も止まる。これを全行程的動態（full dynamics）と呼ぶことにしよう。

結果動詞が「了 le」を伴って表すのは変化の終結点である。一部の結果動詞（例えば「拉长／引き延ばす」）は動態的過程を含むことができるが、やはり結果を強調しているのである。これを終結点的動態（terminal dynamics）と呼ぶことにしよう。

次の例を比較してみよう。

（11） a 这 屋子 干净 了 三 天。

この　部屋　きれいだ　（了 le）　3　日

この部屋は3日間きれいだった。

b 这 本 书 他 看 了 三 天。

この　冊　本　彼　見る　（了 le）　3　日

この本は彼は3日間で読んだ。

c 这个 人 来 了 三 天 了。

この　個　人　来る　（了 le）　3　日　（了 le）

この人が来て3日間になる。

3つの文はいずれも動態的出来事を表しているが、述語動詞のタイプが違うため、3つの文が表している動態的内容には違いがある。a は開始点的動態であり、「干净／きれいだ」という変化は開始点で生じ、その後は変化のない静態となる。aはこの静態が三日間持続していることを表す。時間詞の「三天／3日間」があるために、aにはこれに対応する「了 le」を伴わない静態的文はない「*这屋子干净三天。／*この部屋は三日間きれいだ。」。bは全行程的動態であり、変化と出来事全体が常に一致している。すなわち、「看／見る」という変化が三日間持続している。cは終結点的動態であり、変化は終結点で起こっている。一旦「来／来」てしまうと、動態は終結し、「三天／3日間」は動態が終結した後の時間を明示する。

3つのタイプの動態は時間軸上には下のように図示することができる。

図3

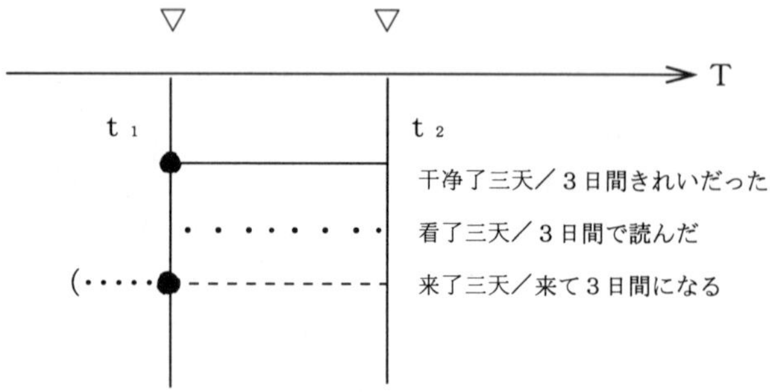

図中のt_1からt_2までの距離は「三天／3日間」であり、丸点線は動態を、実線は静態を表し、点線は動詞の動作が終結した後の時間を表している。また、t_1線より左側の丸点線は動詞の動作が終結点に達する前にある動態的過程を有していたかもしれないということを表す。

現実相「了 le」の動態的性質によって、静態的行為を表す動詞は使用上2種類に分けられる。1つは上で分析したように、文中に「了 le」を伴うと動態的出来事を表すが、「了 le」を伴わないときは普通は静態を表すものである。これは静態動詞のうちの一部である。もう1つは、一部の静態動詞は文中に「了 le」を伴うことを許さず、また、「起来／～し始める」、「下去／～し続ける」、「过／～したことがある」などのような、動態を表すアスペクト形式を伴うことも普通は許さないものである。この種の動詞には、「是／～だ」、「等于／～に等しい」、「像／～に似ている」、「值得／～する価値がある」、「企图／たくらむ」、「显得／いかにも～に見える」、「意味着／～を意味する」、「情愿／望む」、「觉得／～と思う」、「当做／～と見なす」、「标志着／表している」、「具有／具える」、「认为／〜と思う」、「以为／〜と思う」、「容纳／受け入れる」、「嫌／嫌う」、「缺乏／欠く」、「佩服／敬服する」などの動詞と大部分の形容詞が含まれる。

姿勢を表す動詞（「站／立つ」、「坐／座る」、「躺／横になる」、「蹲／うずくまる」など）と位置を表す動詞（「穿／着る」、「拿／手に持つ」、「挂／掛ける」「吊／つるす」、「抱／抱く」など）には意味上静態的機能も動態的機能もあるが、この２種類の動詞は文中において「了 le」を伴うと、常に動態的出来事を表す。例えば：

（12） a 赵虎 在 这儿 站 了 三 个 小时。
趙虎　で　ここ　立つ　（了 le）　3　個　時間
趙虎はここで３時間立っていた。
b 俞安萍 穿 了 一 件 皮茄克。
兪安萍　着る　（了le）　一　着　革ジャケット
兪安萍は革ジャケットを着ている。

a の「站／立つ」はある種の姿勢を表しており、一旦その姿勢になると、基本的に変化しないので、意味上は静態動詞に近い。「了 le」を伴った後では、変化の開始点が明示され、文は開始点を持つ動態的な出来事を表す。b の「穿／着る」はある種の動作の結果を表し、即ちあるものがある位置に付着していることであり、意味的には結果動詞に近い。「了 le」を伴った後では、変化の終結点が明示され、文は終結点を伴う動態的な出来事を表す。この２つの文は、時間軸上、下のように図示することができる。

図４

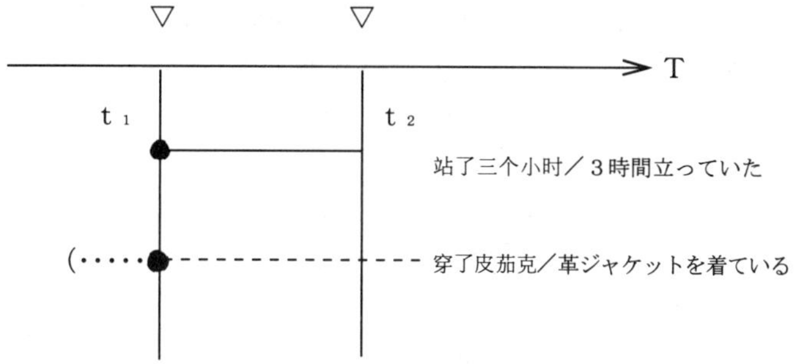

2　完全性

完全性とは、文が表す出来事の総体的性質のことである。これは外部から出来事の構成を観察した結果なのである。「了 le」の完全性には主に3種類ある。

第1に、「了 le」は出来事が分解できないことを表す。1つの出来事が通常含んでいる開始、持続、終結などの内部構造は、「了 le」を伴う文では一体となっており、分解することができない。例えば：

（13） a 王虎 昨天 夜 里 到 了 上海。

王虎　昨日　夜　中　着く　（了 le）　上海

王虎は昨日夜に上海に着いた。

b 煤气罐 突然 爆炸 了。

ガス缶　突然　爆発する　（了 le）

ガス管が突然爆発した。

c 祖母 就 这样 悄然 离开 了 我们。

祖母　（就 jiu）　このように　しょんぼりと　離れる　（了 le）　私たち

祖母はこのようにしょんぼりと私たちから離れた。

以上の文はいずれも瞬間的な出来事を表しており、持続過程を欠き、始まりと終わりは重なっている。「了 le」はそれが分解できないという一体性を強調している。この種の文の述語動詞には一般に瞬間動詞が用いられる。

第2に、「了 le」は出来事を分解する必要がないことを表す。1つの出来事は、一定の長さの時間を占め、時間軸上の各点における出来事の表現形式はすべて異なっており、絶えず変化しながら終結に到ることもある。この種の出来事は、例えば「小王跑步／王さんは走る」のように、論理的には分解することができるが、話者がこの出来事に完全相の意味を与えた、即ち文中に「了 le」を使った後では、この出来事はもはや分解できるものではなくなり、文は分解する必要のない出来事の全体を表すのである。例えば：

（14） a 小王 跑 了 一会儿 步。

王くん　（跑步＝走る）　（了 le）　しばらく　（跑步＝走る）

王くんはしばらく走った。

b 我们 看 了 一 场 电影。

私たち　見る　（了 le）　1　幕　映画

私たちは映画を見た。

c 正 要 拉 他 时，那 孩子 作 了（个）鬼脸。

ちょうど　～しようとする　引っ張る　彼　時，あの　子供　する　（了le）（個）
しかめっ面

ちょうど彼を引っ張ろうとしたとき、その子供はしかめっ面をした。

以上の文は、いずれも分解する必要のない出来事全体を表している。もし出来事の内部構成における持続している部分に着目し、これを分解しようとするなら、以下のように言わねばならない。

（15）a 小王 跑 着（*一会儿）步。

王さん　（跑步＝走る）　（着 zhe）　（*しばらく）（跑步＝走る）

王さんは（しばらく）走っている。

b 我们 看 着（?一 场）电影。

私たち　見る　（着 zhe）　（?一　幕）映画

私たちは映画を（一幕）見ている。

c 那 孩子 作 着（个）鬼脸。

あの　子供　する　（着zhe）（個）しかめっ面

その子供はしかめっ面をしている。

「着zhe」は出来事の総体性を表さないので、上の文はいずれも持続段階にある出来事を表している。つまり、話者は観察した出来事を分解し、これらの出来事に非完全相の意味を与えている。また、「着zhe」の非完全的性質により、a の「一会儿／しばらく」のように、時間を限定する意味を含む語句が動詞の後に現れることはなくなる。もう少し例を挙げると、次のようになる。

（16）a *我们 看 着 三 个 小时 电影。

私たち　見る　（着 zhe）　3　時間　映画

*私たちは映画を3時間見ている。

b *那 孩子们 作 着 三 分钟 鬼脸。

あの　子供たち　する　（着 zhe）　3　分間　しかめっ面

*あの子供たちはしかめっ面を3分間している。

ただし、「着 zhe」を伴う文の中でも、（15）c の「个／個」のように、空間を限定する意味の語句が現れるのは許される。下の文も適格な文である。

（17）a 我们 看 着 这 两 幅 风景画。

私たち　見る　（着 zhe）　この　2　枚　風景画

私たちはこの2枚の風景画を見ている。

b？我们 看 着 一 部 三 个 小时（长）的 电影。

私たち 見る （着 zhe） 一 本 3 個 時間 （長さ） の 映画

？私たちは3時間の（長さ）の映画を見ている。

その理由は、空間限定は、出来事或いは対象に対してであり、時間限定は、出来事または動作に対してであるからである。「了 le」の完全性と「着 zhe」の非完全性はいずれも出来事に対するものであり、対象の数や構造が限定されるか否かは別の意味範疇、即ち空間に関する問題である。上の例のbに疑問マークがついているのは、その文法性（grammaticality）に疑問があるのではなく、その容認性（acceptability）が疑わしく思われるということを表している。「(看) 电影／映画（を見る)」の意味は時間との関連を想起させる傾向があり（それに対して「(看) 风景画／風景画（を見る)」は空間との関係を想起させる傾向がある)、限定語の「三个小时(长)／3時間（の長さ)」はこの意味をさらに強調している。従って、非完全な出来事を表す「着 zhe」が用いられると疑わしく思われるのである。実際、bで、「三个小时／3時間」は「电影／映画」という対象の空間を限定するのであって、「看／見る」という行為の時間を限定するのでなければ、文は適格である。下のいくつかの例を比較してみると、限定語の空間対象的意味と時間出来事的意味が、どのように「了 le」「着 zhe」というアスペクトの使用の適格性に影響するかをさらに観察することができる。

(18) a 操场 上 同时 进行 着 两 场 比赛。[①]

运動場 上 同時に 行う （着 zhe） 2 場 試合

運動場では、同時に2つ試合を行っている。

b 操场 上 同时 进行 了 两 场 比赛。

運動場 上 同時に 行う （了 le） 2 場 試合

運動場では、同時に2つ試合を行った。

c *操场 上 先后 进行 着 两 场 比赛。

運動場 上 前後して 行う （着 zhe） 2 場 試合

*運動場では、前後して2つ試合を行っている。

d 操场 上 先后 进行 了 两 场 比赛。

---

① 訳者注：傍点は原著者による。

運動場　上　前後して　行う　（了le）　2　場　試合

動場では、前後して2つ試合を行った。

aとbにおける「同时／同時に」の使用は、限定語の「两场／2つ」は「比賽／試合」の時間を限定する（時間的内容は「一场／1つ」と同じか、ほぼ同じである）だけでなく、「比賽／試合」の空間も限定することを表している。cとdにおける「先后／前後して」の使用は、「两场／2つ」が「比賽／試合」の時間を限定する内容であることを示している。「了 le」は出来事全体を外部から観察することに着目するもので、限定されている対象の数及びその時間的展開における配列形態（「同时／同時」あるいは「先后／前後して」）については、分析をしない。よって、bとdはいずれも適格な文である。この両者を時間軸上には図5と図6のように示すことができる。

図5　b

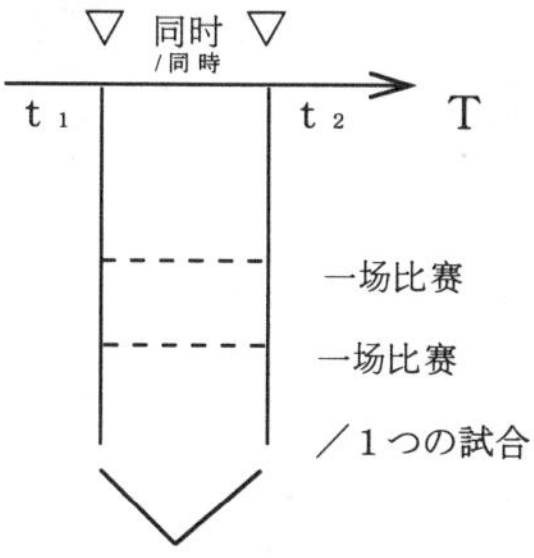

図6　d

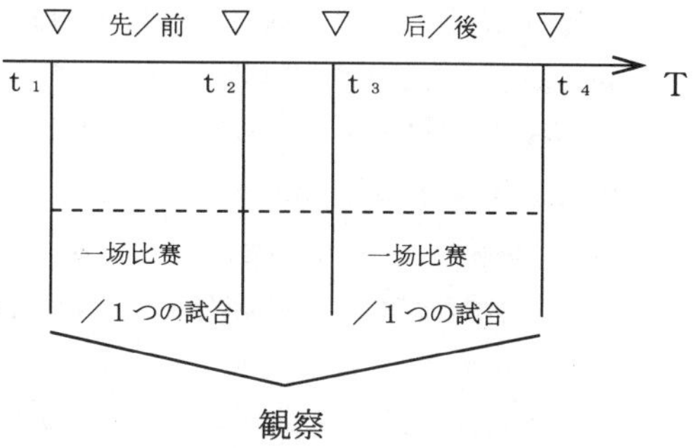

「着 zhe」は出来事の持続段階を内部から観察することに着目するものである。文に非完全的意味を与えるため、表される出来事は時間の限定を有せず、時間補語を伴うことが許されない。文中の目的語が数量的修飾限定を受ける場合、それは空間範囲において対象を限定するものであり、時間において出来事を限定するものではない（例（17））。目的語の指す対象が（例えば「电影／映画」、「比賽／試合」などのように）時間的な意味を含んでいる場合、対象の数が単数であるか（例えば「操场上正进行着一场比赛／運動場では、試合が行われている」）、複数のものが同時に並んでいる（a）ことが求められるが、複数のものが異なる時間に並ぶことは許さない。よって、cは不適格な文である。aとcを時間軸上には図7と図8のように示すことができる

図7　a

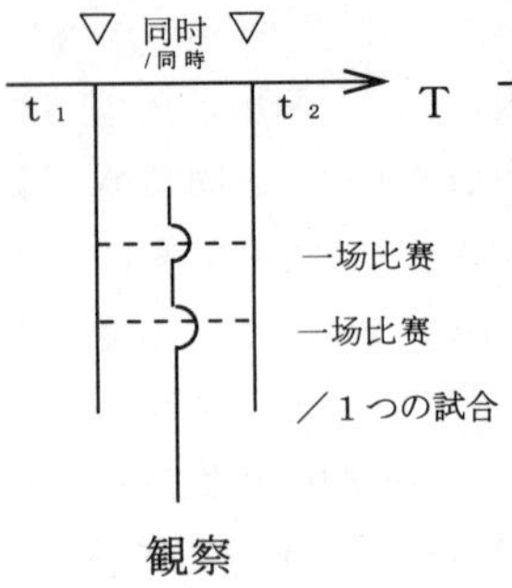

図8　*c

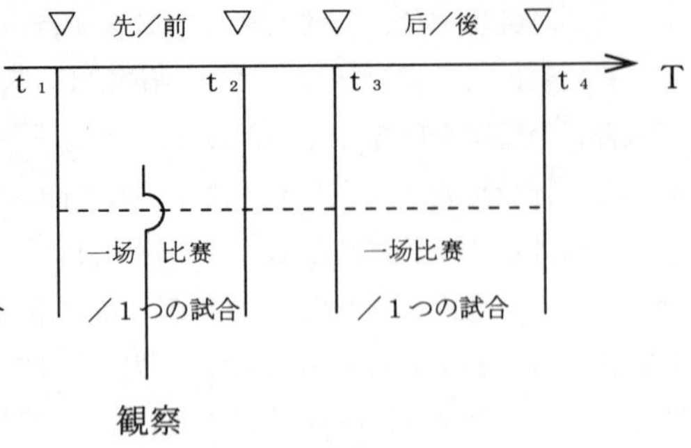

時間軸図上から分かるように、a が文法的なのは「着 zhe」が「同時に」2つの試合の内部における持続を観察できるからであり、c が非文法的なのは「着 zhe」が「先に」或いは「後で」のみ1つの試合の内部における持続を観察できるためである。もう1つの試合の内部状況は、t_2とt_3のあいだの時間的距離のために表現することができない。よって、「同时／同時に」、「先后／前後して」といった語句がすべて現れないときには、

(19)　a 操场 上 进行 着 两 场 比赛。
運動場　上　行う　（着 zhe）　二　場　試合
運動場では、二つ試合をしている。

b 操场 上 进行 了 两 场 比赛。
運動場　上　行う　（了 le）　二　場　試合
運動場では、二つ試合をした。

a は図7の意味しか表さず、図8の意味を表すことはできない（非文法的である)。それに対し、b は図5の意味を表すことができるだけでなく、図6の意味も表すことができ、多義的な形式である。「了 le」と「着 zhe」のこの種の意味の違いは、形態素「了 le」の持つ、出来事を分解する必要がないという総体的性質を反映している。動詞と共起する場合、完全性の「了 le」が受ける制限は比較的少なく、大多数の動詞は「了 le」と共起することができるのに対し、非完全性の「着 zhe」が受ける制限は比較的多く、4分の1以上の動詞は「着 zhe」を伴うことができないのである。下の表は、『動詞用法詞典』に収められた1266個の常用動詞と「了 le」「着 zhe」との共起状況を帰納した対照表である。

「了 le」「着 zhe」と動詞との共起状況

形式	共起できる動詞	%	共起できない動詞	%	(動詞意味項を伴わない数)
了	1198	94.6	68	5.4	(168)
着	915	72.3	351	27.7	(712)

表から分かるように、「了 le」と「着 zhe」は動詞との共起能力において大きな違いがある。「了 le」を伴うことができない動詞は 5.4 %だけであるのに対し、「着 zhe」を伴うことができない動詞は 28 %近くあり、後者は前者の５倍強もある。

第３に、「了 le」は出来事におけるある一部分の完全性を表す。非瞬間的出来事を観察するとき、その中のある時間点で出来事を切り取り、かつ切り取られた部分は１つの総体（即ち１つの完全な出来事）であると見なしている。後続する部分はもう起こらなかったり、或いは依然として継続していったりするが、どれも別の出来事として見なされるため、別途表出する必要がある。これが「了 le」の完全性の第３の意味内容である。例えば：

(20)　a 这 本 书 我 看 了 一半。(小王 就 抢 走 了)

この　冊　本　私　見る　（了 le）　半分。　（王くん　（就 jiu）　奪い取る　（走 zou）　（了 le））

この本は私は半分読んだ。（すると王くん取られてしまった）

b 他（拿 起 大 雪梨）咬 了 一 口, 又 咬 了 两 口。

彼　（とり上げる　（起 qi）　大きい　梨）　噛む　（了 le）　１　口，また　噛む　（了 le）　２　口

彼は（大きな梨を）１口噛み、また２口噛んだ。

c 这 地方 王婶 住 了 三 年 了。(1. 没办法还得住下去; 2. 今日搬家真有点舍不得离开)

この　場所　王おばさん　住む　（了 le）　３　年　（了 le）。

この場所に王おばさんは３年住み続けた。（１．仕方がなく、これからも住み続けて行かなければならない。２．今日引っ越すが、本当に離れがたい。）

a の「我看这本书。／私はこの本を読む。」というのは、非瞬間的な出来事

であり、ある時間点（一半／半分）で切り取られ、そこで変化が生じている。即ち、もう１つの出来事、「小王抢走这本书／この本は王くんに取られる」という変化が生じている。話者は、その時間点以前の部分を１つの総体と見なし、「了 le」を伴う文によってこの観察を表現している。ｂの「他咬大雪梨／彼は大きな梨を噛む」は、動詞の意味特性により、瞬間的な出来事を表すこともできれば（「咬／噛む」は瞬間的動作を表す動詞である）、目的語の意味特性により、非瞬間的出来事を表すこともできる（「大雪梨／大きな梨」と「咬／噛む」を組み合わせて用いると、動作が繰り返されることによる持続を表すことができる）。文中では、話者は、持続性のある繰り返しの動作をいくつかの限定できる部分に分け、「了 le」の使用を通して、それぞれの部分がみな独立した完全性を持っていることを表す。即ち、「他咬了一口大雪梨／彼は大きな梨を１口噛んだ」は独立した完全な出来事であれば、「他又咬了两口大雪梨／彼はまた大きな梨を２口噛んだ」も独立した完全な出来事である。ａとｂを時間軸上には図９と図 10 のように示すことができる。ｃの「王婶住这地方／王おばさんはこの場所に住む」も非瞬間的出来事であり、話者は出来事が「３年」になった時間点で切り取った。これによって、この出来事が独立した完全性を持つものと言える。「３年」になった後は、住み続けようが引っ越そうが、別の出来事の叙述となる。文中の動詞の後の「了 le」は出来事（部分）の完全性を表す顕在的文法マーカーである。

図９　ａ

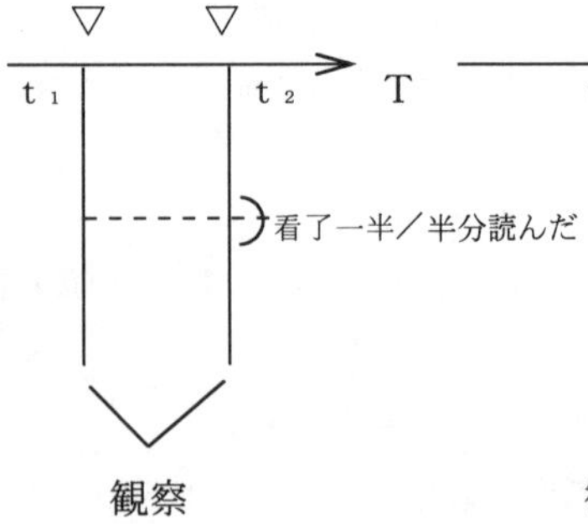

図 10　ｂ

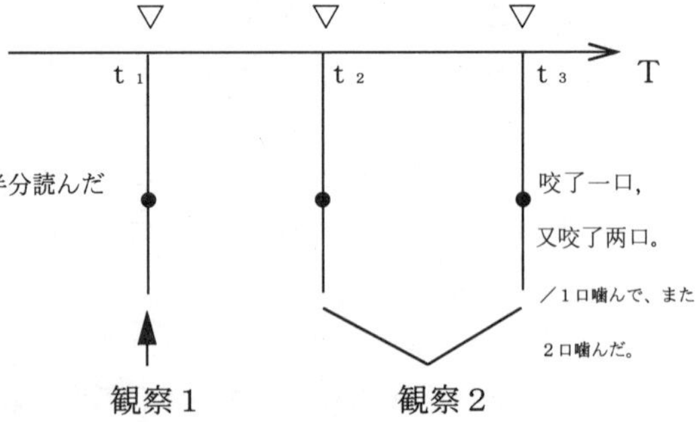

ここで説明しなければならないのは、出来事は文の各成分が共同して表すものであり、いくつかの論著が言うように[3)] 動詞によってのみ表されるものではないという点である。ａ「这本书我看了一半／この本は私は半分読んだ」を例

に取ると、動詞「看／見る」を文の表す出来事とし、さらに推論して動作・行為はまだ完了していないと言うことはできなければ、また、「看这本书／この本を見る」を文の表す出来事とし、さらに推論して動作の対象はまだ完了していないので、その文の表す出来事は完全性を持っていないと言うこともできない。なぜなら文の表す内容は、話者の観察を反映しており、話者の観察したものは「我看了这本书的一半／私はこの本の半分を読んだ」であって、動詞の後に付加された形態素「了 le」はこの観察が完全なものであることを示しているからである。動作の対象について言うと、１冊の本は当然１つの総体であり、２冊の本も１つの総体と見なすことができ、また本の半分も同じように１つの総体であると見なすことができる。大事なことは、話者がどのように出来事を観察するか、言葉の中でどんな形式を用いて表現するかということである。この意味において、「了 le」は「完了相」のマーカーと見なしてもいいが、ただし、「完了」を動作或いは対象の必然的終結として解釈してはならない。

3　現実性

現実性とは、ある参照時間に対して、文が表す出来事がすでに実現したことだということである[4)]。「了 le」はこの現実性を表す顕在的文法マーカーである。

中国語の時間を表す方法は「関係時制」タイプであり[5)]、（絶対時制とは違って）発話時間を基準とはせず、出来事の起こった時間と参照時間の順序関係のみを表現する。「了 le」の現実性とは関係時間の中の現実性のことであり、文の表す出来事が過去、現在、未来のいつに起きるかに関わらず、参照時間に対して已然（すでに起こったまたはすでに終結している）であれば、その出来事は現実の出来事である。次にそれぞれを別々に検討する。

（Ⅰ）現在現実

「現在」という参照時間（通常発話時間でもある）に対してのものであり、「了 le」を伴う文が表す出来事は已然の出来事である。例えば：

(21) a 程悦 缓缓 地 仰 起 了 脸, 姑娘 端详 了 好 一会; 痛心 地 说···

程悦　ゆっくりと　（地 de）　あげる　（了 le）　顔, 娘　つぶさに見る　（了 le）　とても　しばらく；心が痛む　（地 de）　言う

程悦はゆっくりと顔を上げ、娘をひとしきりつぶさに眺め、悲しそうに言った…

b 我 拿 了 她 手 里 的 钱, 把 邮票 塞 给 了 她, 转 身 走 了。

私 取る （了 le） 彼女 手 中 の 金,（把 ba） 切手 押し込む に （了 le）
彼女, 変える 身 歩く （了 le）

私は彼女の手の中の金を取り、切手を彼女に渡して向きを変えて立ち去った。

aとbにおいて、「了 le」を伴う節は、現在と同時の出来事を表している。現在は、出来事の参照時間であるだけでなく、出来事の発生時間でもあり、また文の発話時間でもある。aの前節は時間軸上には下のように図示することができる。

図 11

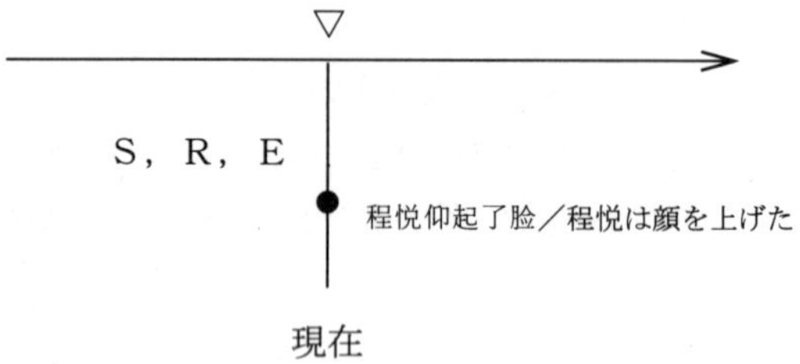

図中のS(saying)は発話時間を表し、R(reference)は参照時間を表し、E(event)は出来事の時間を表す。現在現実の出来事を表す文において、3者は重なっている。もし複数の現在現実の出来事を表すなら、この「現在」という重なりあった線は前に移動し、「現在$_1$」…「現在$_2$」…「現在$_n$」として現れる。上の例文aとbはどちらも、少なくとも顕在的マーカー「了 le」を伴う2つの現在現実の出来事を述べている。

（Ⅱ）過去現実

過去のある参照時間（発話時間は現在にある）に対してのものであり、「了 le」を伴う文が表す出来事は已然の現実である。例えば：

(22) a 半个 月 前, 母 羊 下 了 一 只 羊羔, 虎犊 似的, 老是 "腾腾" 乱 蹦, 满 院 撒欢。

半 月 前, 雌 羊 産む （了 le） 一 匹 子羊, 虎の子 ～のようだ, ずっと 「ぱたぱた」 やたらと はねる, いっぱい 庭 はしゃぎまわる

半月前、母羊は一匹の子羊を産み、（それは）虎の子のようで、ずっと「ぱたぱた」とやたらとはねて、庭中をはしゃぎまわっている。

b 去年 春节 前夕, 大伙 都 在 忙 着 操办 年货, 他 却 从 集市 上 买 了 一 对 很 大 的 拾粪筐, 顶 在 头 上 打道回府。

去年 春節 前夜, みなさん みな ～ている 忙しく働く (着 zhe) 取りしきる 年越し用品, 彼 却って から 市 上 買う (了 le) 一 対 とても 大きい (的 de) 糞を拾って入れるかご, 載せる に 頭 上 帰る

去年の春節前夜、一同皆忙しく年越し用品を取り仕切っているのに、彼は市で一対の大きな糞を拾って入れるかごを買ってしまい、頭上に載せて、家に戻った。

a の「半个月前／半月前」、b の「去年春节前夕／去年の旧正月前夜」はいずれも過去の時間を表す語句であり、文の表す出来事はいずれも過去に起こったことである。「了 le」を伴う節は出来事が過去においてすでに現実となることを表す（「了 le」を伴わない節も過去において現実となるが、ただ顕在的マーカーを欠いている。また完全性を持たない場合もある。例えば「忙着操办年货／忙しく年越し用品を取り仕切る」)。a の「了 le」を伴う節が表している出来事は時間軸上には下のように図示することができる。

図 12

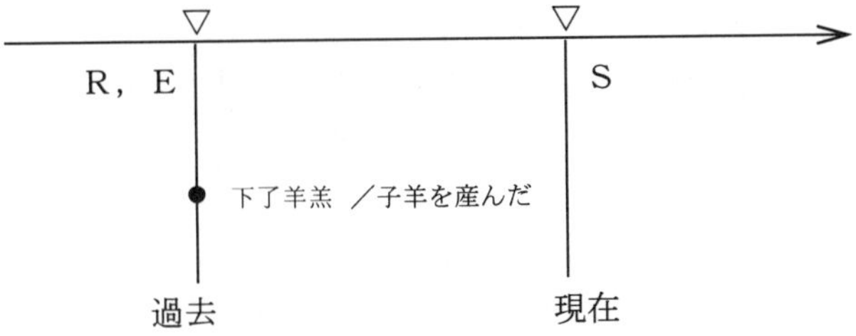

図中から分かるように、過去現実の出来事においては、参照時間 R は出来事時間 E と重なっており、いずれも過去の時間にある。重ならない場合もあるが、そのときは必ず出来事時間は前に、参照時間は後にあって、かつ過去現実でなければならない。例えば：

(23) a 人们 呼隆 一下 围 上来, 不 知 出 了 什么 事。

人々 わっと いきなり 囲む 来る, ～ない 知る 起こる (了le) 何 事

人々はわっと取り囲んできたが、何事が起こったのだろうか。

b 那天, 众人 见 他 吞吞吐吐, 一 副 狼狈 样, 都 认为 他 占 了 那 女人 便宜。

その日, みなさん 見る 彼 口ごもる, 一 面 困る 様子, みな 思う 彼

吸う　（了 le）　その　女性　の　甘い汁

その日、みんなは彼が口ごもって全く困った様子を見て、みな彼がその女性から甘い汁を吸っていると思った。

a では「人们围上来／人々は取り囲む」の時間は参照時間であり、発話時間と同時であると考えられる。「出了事／事が起こった」は参照時間に対して言うものであり、すでに実現した現実の出来事である。b では、発話時間は現在であり、「他吞吞吐吐／彼が口ごもる」が参照時間の過去$_2$、「他占了女人的便宜／彼が女性から甘い汁を吸っている」は過去$_1$という時間に起こった出来事であり、過去$_2$に対してこの出来事は已然である。そして、「了 le」はその出来事の現実性を表す形式なのである。a と b は時間軸上に図 13、図 14 のように示すことができる。

図 13　a

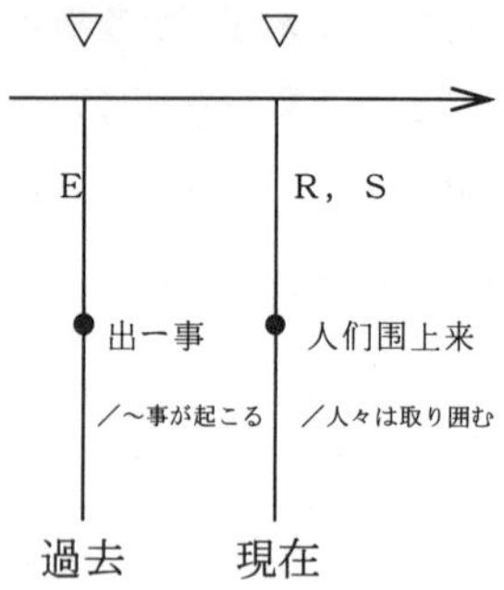

図 14　b

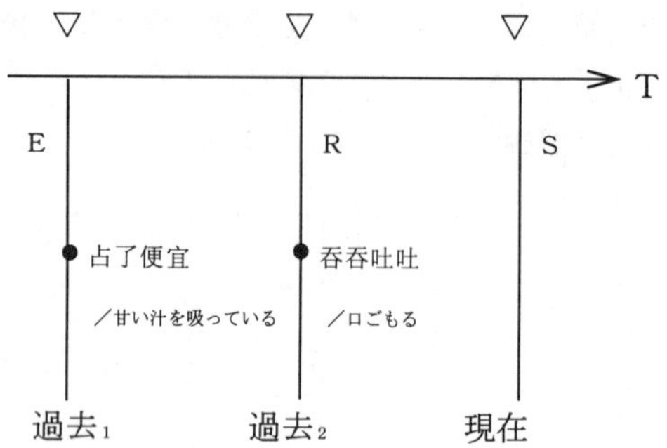

過去に起こった或いは現在までにすでに起こった（すでに終結した或いはまだ終結していない）出来事を述べるとき、その文には原則としてすべて「了 le」を用いることができる。なぜなら、この種の出来事は（もし現在を過去時間の終点と見なすならば）すべて已然的性質を持っており、すべて現実の出来事だからである。もし現代中国語の「了 le」が過去または現在までの出来事を述べるためにのみ用いられるものであるならば、「過去時」のマーカーと見なすことができるであろう。問題は、「了 le」が未来の出来事を述べる文にも用いることができるということにある。もちろん、たとえ未来の出来事を述べるにしても、「了 le」はやはり出来事の参照時間に対する現実的性質、つまり未来の現実を指すものである。

（Ⅲ）未来現実

未来現実とは、発話時間から見て未来の出来事のことであるが、同じように未来に属する何らかの参照時間に対しては、その出来事は已然的現実となる。この点も、「了 le」をアスペクトマーカーと見なし、テンスマーカーとは見なさない主要な論拠の１つである。例えば：

(24)　a 我 明天 下 了 班 去 看 电影。

私　明日　終わる　（了 le）　仕事　行く　見る　映画

私は明日仕事を終わってから映画を見に行きます。

b 哪天 他 当 了 作家, 还 不定 怎么样 呢。

いつか　彼　なる　（了 le）　作家，まだ　わからない　どう　（呢 ne）

いつか彼は作家になって、どうなるかは分からないよ。

a の発話時間は現在であり、「明天／明日」は未来に２つの出来事、「我下班／私は仕事を終わる」「我看电影／私は映画を見る」が起きることを明示している。「我看电影／私は映画を見る」を時間の参照点とすれば、「我下班／私は仕事を終わる」は已然的現実であり、「了 le」はこの種の現実性を明示している。これを図示すると、図 15 のようになる。

図 15

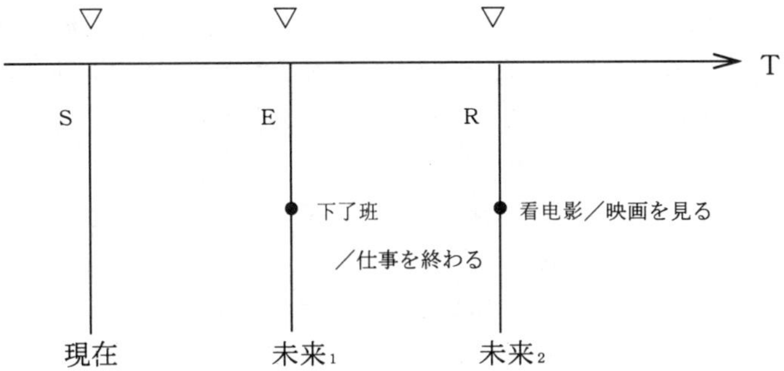

現代中国語では、２つの未来の出来事を述べるとき、「了 le」を伴う現実の出来事は前に、参照時間を表す出来事は後にくる。もし、a を「我明天看了电影下班／私は明日映画を見てから仕事を終えます」のように言い換えると、「我看电影／私は映画を見る」は現実の出来事になり、「我下班／私は仕事を終わる」は参照時間を表す出来事になる。「了 le」は出来事の現実性を保っている。

現在現実や過去現実と違うところは、未来現実を表すときには、「了 le」は時間的に前にある出来事にしか使えず、時間的に後にある出来事には使えないし、また、２つの出来事に同時に使うこともできないという点である。よって以下は非文である。

(25) a *我 明天 下 班 看 了 电影。

私 明日 終わる 仕事 見る (了 le) 映画

私は明日仕事を終わってから映画を見た。

cf. 我 昨天 下 班 看 了 电影。

私 昨日 終わる 仕事 見る (了 le) 映画

私は昨日仕事を終わってから映画を見た。

b *我 明天 去 了 图书馆 之 后 回 了 家。

私 明日 行く (了 le) 図書館 の 後 帰る (了 le) 家

私は明日図書館へ行った後、家へ帰った。

cf. 我 昨天 去 了 图书馆 之 后 回 了 家。

私 昨日 行く (了 le) 図書館 の 後 帰る (了 le) 家

私は昨日図書館へ行った後、家へ帰った。

非文となる原因は、参照時間に対して、出来事$_1$と出来事$_2$の現実性が保証されないためである。「了 le」が持つ現実性は、未来の出来事を述べるのに用いられる「了 le」の使用を大きく制約している。例えば「了 le」は例 (24) a のように、前後して起こった２つの出来事のうち前の出来事に主に用いられるが、例 (24) b のように、条件－結果の関係にある条件節に用いられることもある。また、次のような例もある。

(26) a 你 读 了 大学, 就 不 会 要 我 了。

あなた 読む (了 le) 大学, (就 jiu) ～ない だろう いる 私 (了 le)

あなたは大学に入ったら、私のことはいらなくなるだろう。

b 等 你 长 大 了, 当 了 宇航员, 登 上 了 月球, 就 会 知道 什么 是 宇宙 了。

待つ あなた 育つ 大きい (了 le), なる (了 le) 宇宙飛行士, 登る (了 le) 月, (就 jiu) だろう 知る 何 (是 shi) 宇宙 (了 le)

あなたは、大きくなって宇宙飛行士になって、月に行くと、宇宙とは何かが分かるだろう。

２つの文はいずれも仮想の未来の出来事を述べている。条件となる出来事(「你读了大学／あなたが大学に入ったら」、「你当了宇航员／あなたが宇宙飛行士になったら」)の現実性から結果としての出来事を推論している。また、

「等同于／に等しい」という意味関係を含んだ条件節においては、「了 le」は帰結節に現れることすらできる。例えば：

(27)　a 你 养 好 了 身体, 就（等于）有 了 工作 的 本钱。

あなた　養生する　よい　体,（就 jiu）　（に等しい）　ある　（了 le）　仕事　の　元手

養生して体が回復すれば、仕事の元手ができた（のと同じだ）。

b 离开 了 山寨, 你 就（等于）失去 了 保护。

離れる　（了 le）　山の砦, あなた　（就 jiu）　（に等しい）　失う　（了 le）　保護

山の砦を離れたら、あなたは保護を失う（ことと同じだ）。

未来の単一の出来事を述べる文では、一般に「了 le」を使うことはない。下の文は非文となる。

(28)　a *我 明天 看 了 电影。

私　明日　見る　（了 le）　映画

*私は明日映画を見た。

cf. 我 昨天（今天）看 了 电影。

私　昨日　（今日）　見る　（了 le）　映画

私は昨日（今日）映画を見た。

b *小王 哪天 当 上 了 飞行员。

王くん　いつか　なる　（上 shang）　（了 le）　パイロット

*王くんいつかパイロットになった。

cf. 小王 昨天（今天）当 上 了 飞行员。

王くん　昨日　（今日）　なる　（上 shang）　（了 le）　パイロット

王くん昨日（今日）パイロットになった。

以上の文で述べられている出来事は未来で起こるものであるが、それ以後の時間の参照点を欠いており、出来事の現実性が帰属するところがないため、「了 le」を伴うことができない。文の「明天／明日」、「哪天／いつか」は出来事の起こった時間であるが、もしこれらの語句が出来事の後にある参照時間を指すならば、未来の単一の出来事を述べる文の中で「了 le」を用いることができるようになる。例えば：

(29)　a 明天, 我 肯定 已经 离开 了 上海。

明日, 私　間違いなく　すでに　離れる　（了 le）　上海

明日私は間違いなくすでに上海を離れている。

b 下个 月 一号, 李瑛 就 成 了 一 名 大学生 了。

次　月　1日，李瑛　（就jiu）　なる　（了le）　1　名　大学生　（了le）

来月 1 日、李瑛は大学生になる。

a の「明天／明日」は、「我离开上海／私は上海を離れる」という出来事の参照時間を指し、（出来事が明日起こる可能性はあるものの、）その出来事の起こった時間を指すのではない。その本当の意味は、「明天之前／明日以前」や「明天你来的时候／明日あなたが来たとき」など、出来事は「明天／明日」における過去（その過去の終結点「明天／明日」を含む）で起こるのである。よって「明天／明日」という参照時間に対し、出来事は未来において已然的現実となるので、「了 le」を伴うことができる。b の「下个月一号／来月 1 日」も参照時間であり、「李瑛成了大学生／李瑛が大学生になった」という出来事は参照時間が来ると同時に現実のものとなる。a は未来における過去現実に相当し、b は未来における現在現実に相当する。両者を時間軸上には図 16、図 17 のように図示することができる。

図 16　a

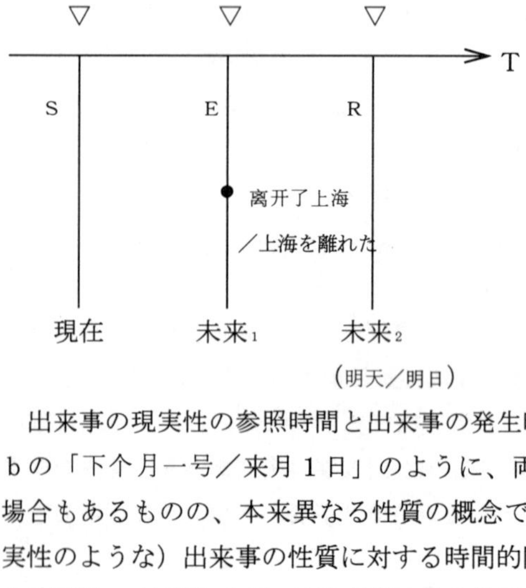

図 17　b

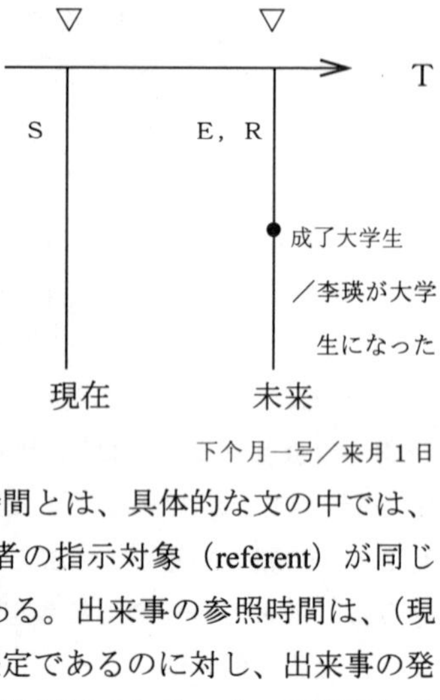

出来事の現実性の参照時間と出来事の発生時間とは、具体的な文の中では、b の「下个月一号／来月 1 日」のように、両者の指示対象（referent）が同じ場合もあるものの、本来異なる性質の概念である。出来事の参照時間は、（現実性のような）出来事の性質に対する時間的限定であるのに対し、出来事の発生時間は、文の述べている出来事に対する時間的描写である。文の時間語句が表しているものが、時間点であって、時間幅ではないとき、両者の区別はもっ

とはっきりと見て取ることができる。例えば：

（30）明天 八 点，我 肯定 已经 离开 了 上海。

明日　八時，私　間違いなく　すでに　離れる　（了 le）　上海

明日の８時には私は間違いなく上海をすでに離れている。

明らかに、「明天八点／明日の８時」は「我离开上海／私が上海を離れる」という出来事に対する時間的描写ではなく、その出来事が現実性を持つ時間に対する限定である。出来事は、（参照時間を含む）時間参照点以前に実現したものは現実性を持つので、「了 le」を伴うことができるが、時間参照点以後では、現実性を持たないので、「了 le」を伴うことができない。

以上の検討から分かるように、「了 le」の現実性と時間の間には密接な関係がある。即ち、過去から現在までの時間に起こった出来事であれば、そのすべてに「了 le」を用いることができる（必ずしも「了 le」を用いないといけないわけではない）が、未来の時間に「起こった」出来事であれば、そのすべてに「了 le」を用いることはできない。ただし、例外的状況に２種類あり、１つは文中に２つ以上の未来時間が述べられているときであり、その場合、出来事の時間 E は参照時間 R に先立つか、同じでなければならない。即ち：

E ≦ R　　　（「≦」は「先立つまたは同じである」ことを指す。）

出来事の現実性はこうして保証されて初めて「了le」を用いて（例（24）、（30）などのような）一種の「虚構の現実」を表すことができる。もう１つは、「了le」を未来仮定条件文に用いて、（例（26）、（27）などのような）一種の「仮定の現実」を表すものである。

動態性が動作性（activity）と、また、完全性が達成性（accomplishment）と等しくはないように、現実性も真実性と等しくはない。「了le」は未来の出来事の中で虚構の現実と仮定の現実を表す以外に、さらに一種の「うその現実」を表すこともできる。例えば：

（31）a 母 鸭 生 了 一 个 天鹅蛋。

雌　鴨　生む　（了 le）　1　個　白鳥卵

母鴨は白鳥の卵を生んだ。

b 喜姐儿 打 了 月亮 一 记 响亮 的 耳光。

喜姉さん　打つ　（了 le）　月　一　回　よく響く　（的 de）　びんた

喜姉さんは、月にぱしっとびんたを食らわせた。

以上の文が述べている出来事は、いずれも本当のことではなく、過去、現在、未来に関わらず、真実性はない。しかし、言語分析の観点からすると、これらの文はいずれも適格な文であり、現実の出来事を述べている。これらの文は受け入れられないかもしれないが、その原因はそれらの非真実性にあり、非現実性にあるのではない。

(Ⅳ) 複合的出来事における現実

複合的出来事を述べる文の中で、「了 le」の現実性は一層複雑な状況を呈する。『現代漢語八百詞／中国語用例辞典』の考察によれば、連動文①と兼語文②において、「了 le」は一般に２つ目の動詞の後に使われる[6]。即ち、２つ目の出来事は顕在的現実相のマーカーを伴うのである。そこでは、次の例が挙げられている。

(32) a 刚才 他 打 电话 叫 了 一 辆 车。

先ほど 彼 かける 電話 呼ぶ (了 le) 1 台 車

先ほど彼は電話をかけて、１台の車を呼んだ。

b 昨天 请 张 老师 给 大家 辅导 了 一 次。

昨日 お願いする 張 先生 に みんな 補習する (了 le) 1 回

昨日張先生にお願いして、みんなに１回補習してもらった。

上の文は、２つの出来事からなる複合的出来事を表しており、意味的には２つの出来事の間に行為と目的の関係が存在する。「了 le」は目的の出来事（これを B と呼ぶ）に用いられて、B の現実性を保っているだけでなく、行為の出来事（これを A と呼ぶ）の現実性をも保っている。即ち：

B 現実は A 現実を含意する (B 了→ A 了)

よって上述の文の実際の意味は次のようになる。

(33) a 刚才 他 打 了 电话 叫 了 一 辆 车。

先ほど 彼 かける (了 le) 電話 呼ぶ (了 le) 1 台 車

---

① 訳者注：「連動文」とは、述語が２つまたは２つ以上の動詞または動詞フレーズの連用によって構成される文のことである。

② 訳者注：「兼語文」とは、述語は１つのＶＯフレーズと１つの主述フレーズが重なり合って構成される文のことである。つまり前のＶＯフレーズ中の目的語が、後の主述フレーズの主語を兼ねている。

先ほど彼は電話をかけた、1台の車を呼んだ。

b 昨天 请 了 张 老师 给 大家 辅导 了 一 次。

昨日 お願いする (了 le) 張 先生 に みんな 補習する (了 le) 1 回

昨日張先生にお願いした、みんなに1回補習してもらった。

もし「了 le」が行為の出来事Aにのみ用いられ、目的の出来事Bには用いられないならば、文の現実性にはある種の変化が生じる。即ち：

(34) a 刚才 他 打 了 电话 叫 (一 辆) 车。

先ほど 彼 かける (了 le) 電話 呼ぶ (1 台) 車

先ほど彼は、(1台の)車を呼びに電話をかけた。

b 昨天 请 了 张 老师 给 大家 辅导 (一次)。

昨日 お願いする (了 le) 張 先生 に みんな 補習する (1 回)

昨日張先生に、みんなに(1回)補習をしてもらおうとお願いした。

行為の現実性は必ずしも目的の現実性を含意しないので、即ち、

A現実は必ずしもB現実を含意しない。(A了→◇B了)

Aの現実性はBの現実性を含意する可能性があるに過ぎず、Bの現実性を保証するものではない。従って、例(34)の実際上の意味は例(33)とは異なっている。「他打了电话叫车／彼は車を呼びに電話をかけた」は必ずしも「他叫了车／彼は車を呼んだ」ことにはならない。目的の出来事に「了 le」というマーカーを欠いていると、電話をすることの現実性から車を呼ぶことの現実性を推論することはできない。なぜなら、電話が通じず、車が呼べなかったなどの多くの可能性があるからである。bも意味上、張先生に願いを聞き遂げてもらえなかった、または、お願いしたが、補習をしてくれなかったなどの多くの可能性がある。

「了 le」が行為の出来事に用いられる時と、目的の出来事に用いられる時では、現実性の含意にこの種の区別があるために、両者が含意する対照構文も異なるということになり、対照される出来事は普通「了 le」を伴う出来事となる。その否定文を比較してみよう。

(35) a_1 刚才 他 打 电话 叫 了 一 辆 车。

先ほど 彼 かける 電話 呼ぶ (了 le) 1 台 車

先ほど彼は電話をかけて、1台の車を呼んだ。

a_2 刚才 他 打 电话 不 是 叫 (一 辆) 车。

先ほど　彼　かける　電話　～ない　(是shi)　呼ぶ　(1　台)　車

先ほど彼は電話をかけて、(1台の) 車を呼んだのではない。

a_3*刚才 他 没 打 电话 叫 了 (一 辆) 车。

先ほど　彼　～なかった　かける　電話　呼ぶ　(了le)　(1　台)　車

*先ほど彼は電話をかけて、(1台の) 車を呼ばなかった。

b_1刚才 他 打 了 电话 叫 (一 辆) 车。

先ほど　彼　かける　(了le)　電話　呼ぶ　(1　台)　車

先ほど彼は(1台の)車を呼びに電話をかけた。

b_2刚才 他 没 打 电话 叫 (一 辆) 车。

先ほど　彼　～なかった　かける　電話　呼ぶ　(1　台)　車

先ほど彼は(1台の)車を呼びに電話をかけなかった。

b_3刚才 他 打 了 电话 没 叫 (一 辆) 车。

先ほど　彼　かける　(了le)　電話　～なかった　呼ぶ　(1　台)　車

先ほど彼は電話をかけたが、(1台の)車を呼ばなかった。

a_2はa_1に対する否定であるが、a_3はa_1の否定形式ではない。「B 了→ A 了」に従えば、a_3は、その目的の出来事 B が「了 le」を伴うことにより現実性を持っており、この場合、行為の出来事 A に否定形式を用いてしまうと、ルール違反になるため、非文となる。一方、b_2はb_1に対する否定であるが、b_3はb_1の否定形式ではない。「A 了→◇ B 了」に従えば、b_3は、その行為の出来事 A が「了 le」を伴うことにより現実性を持っており、この場合、目的の出来事 B が否定形式を用いてもルール違反にはならないため、適格な文となる。

以上のように、連動文や兼語文などの複合的出来事を表す文においては、「了 le」によって示される出来事は一般に文が強調しようとする出来事である。b類の文では、行為の出来事の現実性は目的の出来事の現実性を保証することができず、かつ目的の出来事も文の意味の中心ではないので、具体的数量を表す語句「一辆／1台」を用いなくてよいこともある。

注

1）例えば目的語と補語は文のアスペクト意味に影響を与える。次の例を比較してみよう。

（1） a 他 喝（了／着）水。

彼　飲む　（了 le ／着 zhe）　水

彼は水を飲んだ／飲んでいる。

b 他 喝（了／*着） 一 口 水。

彼　飲む　（了 le ／着 zhe）　1　口　水

彼は一口水を飲んだ／*飲んでいる。

（2） a 他 跳（了／着）舞。

彼　踊る　（了 le ／着 zhe）　ダンス

彼は踊った／踊っている。

b 他 跳（了／*着）一会儿 舞。

彼　踊る　（了 le ／着 zhe）　しばらく　ダンス

彼はしばらく踊った／*踊っている。

a 類の文が表す出来事は時間上の終止点に限定がないが、b 類の文はある内在的な終止点（「一口／1口」や「一会儿／しばらく」の使用）を有している。2種類の文はいずれも「了 le」を伴うことができるが、「着 zhe」を伴うかどうかには違いがある。つまり、a 類は伴うことができるが、b 類はできない。この種の違いは明らかに動詞がもたらしたものではなく、目的語或いは補語のタイプがもたらしたものである。

2）動詞の内在的意味（inherent meaning）により分類すると、動詞の事態タイプ（situation type）が得られる。例えば、静態動詞、動態動詞、結果動詞、動作動詞、瞬間動詞、持続動詞などがある。拙文「情状与動詞分類／事態と動詞の分類」を参照されたい。

3）Leech（1983）は、多くの動詞は出来事を表すものであり、出来事動詞は時間の限界を具えているとしている。著書の 168 ページの記述を参照されたい。

4）劉勳寧の説明によれば、「実現」とは、接尾辞の「了 le」が動詞、形容詞及びその他の述語形式に付加された後、その語句の意味が表すことが事実の状態にあることを表す。本稿の「アスペクト」に対する見方は劉のものとは全く同じではなく、主に文の表す出来事事態を中心にして考察するもので、動詞の表す動作事態を中心とするものではない。ここで言う「実現」とは文が表す出来事が現実のものとなったことであり、動詞の意味の表すものが「事実」状態にあることのみを指しているのではない。

5）張秀の「漢語動詞的“体”と“時制”系統／中国語動詞の『アスペクト』と『テンス』の体系)」語法論集第一集、中華書局 1957 年版、156 ページ、及び陳平「論現代漢語時間系統の三元結構／現代中国語における時間体系の３元構造」中国語文 1988 年第６期を参照されたい。

6）呂叔湘主編『現代漢語八百詞／中国語用例辞典』315 ～ 316 ページ。さらに連動文と兼語文は前の動作が完了したことを「強調」する場合、「了 le」は前の動詞の後に用いることができる。例えば「我们也找了旅馆住了一夜／私たちホテルを探して一晩泊まった」と述べている。

主要参考文献

陳　平　1988　「論現代漢語時間系統的三元結構／現代中国語における時間体系の３元構造」，中国語文，第６期.

胡裕樹、範暁　1985　「試論語法研究的三個平面／文法研究の３つの角度について」，新彊師範大学学報，第２期.

劉勳寧　1988　「現代漢語詞尾“了”的語法意義／現代中国語の語尾『了』の文法的意味」，中国語文，第５期.

呂叔湘主編　1980　『現代漢語八百詞／中国語用例辞典』，商務印書館.

孟琮等　1987　『動詞用法詞典／動詞用法辞典』，上海辞書出版社.

王　力　1945　『中国語法理論／中国語文法理論』，中華書局.

雅洪托夫　1958　『漢語的動詞範疇／中国語の動詞範疇』，陸孔倫訳，中華書局.

張　秀　1957　「漢語動詞的“体”和“時制”系統／中国語動詞の『アスペクト』と『テンス』の体系」，語法論集，第１集，中華書局.

Comrie, B.（1976）*Aspect*. Cambridge: University Press.

Leech, G.（1983）*Semantics*. Great Britain: Pelican Book, second edition.

原文：「動詞後“了”的語義分析」，胡裕樹、範暁主編『動詞研究』，河南大学出版社，1995 年

8　「了le」のテンス・アスペクト特性

金立鑫 著
于康／村松恵子 訳

0　本稿が明らかにしようとする問題

0.1　動詞と目的語の間に用いられる「了 le」[①]は「完了—持続」を表すアスペクトの標記（「了₁」と表記）であり、「中性文脈」[②]においては「近い過去時」も表す。

0.2　文末に用いられる「了」には２種類ある。１つは「イベントの実現後、その状態がある時間の参照点まで持続する」というアスペクトとテンス（tense）の混合標記（了₂と表記）であり、「中性文脈」において「現在」を意味する。もう１つは語気詞[③]「啦 la」の弱化形式（「了₄」と表記）である。

0.3　「过 guo」は「完了—非持続」を表す。「中性文脈」においては「遠い過去時」という文法的意味も表す。

0.4　１つの命題が１つの現実イベントを形成する場合、それに一定の時間的幅と時間の参照点を与えることが必要条件の１つである。

0.5　［＋持続］［－状態］動詞が「近時完了」のイベントを表す（「了₁」を用い

---

① 訳者注：括弧内のローマ字は原漢字の中国語発音のローマ字表記（ピンイン）である。

② 訳者注：原著者の定義によれば、「中性文脈」とは、あらゆる修飾成分を伴わない主語、動詞、目的語によって構成される文のことである。従って、ここで「中性文脈」を１つのテクニカルタームとして見なす。

③ 訳者注：「語気詞」は中国語学の用語で、modality や mood を表す成分として用いられることが多い。詳しくは于康・張勤編『中国語言語学情報１　語気詞と語気』（好文出版、2000 年９月）を参照されたい。

る）場合には、必ず一定の時間的幅を与えなければならない。もしそうでないと、文は完結できない。

1　「了$_1$」について

1.0　伝統的な考え方では「了$_1$」はテンスとは関係がないとされている。なぜならば、「了$_1$」は過去、現在、未来のいずれのイベントを表す文中にも現れることができ、「了$_1$」が表そうとするのはイベントの「完了」という状態だからである。この点については、朱徳熙（1982,5,15）も論証している。例えば：

（1）昨天 老王 买 了 一 本 书[①]。　（過去完了）

昨日　王さん　買う　（了 le）　1　冊　本

昨日王さんは1冊の本を買った。

（2）现在 我 知道 了 这 件 事。　（現在完了）

今　私　知る　（了 le）　その　件　事

今は私はそのことを知っています。

（3）明天 你 吃 了 饭 来 找 我。　（未来完了）

明日　君　食べる　（了 le）　ご飯　来る　会う　僕

明日ご飯を食べてから僕のところに来なさい。

これに対し、劉勳寧（1988）と竟成（1993）は「了 le」が「実現相」を表す働きをするとしている。そして竟成は更に、「了 le」は「実現—持続」という意味も持っていると考えている。つまり、伝統的な考え方と劉勳寧、竟成の考え方とは、矛盾するということになる。

そこで、本節において、「完了説」と「実現説」とがそれぞれに持つプラス点とマイナス点を検討し、「了$_1$」が「完了—持続」を表すアスペクトの標記であることを指摘すると同時に、その原始形（無標、「中性文脈」、詳細について以下参照）が「過去—近い時点」というテンスの特徴も表しているということを指摘する。

1.1　完了説の第1の弱点は「了 le」と「过 guo」の境界という問題である。竟成は、「过 guo」は「完了—非持続」を表すものなので、「了$_1$」の意味を「完

① 訳者注：下線は訳者による。以下同。

了」と解釈すると、「过 guo」の意味と衝突してしまう、としている。このことはまさしく「了$_1$」が確実に「完了」という性質を持っていることを証明している。もし「过 guo」と「了$_1$」がどちらも完了を表すことができるとすれば、両者の間には互換形式が存在するはずである。事実はその通りである。次の例を見てみる。

（4）昨天 我 吃 过 饭 以后 找 过 你。

昨日　僕　食べる　（过 guo）　ご飯　後　たずねる　（过 guo）　君

昨日僕はご飯を食べた後、君をたずねた。

（5）昨天 我 吃 了 饭 以后 找 过 你。

昨日　僕　食べる　（了 le）　後　たずねる　（过 guo）　君

昨日僕はご飯を食べた後、君をたずねた。

（6）？我 吃 了 生鱼片。

僕　食べる　（了 le）　刺身

？僕は刺身を食べた。

（7）我 吃 过 生鱼片。

僕　食べる　（过 guo）　刺身

僕は刺身を食べたことがある。

（8）明天 你 吃 过 饭 以后 来 找 我。

明日　君　食べる　（过 guo）　ご飯　後　来る　たずねる　僕

明日ご飯を食べてから僕のところに来なさい。

（9）明天 你 吃 了 饭 以后 来 找 我。

明日　君　食べる　（了 le）　ご飯　後　来る　たずねる　僕

明日ご飯を食べてから僕のところに来なさい。

（4）～（9）における「过 guo」と「了$_1$」は互換が可能であり、しかも互換後その基本的な意味は変わらない。これはまさに「了$_1$」が「完了」を表す文法的意味を持っているということを表している。だとすれば、「过 guo」と「了$_1$」の区別は一体どこにあるのであろうか。竟成は「过 guo」は「完了—非持続」を表すとしているが、筆者は「了$_1$」は「完了—持続」を表すと考える。ここで言う「持続」とは、「了 le」によって示される動詞の時間的特性は一定の時間幅（本稿の第４章を参照）を要求することによって維持され、その時間幅は話し手によって明確に提示され、かつ聞き手も確認できるものでなければならない、ということを指している。例（6）の「了$_1$」に注目されたい。（5）との区別は、（6）において話し手が時間幅を提供せず、その「持続性」の要求を満たすことができなかったという点である。従って（6）は話が完結していない印象を与え、文として成立することができない（本稿の第5章において「了 le」の時間に対する制約を詳細に検討する）。これに対し、「过 guo」の「完了—非持続」は時間幅に対する制約がないので、（7）は単独で文として成立することができる。このような「过 guo」の「非持続性」と「了 le」の「持続性」の対立は下記の例からも証明することができる。

（10）我 结 了 婚（再 告诉 你）。

私 する （了 le） 結婚 （また 教える あなた）

結婚してから（教えます）。

（11）我 结 过 婚（再 告诉 你）。

私 する （过 guo） 結婚 （また 教える あなた）

結婚した後、（教えます）。

（10）は結婚式が終了したことだけでなく、結婚生活も始まっていることを意味しているのに対し、（11）は主に結婚式が終了したことを意味している。さらに、次の例を見てみる。

（12）他 也 离 了 婚。

彼 も する （了 le） 離婚

彼も離婚した。

（13）他 也 离 过 婚。

彼 も する （过 guo） 離婚

彼も離婚したことがある。

（12）は離婚した状態のままであることを表しているのに対し、（13）は現在すでに離婚の状態が終了していることを表している。

主語、動詞、目的語のみからなる文（つまりいかなる時間的成分をも持たない「中性文脈」の文）において、「了$_1$」はその持続性により、話がまだ完結していないことを表す。従って、このような文は独立性が極めて低い。

「了$_1$」の時間幅に対する制約によって生起される持続性は、次の例において極めて顕著に現れている。

（14）他 知道 这 件 事儿。

彼　知る　その　件　事

彼はそのことを知っている。

(15) 他 知道 了 这 件 事儿,

彼　知る　(了 le)　その　件　事

彼はそのことを知った。

(14) には「了₁」が用いられていない。(14) が述べているのは1つの事実である (おそらく「実現」を用いることによって解釈できるであろう)。それに対し、(15) には「了₁」が用いられている。(15) が表しているのは「完了」である。しかし、ここの「了₁」は完了を表すほか、行為が完了した後にイベントの状態がまだ持続していることも表しており、その持続性によって、話がまだ完結しておらず、後続文が存在するはずであるという印象を与える。

「了₁」が用いられる文において、動詞の相違や、話し手の提供する時間幅の相違が文の独立性に影響するため、「独立―半独立―完全独立」という連鎖が形成される。この問題については別稿で検討することにする。

1.2　完了説の第2の弱点は、「了 le」と「完 wan」の区別である。本稿でこの問題を取り上げるのは、劉勳寧 (1988) が多くの紙面を割いて (1節と3節、及び他の節でも言及している)、「完 wan」と「了₁」とが同じではないことを論証し、しかも「完 wan」を極めて重要な論拠として、「了₁」が完了の意味を持っていないことを証明しようとしているからである。

ここではまず、「了₁」と「完 wan」の境界が同様に曖昧であり、両者とも完了を表す働きを持つ、という点について明らかにする。次の例を見てみる。

(16) 吃 了 饭 去。

食べる　(了 le)　ご飯　行く

ご飯を食べてから行く。

吃 完 饭 去。

食べる　おわる　ご飯　行く

ご飯を食べ終わったら行く。

(17) 看 了 这个 节目 再 睡。

見る　(了 le)　この　番組　また　寝る

この番組を見てから寝る。

看 完 这个 节目 再 睡。

見る おわる この 番組 また 寝る

この番組を見終わってから寝る。

(18) 写 了 这 篇 文章 就 走。

書く (了 le) この 篇 文章 (就 jiu) 行く

この文章を書いたら行く。

写 完 这 篇 文章 就 走。

書く おわる この 篇 文章 (就 jiu) 行く

この文章を書き終わったら行く。

(19) 我 挂 了 这 幅 画 就 完 了。

私 掛ける (了 le) その 本 絵 (就 jiu) 終わる (了 le)

私はその絵を掛けたら終わりです。

我 挂 完 这 幅 画 就 完 了。

私 掛ける おわる その 本 絵 (就 jiu) 終わる (了 le)

私はその絵を掛け終わったら終わりです。

次に、「了$_1$」の「完了」という文法的意味と、語彙的意味としての「完 wan」とは全く異なるものである、という点について指摘する。「了$_1$」が表す「完了」は、動詞の時間的特性（馬慶株 1981）によって、それが表す「完了」の状態はそれぞれ異なる。次の動詞は異なる時間の種類に属するものである。

(20) 加入 了 九三学社。 (V_a)

入る (了 le) 九三学社

「九三学社」に入った。

(21) 成立 了 一个 新 的 社团。 (V_a)

設立する (了 le) 1つ 新しい (的 de) 団体

1つの新しい団体を設立した。

(22) 躺 了 一会儿。 (V_{b1})

横になる (了 le) しばらく

しばらく横になっていた。

(23) 攒 了 不 少 钱。 (V_{b1})

貯める (了 le) 〜ない 少ない お金

お金をたくさん貯めた。

(24) 洗 了 一 件 衣服。　　　　　　　　　　　　　　　　(V_{b2})

洗う　(了 le)　1　着　服

服を1着洗った。

(25) 问 了 一个 问题。　　　　　　　　　　　　　　　　(V_{b2})

たずねる　(了 le)　1つ　問題

1つ質問した。

V_a類の動詞は非持続性動詞である。この種の動詞が「了$_1$」と共起する場合、その文は、「行為」(例えば、「加入／入る」、「成立／設立する」といった形式または儀式) は「終結」したが、イベントによって生起された状態はまだ持続している、ということを表す。行為の「終結」という意味は「了$_1$」によって与えられたものであり、「状態の持続」という意味は動詞の時間的特性によって与えられたものである。「非持続性」の動詞が表すのは、まさにある状態の形成と持続である。例えば、「结婚／結婚する」、「死／死ぬ」、「批准／許可する」、「断／断つ」、「熄／消す」などである。

V_{b1}は [－完了] [＋持続] であり、V_{b2}は [＋完了] [＋持続] である。しかし、「了$_1$」と共起すると、両者とも行為の完了を表すことができるが、その持続性は目的語あるいは補語成分によって実現されなければならない。(23) の「不少钱／少なからぬお金」はすでに「攒／貯蓄」した、(22) の「一会儿／しばらく」はすでに「躺／横にな」っていた、(24) の「一件衣服／一着の服」はすでに「洗／洗い」おえた、(25) の「一个问题／1つの問題」はすでに「问／質問し」てしまった、のである。

劉勳寧は下記の例を用いて完了説を批判している。

(26) 大 了 一 寸。

大きい　(了 le)　1　寸

1寸大きくなった。

*已经 大 完 了。

すでに　大きい　おわる　(了 le)

*すでに大きくなり終わった。

(27) 红 了 脸 说。

赤い　(了 le)　顔　言う

顔を赤くして言う。

*已经 红 完 了。

すでに　赤い　おわる　（了 le）

*すでに赤くなり終わった。

ここの形容詞は動詞として用いられており、ある状態の変化、つまりある状態からある状態への変化を表している。ここの「了₁」は「〜になる」ということを表す。「大了／大きくなった」は「已经大了／すでに大きくなった」ということを指し、「红了／赤くなった」は「已经红了／すでに赤くなった」ということを指す。本稿では「已经／すでに」という観点から「了₁」の表す「完了」という意味を理解する。ここでさらに、劉勳寧の挙げたもう１組の例を見てみる。

（28） 小李 放 平 了 桌子。

李くん　置く　水平に　（了 le）　テーブル

李さんはテーブルを水平に置いた。

放 完 了

置く　おわる　（了 le）

置き終わった

*平 完 了

水平に　おわる　（了 le）

*水平にし終わった

（29） 小张 吃 圆 了 肚子。

張くん　食べる　丸い　（了 le）　腹

張くんは食事をしてお腹が丸くなった。

吃 完 了

食べる　おわる　（了 le）

食べ終わった

*圆 完 了

丸い　おわる　（了 le）

*丸くし終わった

（28）と（29）の文について、本稿の理解は次の通りである。

（28'） 小李 放 平 了 桌子。

李くん　置く　水平に　（了 le）　テーブル

李くんはテーブルを水平に置いた。

放 完 了

置く　おわる　（了 le）

置き終わった

已经 平 了。

すでに　水平に　（了 le）

すでに水平になった

(29') 小张 吃 圆 了 肚子。

張くん　食べる　丸い　（了 le）　腹

張くんは食事をしてお腹が丸くなった。

吃 完 了。

食べる　おわる　（了 le）

食べ終えた。

已经 圆 了。

すでに　丸い　（了 le）

すでに丸くなった。

つまり、文法的意味の「完了」と語彙としての「完 wan」を混合して論じてはならないのである。文法的意味の「完了」は独自の文法的特性を持っており、語彙としての「完 wan」を用いて文法的意味の「完了」と入れ替えることはできないのである。

筆者は、劉勳寧の論証には方法論上の問題があると考える。劉は「完 wan」と「了$_1$」が異なるものであるということを証明するために、まずその両者が同じものであるということを前提とした仮説を立て、「了$_1$」を「完 wan」と見なしたのである。そしてこの前提に立って「完 wan」と「了$_1$」とが異なるものであるということを証明しようとしたのであるが、このような方法は適当ではない。もし、両者がもともと異なるものであると区別した上で、両者の間に見られる相違を証明したのであれば、劉の分析は異なった結論が得られたであろう。

1.3　実際には、「了$_1$」は、一方では「过 guo」及び「完了」との境界が曖昧であるため、「過去の完了」という印象を与えることもあるが、また他方では

「着 zhe」との境界も曖昧であるため、「実現」という印象を与えることもある。次の例を見てみる。

（30） a　那儿 死 过 人。

あそこ　死ぬ　（过 guo）　人

あそこで人が死んでいた。

b　那儿 死 了 人。

あそこ　死ぬ　（了 le）　人

あそこで人が死んでいた。

（31） a　他们 把 饭 都 吃 完 了。

彼ら　を　ご飯　みな　食べる　おわる　（了 le）

彼らはご飯を全部食べてしまった。

b　他们 把 饭 都 吃 了。

彼ら　を　ご飯　みな　食べる　（了 le）

彼らはご飯を全部食べた。

（32） a　那儿 写 着 几 个 字。

あそこ　書く　～ている　幾　個　字

あそこにいくつか文字が書かれている。

b　那儿 写 了 几 个 字。

あそこ　書く　（了 le）　幾　個　字

あそこにいくつか文字が書いてある。

上の例においてａとｂはほとんど同じ意味である。このことから「了$_1$」の両極点における境界が曖昧であることがわかる。

劉勳寧は「了$_1$」が実現という意味を表すことを証明するために、「完了」に対応して、「了$_1$」と「起来 qilai」とが１つの動詞の後に共起する例を挙げている。例えば、「Ｖ了 le 起来 qilai」（或いは「Ｖ起来 qilai 了 le）である。そしてそれによって「了$_1$」が「実現」の意味を表す「起来 qilai」と調和が取れることを証明しようとしている。しかし、劉は「Ｖ完 wan 了 le」のように、「了$_1$」と「完 wan」がよく１つの動詞の後に共起することに触れていない。これも両端の境界が曖昧となる原因である。

筆者が完了説を部分的に採用するもう１つの理由は、「过 guo」と「着 zhe」との境界の数量的比率を考慮したからである。「着 zhe」との境界が曖昧である動詞は、数量的には極めて少数であり、多くの動詞は「完了」を表す方に傾いている（馬慶株 1981,4.1）。もちろんそれらと「过 guo」との区別については筆者も注目している。

1.4　「了₁」と「过 guo」のもう１つの区別は、「中性文脈」において両者とも「テンス」を表す働きも持っているという点である。しかし「过 guo」が表すのは「遠い過去時」であるのに対し、「了₁」が表すのは「近い過去時」である。次の例を比較してみる。

（33）我 吃 过 生鱼片。
私　食べる　（过 guo）　刺身
私は刺身を食べたことがある。

（34）我 吃 了 生鱼片。
私　食べる　（了 le）　刺身
私は刺身を食べた。

（35）他 当 过 兵。
彼　する　（过 guo）　兵士
彼は兵士になったことがある。

（36）他 当 了 兵。
彼　する　（了 le）　兵士
彼は兵士になった。

（37）他 去 过 北京。
彼　行く　（过 guo）　北京
彼は北京へ行ったことがある。

（38）他 去 了 北京。
彼　行く　（了 le）　北京
彼は北京へ行った。

まず、その他の「文脈要素」①を導入せずに、それらが表すもっとも典型的な、或いはもっとも可能な文法的意味を考えてみる。（33）、（35）、（37）は比較的遠い時間を指しており、（34）、（36）、（38）は比較的近い時間を指していて、

① 訳者注：本稿で使われている「文脈要素」とは修飾成分のことを指す。

「刚刚／さきほど～したばかり」という場合もある。下の時間軸を見てみる。

遠い過去時	近い過去時	現在	未来
（他去过北京。）	（他去了北京。）	（他去北京了。）	（他去北京。）
（彼は北京へ行ったことがある。）	（彼は北京へ行った。）	（彼は北京へ行っている。）	（彼は北京へ行く）

上記の結果は、「文脈要素」をコントロールすることによって、容易に得ることができる。「过 guo」と「了$_1$」は「中性文脈」（いかなる「文脈要素」の干渉も伴わない「文脈」—もちろんこれも１種の「文脈」である—を「中性文脈」或いは「零形態」と呼ぶ）において用いられる場合、「テンスとアスペクト」の混合体となるが、「総合的文脈」に用いられる場合、「过 guo」と「了$_1$」の原始的な「テンス」の性格は抑制されてしまう。

これまでの研究においては、「零形態」における「中性文脈」と他の干渉要素を伴う「総合的文脈」とが区別されなかったため、多くの問題について極めて重大なミスを犯してしまい、しかも長期にわたって無意味な論争を重ねて来た。また、一部の研究では、異なった「文脈」を混合した結果、幾つかの間違った問題あるいは間違った結論を作り出してしまった。中国語のテンスとアスペクトの研究においても同様の状況が見られる。

従って、「文脈要素」をコントロールするという研究方法は極めて重視すべきものであると思われる。

1.5　実現説も欠点がないわけではない。まず、理論上の簡潔性と整合性を追求するため、「了$_1$」と「了$_2$」の区別を無視してしまったという点である。次に、用例にはしばしば通常の語感と相反するものがあるという点である。これは非常に危険である。もし、ある理論が多数の人の語感と相反するのであるならば、その理論の中には必ず不合理なところがあるはずである。例えば、例（１）の「昨天老王买了一本书。／昨日王さんは１冊の本を買った。」は、実現説で解釈すれば、「昨日一冊の本を買うという行為が｛実現｝した」ことになるが、やはりそうではない。それより、むしろ「昨日一冊の本を買うという行為が｛完了｝した」と言った方がストレートで明確であり、かつわかりやすく、特に語学教育の上においてそうである。さらにもっと説明しにくいのは、次のような例である。

(39) 孩子们 都 吃 了 饭 了。

子供たち　みな　食べる　(了 le)　ご飯　(了 le)

子供たちはみんなご飯を食べた。

(39) の例は実現説ではなかなか解釈できない。２つの「実現」が共存しており、後者の「実現」が前者の「実現」の「実現」となるからである。実際にこのような説明で学生を納得させることはできない。

実現説の致命的な欠陥は、「実現」の意味を持つ動詞を用いる数多くの文には「了 le」が用いられないという現象を説明できないという点である。この点において、実現説と完了説は同じ難題に直面している。例えば、次の例を見てみる。

(40) 一 日, 两 人 逛 街 时 看到 银行 门口 在 出售 认购证 (, 就 买 了 十 张。)

1　日　2　人　ぶらぶらする　町　時　見かける　銀行　入り口　～ている　販売する　購入証　((就 jiu)　買う　(了 le)　10　枚)

ある日、２人は町をぶらぶらしているとき、銀行の入り口で購入証を販売しているのを見て (、10 枚購入した。)

(41) 他 知道 这 原始股 的 厉害。

彼　分かる　これ　原始株　の　怖さ

彼はこの原始株の怖さをよく知っている。

(42) 父子 两 人 一再 拖赖 这 笔 债款。

親子　2　人　何度も　遅らせて踏み倒す　それ　(笔 bi)　借金

親子２人は何度も借金を踏み倒した。

(43) 这 位 总经理 却 因 贪污 受贿 正在 接受 审查。

それ　方　社長　(却 que)　～によって　汚職する　収賄する　～ている　受ける　審査

その社長は汚職の贈賄によって現在審査を受けている。

(40) ～ (43) の「看到／見かける」、「知道／分かる」、「拖赖／遅らせて踏み倒す」、「接受／受ける」はいずれもすでに「実現」した行為であるが、「了 le」を用いることができない（これは、「了 le」を用いることはできるが用いていない、という意味ではない）。その原因こそ、筆者がもっとも関心を持つところである（金立鑫 1997)。そこで筆者は、完了説と実現説のそれぞれの合理的な部分を吸収して、「了 le」を使用する際の重要な条件を解釈していこうと考えている。このことは教育上早急に必要とされているだけでなく、理論上においても早急に必要とされている。

2 「了₂」について

2.1 ここでまず明らかにしたいことは、「了₂」は常に「テンス」と密接に関わっており、それによって表される行為は発話の前に発生することのみ許され、発話の後に発生することは許されないということである。例えば：

(44) 昨天 我 吃 饭 前 去 找 你 了, 你 不 在。

昨日 僕 食べる ご飯 前 行く 会う 君 (了 le) 君 ～ない いる

昨日僕は食事の前に君に会いに行ったが、留守だった。

*明天 我 吃 饭 前 去 找 你 了, 你 不 在。

明日 僕 食べる ご飯 前 行く 会う 君 (了 le) 君 ～ない いる

*明日僕は食事の前に君に会いに行ったが、留守だ。

*过 一会儿 我 去 找 你 了, 你 不 在。

経つ しばらく 僕 行く 会う 君 (了 le) 君 ～ない いる

*しばらく経って僕は君に会いに行ったが、留守だ。

上述のところで「常に」と言っているが、その中に仮定文は含まれない。仮定文の中では「了₂」を用いることができる。このほか、下記の文もそれらと異なり、説明する必要がある。

(45) 明天 他 要 走 了。

明日 彼 ～ことになる 行く (了 le)

明日彼は行くことになった。

これは「明天他要走／明日彼は行く」という命題に対する肯定である。即ち、現在まで「明天他要走／明日彼は行く」という命題は真であり、つまり「明天他要走／明日彼は行く」というイベントが発生しているのである。

2.2 次に明らかにしたいことは、「了₂」は「イベントが実現し、かつある時間の参照点まで持続している」ということを意味する、ということである。この点について、下記の例を分析することによって明らかにしていく（例 (46)、

(47)、(51) ～ (58) は『漢語語法難点釈疑・「了」的用法／中国語文法の難問解釈・「了」の用法』から引用)。

(46) 小王 不 是 教员 了。

王くん ～ない だ 教員 (了 le)

王くんは教員でなくなった。

この文は、「‘小王不是教员／王くんは教員ではない’というイベントが実現し、かつ時間の参照点まで現状のまま持続している」ということを意味している。この文における「時間の参照点」とはこの文の発話時点を指す。この文における「実現」とは、アスペクトレベルの文法的意味であり、これに対し、「時間の参照点まで持続する」というのはテンスレベルの文法的意味である。従って、ここの「$了_2$」はアスペクトとテンスの混合標記である。いかなる状態やイベントの実現も、予期を含意している。つまり、実現する前の状態或いはイベントは対立する別の状態であり、従ってこのような文は「状況が変化した」という意味も持つのである。例 (46) はしばしば「‘小王以前是教员。／王くんは以前教員だった。’のであり、ここの‘了 le’はその状況が変化したことを表す」と解釈される。さらに典型的な例は (47) である。

(47) 下 雨 了。

降る 雨 (了 le)

雨が降った。

(47) についての筆者の解釈は、「‘下雨／雨が降る’というイベントが実現し、かつ発話の時点まで持続して、そしてまだ雨が降っている」である。「もともと雨は降っていなかったが、いまは降っている」という解釈は一般的な解釈である。

中国語において、「文脈」の助けがなければ、上述の例における時間の参照点はいずれも「文の発話の時点」であり、この場合、「文脈」は中性である。しかし、特定な「文脈」成分があれば、解釈は異なる。例えば：

(48) 不知不觉 三 个 小时 过去 了。

知らないうちに 3 個 時間 過ぎる (了 le)

知らないうちに3時間が過ぎてしまった。

(49) 上个 星期天, 我 去 逛 了 我 家 附近 的 跳蚤市场, 那儿 有 不少 很 便宜 的 东西, 也 有 不 少 人, 不知不觉 三 个 小时 过去了（金按, 可以替换为: 不知不觉 过去 三 个 小时 了）。我 想, 时间 不 早 了, 我 该 回 家 了。

先週 日曜日 私 行く ぶらぶらする （了 le） 私 家 近く の バザール そこ ある ～ない 少ない とても 安い （的 de） もの も いる ～ない 少ない 人 知らないうちに 3 個 時間 過ぎる （了 le） （原著者注：次の言い方に入れ替えることができる。 知らないうちに 過ぎる 3 個 時間 （了 le）） 私 思う 時間 ～ない 早い （了 le） 私 ～べきだ 帰る 家 （了 le）

先週の日曜日、私は家の近くのバザールに行き、そこには安いものがたくさんあり、人もたくさんいて、知らないうちに3時間が過ぎてしまった（著者注：「知らないうちに3時間経った」に言い換えてもよい）。時間が遅くなってしまったので、家に帰らなければならない、と思った。

（48）の時間の参照点は「発話の時点」と言ってもいいが、（49）における「不知不觉三个小时过去了。／知らないうちに3時間が過ぎてしまった」の時間の参照点は叙述されたイベントの発生の時点である。即ち、「先週の日曜日」「私が思う」時、すでに「3時間が過ぎてしまっていた」のである。さらに（50）を見てみる。

（50）1917年, 那 时 俄国 人民 已经 推翻 沙皇 的 统治 了。

1917年 その 時 ロシア 人民 すでに 倒す ツアー の 支配 （了 le）

1917年、ロシア人民はすでにツアーの支配を倒していた。

この文における時間の参照点は「1917年那时／ 1917 年その時」である。この文におけるイベントの発生時点は現在から極めて遠く、近くはない。従って「中性文脈」の場合と、特定の文脈成分によって制約される場合とでは、「時間の参照点」が異なる。「了₂」は「中性文脈」においては常に現在と関わりを持っており、これは「了₂」が持つ「統語的意味」と見なすことができる。もしも特定の文脈成分の制約がなければ、「遠い時」というのは「了₂」と矛盾するが、特定の文脈成分の制約がある場合は、「遠い時」との結びつきが可能となる。以上の指摘は、「実現し、かつある時間の参照点まで持続する」という文法的意味を理解する上で極めて重要なことであると考える。

下記の文における「了₂」は上述の解釈と同じである。これらの例を挙げたのは、「了₂」が異なる形式の文に用いられても、その文法的意味は同じであるということを説明するためである。

(51) 我 干 了 一 年 半 了。

私 する (了 le) 1 年 半 (了 le)

私はやり始めてから1年半になる。

(52) 小王 吃 了 三 碗 饭 了。

王くん 食べる (了 le) 3 杯 ご飯 (了 le)

王くんはご飯を３杯を食べた。

(53) 我们 八 年 没有 见 面 了。

私たち 8 年 ～なかった 会う 顔 (了 le)

私たちは８年間会っていなかった。

(54) 孩子们 都 吃 了 饭 了。

子供たち みな 食べる (了 le) ご飯 (了 le)

子供たちはみんな食事を済ませた。

(55) 他 喝 酒 了。

彼 飲む 酒 (了 le)

彼はお酒を飲んだ。

(56) 这些 字 我 都 记住 了。

それら 字 私 みな 覚える (了 le)

それらの字は私はすべて覚えた。

(57) 钱 都 被 人 拿 走 了。

お金 みな られる 人 取る 行く (了 le)

お金はすべて取られてしまった。

(58) 李小姐 把 她 的 房子 卖 了。

李さん を 彼女 の 家 売る (了 le)

李さんは自分の家を売却した。

3　「了$_4$」について

語気詞「啦 la」の弱化形式としての「了$_4$」は、典型的には形容詞述語文に用いられ、しかもその形容詞述語文は常に程度副詞「太／たいへん」、「最／一番」を伴っている。ここでは、「太／たいへん」、「最／一番」は主観的感情型の程度副詞として、一般の程度副詞「很／とても」、「十分／極めて」、「非常／非常に」とは顕著な対立が見られる。例えば：

(59) 中文 太 难 <u>了</u>。

中国語　たいへん　難しい　（了 le）

中国語は難しすぎるんだ。

中文 很 难。

中国語　とても　難しい

中国語はとても難しい。

*中文 很 难 <u>了</u>。

中国語　とても　難しい　（了 le）

*中国語はとても難しいんだ。

(60) 这么 说 最 好 <u>了</u>。

そのように　言う　一番　よい　（了 le）

そのような言い方がもっとも望ましいんだ。

这么 说 很 好。

そのように　言う　とても　よい

そのような言い方はとてもいい。

*这么 说 很 好 <u>了</u>。

そのように　言う　とても　よい　（了 le）

*そのような言い方はとてもいいんだ。

(61) 小李 最 聪明 <u>了</u>。

李くん　一番　聡明だ　（了 le）

李くんが一番頭がいいんだ。

小李 很 聪明。

李くん　とても　聡明だ

李くんはとても頭がいい。

*小李 很 聪明 <u>了</u>。

李くん　とても　聡明だ　（了 le）

*李くんはとても頭がいいんだ。

(62) 房子 太 小 <u>了</u>。

部屋　たいへん　狭い　（了 le）

部屋は狭すぎるんだ。

房子 很 小。
部屋　とても　狭い
部屋はとても狭い。
*房子 很 小 了。
部屋　とても　狭い　（了 le）
*部屋はとても狭いんだ。

(63) 东西 太 贵 了。
もの　たいへん　（値段が）高い　（了 le）
値段が高すぎるんだ。
东西 很 贵。
もの　とても　（値段が）高い
値段がとても高い。
*东西 很 贵 了。
もの　とても　（値段が）高い　（了 le）
*値段がとても高いんだ。

(64) 今天 最 冷 了。
今日　一番　寒い　（了 le）
今日は一番寒いんだ。
今天 很 冷。
今日　とても　寒い
今日とても寒い。
*今天 很 冷 了。
今日　とても　寒い　（了 le）
*今日とても寒いんだ。

(65) 中国 人口 太 多 了。
中国　人口　たいへん　多い　（了 le）
中国の人口は多すぎるんだ。
中国 人口 很 多。
中国　人口　とても　多い
中国の人口はとても多い。
*中国 人口 很 多 了。

中国　人口　とても　多い　（了 le）

*中国の人口はとても多いんだ。

(66) 这个 问题 太 难 解决 <u>了</u>。

その　問題　たいへん　難しい　解決する　（了 le）

その問題を解決するのは大変難しいんだ。

这个 问题 很 难 解决。

その　問題　とても　難しい　解決する

その問題を解決するのはとても難しい。

*这个 问题 很 难 解决 <u>了</u>。

その　問題　たいへん　難しい　解決する　（了 le）

*その問題を解決するのは大変難しいんだ。

(67) 他 认为 他 的 女 朋友 最 漂亮 <u>了</u>。

彼　思う　彼　の　女　友達　一番　美しい　（了 le

彼は自分の彼女が一番美しいと思っているんだ。

他 认为 他 的 女 朋友 很 漂亮。

彼　思う　彼　の　女　友達　とても　美しい

彼は自分の彼女がとても美しいと思っている。

*他 认为 他 的 女 朋友 很 漂亮 <u>了</u>。

彼　思う　彼　の　女　友達　とても　美しい　（了 le

*彼は自分の彼女がとても美しいと思っているんだ。

「了$_4$」が語気詞であることを証明するのに、それが主観的感情型の程度副詞を伴うということだけでは不十分であるなら、下記の３つの理由から「了$_4$」が語気詞であることを証明することができる。

（Ⅰ）「了$_4$」は完全に省くことができ、「了$_4$」を省いても文のテンス・アスペクトの意味に影響しない。影響するのは文のモダリティの表出に対してである。「了$_4$」を省くと、話し手が表現しようとする取り立てや誇張の意味がなくなってしまう。

（Ⅱ）弱化されていない「啦 la」で置き換えることができ、置き換えた結果、本来持っている誇張などの意味は更に顕著となる。従来この「啦 la」は「了 le ＋啊 a」の緊縮形式と見なされてきたが、この観点は実証されていないので、信憑性が薄い。

（Ⅲ）形容詞は程度副詞を伴うと、それは客観的状態ではなく、主観的モダリティ表現と見なされ、テンス・アスペクトの表現を求めない。これに対し、状態を表す場合には、「天气冷—天气冷了／天気が寒い—天気が寒くなった」のように、テンス・アスペクトの表現を求めることがある。

4　イベント実現の必要条件としての時間幅及びその獲得方法

「テンス」と「時間幅」とは異なるものである。「時間幅」とは、動詞の時間的特性が顕在化した後､それが客観的世界に占める時間の長さのことである。

理論上から言えば、実現しなければならないイベントは、必ず一定の時間幅を持つ。もし時間幅がなければ、そのイベントは「未実現」であることを意味する。しかし、このような時間幅を言語形式で表す必要があるか否かは、おそらくそれぞれの言語にそれぞれ異なる表現方法があると考えられる。多くの言語はあるイベントの実現を表そうとする場合、しばしばそのイベントに対してそれが発生した時間幅を示すか、或いは発生したイベントに対して時間の参照点を示すのである。

時間幅には２種類ある。それは確定している時間幅（境界が曖昧である）と不確定の時間幅（境界が相対的にはっきりしている。この点は竟成（1996）の「一般的時間型」と「限定的時間型」からヒントを得た）である。

「了 le」と「着 zhe」は確定している時間幅を表し、「过 guo」（「中性文脈」の場合）及び恒常的性質を表す文は不確定の時間幅を表す。

文の形成にとって、１つの「命題」から１つの生きた文まで、その必要条件は、その命題のために時間の参照点と時間幅を確定することである。たとえ次のような命題があるとする。

老张　写　小说

張さん　書く　小説

張さんは小説を書く

この命題が現実の世界における１つのイベントとなるためには、時間の参照点と時間幅を獲得しなければならない。そうでなければ、それは生きた文となることはできない。命題が時間的特性を獲得する方法には主に次のようなものがある。

A　時間詞

B　動詞接辞

C　受動者の明示化

D　文末の「了 le」

E　統語構造

F　構造の相互参照

例えば：

A　昨天 老张 写 小说。

昨日　張さん　書く　小説

昨日張さんは小説を書いた。

B　老张 写 过 小说。

張さん　書く　（过 guo）　小説

張さんは小説を書いたことがある。

C　老张 写 了 《男人 的 一半 是 女人》。

張さん　書く　（了 le）　『男　の　半分　だ　女』

張さんは『男の半分は女』を書いた。

D　老张 写 小说 了。

張さん　書く　小説　（了 le）

張さんは小説を書き始めた。

E　老张 写 小说。

張さん　書く　小説

張さんは小説を書く。

F　老张 写 了 小说，老李 却 写 了 散文。

張さん　書く　（了 le）　小説　李さん　逆に　書く　（了 le）　散文

張さんは小説を書いたが、李さんは散文を書いた。

Aは時間詞、Bは動詞接辞、Cは受動者の明示化、Dは文末の「了 le」、Eは統語構造、Fは構造の相互参照である。

Aの時間詞が指示しているのは、時間の参照点である。もしこの時間参照点がなければ、「写／書く」という行為は時間軸の両端に無限に延びていくことになる（実際は不可能であるが）。Aは時間幅を示していないが、「昨天／昨日」という時間の参照点があるので、「写／書く」はこの範囲内にしか延びることができない。従って「写／書く」の時間幅は「写了一天／1日書いた」と理解することができる。これは実際にはすでに暗黙の了解となっている。

Bの動詞接辞が指示しているのは、不確定の時間幅である。時間の参照点において、その他の時間成分がないため、「过 guo」が「過去—遠い時」を表す働きを兼ねている。過去に実現したイベントについて、中国語は明確な時間幅を求めない。これも中国語話者の間では暗黙の了解となっている。

Cにおいて、受動者の明示化によって「写／書く」の時間幅を表すことができる（もし「了 le」がなければ、「写／書く」は時間軸の後の方向へ無限に延びていくことになるが、「了 le」があることにより、「写／書く」はその小説を書き終わるまでしか延びることができないのである）。そしてその小説の作成にかかった時間が「写／書く」の時間幅である。その他の時間詞がない場合には、「了 le」は「過去—近い時」の時間の参照点も表す。

Dの文末の「了 le」は、「テンス」における黙認値は発話の時間である。時間幅における起点は発話前のある時間であり、その持続の可能性は、最小限は時間の参照点までであり、最大限は後続文によって決定される（すぐに終結する可能性もあれば、無限に延びる可能性もある）。

Eは統語構造であり、「零形態」の「中性文脈」の形式である。このような形式に対して、中国語話者の間で暗黙の了解となっているテンス・アスペクトの特徴は、時間幅において、「写／書く」は時間軸の両端に無限に延びていくので、それは不確定のものである、ということである。このような文は主に職種特徴として見なされる。もし文が命令・願望文（命令・願望という「文脈要素」を加える）である場合には、「写／書く」は発話後の時間軸の方向にしか無限に延びることはできない。

Fは、動詞接辞「了 le」を伴う2つの構造の相互参照という形式となっており、これは非常に意味深い。それらが黙認する「テンス」は発話時、即ち現在であり、時間幅は「相手の終結を終結とする」ということである（「老张写小说／張さんは小説を書く」時、「老李写散文／李さんは散文を書く」のであり、時間的には両者の発生時は近く、逆にしてもまた同じである）。

5　「了$_1$」における「時間幅」の制約

すでに実現しているイベントの時間表現には、下記のように4種類ある。

（Ⅰ）過去に完了したもの（これには遠い過去の完了と近い過去の完了の区別がある）

（Ⅱ）いま発生したもの（現在もまだそのままである）

（Ⅲ）今持続しているもの

（Ⅳ）理論上、永遠に実現しているもの（未来を含む）

現代中国語では「近時完了のイベント」を除いて、すべてのイベントに対して、時間幅の制約がない。換言すれば、時間幅の表現があるか否かは、文そのものの成立に影響を与えないということである。しかし、「近時完了のイベント」を表す場合には、明確な時間幅を求める。話し手が「近時完了のイベント」を表す場合、明確な時間幅を提示しなければ、その文は完結しないのである。

ここでまず説明したいのは瞬間動詞である。理論上は、瞬間動詞は時間幅を持っているはずであるが、中国語では瞬間動詞の時間幅はしばしば無視されるので、瞬間動詞はたとえ「了 le」を伴って「近時完了のイベント」を表したとしても、時間幅の表現を求めない。即ち瞬間動詞は時間幅の制約を受けないのである。

馬慶株（1981）によれば、動詞は［±持続］によって2大別でき、［－持続］動詞は瞬間動詞、その他は［＋持続］動詞である。あらゆる［＋持続］［－状態］動詞は、「近時完了のイベント」を表す場合、すべて時間幅の制約を受ける。次の例を見てみる。

（68） a　我 等 <u>了</u> 你 三 个 小时。
僕 待つ （了 le） 君 3 個 時間
僕は君を3時間待っていた。

b ＊我 等 <u>了</u> 你。
僕 待つ （了 le） 君
＊僕は君を待った。

（69） a　他 挂 <u>了</u> 一 幅 画。
彼 掛ける （了 le） 1 本 絵
彼は一枚の絵を掛けた。

b ＊他 挂 <u>了</u> 画。
彼 掛ける （了 le） 絵

*彼は絵を掛けた。

(70) a　小张 修 好 <u>了</u> 三 辆 汽车。

張くん　修理する　直る　(了 le)　3　台　車

張くんは車を3台修理した。

b *小张 修 <u>了</u> 汽车。

張くん　修理する　(了 le)　車

*張くんは車を修理した。

(68) a における「三个小时／3時間」は明確な時間幅を提示しているので、文として成立するが、(68) b は時間幅を明示してないため、非文となる。(69) a の「一幅画／1枚の絵」も時間幅(絵を掛ける時にかかった時間が「挂了／掛けた」の時間幅である)を明示している。しかし、(69) b は同類の時間幅を明示していないので、文が完結できない。(70) a の時間幅は名詞的修飾成分によって確定されている(「三辆汽车／3台の車」は修理し終わったので、「修／修理する」というイベントも終結したことになる)が、(70) b は明確な時間幅を提示していないため、非文となる。しかし、下記の文は違う。

(71) 墙 上 挂 <u>了</u> 画。

壁　上　掛ける　(了 le)　絵

壁に絵が掛けられている。

(71) は時間幅を明示していないにもかかわらず、文として成立する。馬慶株は、ここの「挂／掛ける」は[＋完了][＋持続][＋状態]であり、その他の動詞と異なる点は「挂／掛ける」の[＋状態]という特徴にあると、考えている。その特徴があることによって、(71) は (72) と同じ意味となるのである。

(72) 墙 上 挂 着 画。

壁　上　掛ける　(着 zhe)　絵

壁に絵が掛かっている。

即ち、[＋持続][＋状態]という特徴を持つ動詞は「近時完了のイベント」を表す場合、時間幅に制約されないのである。従って、(73) の数量を表す名詞的修飾成分は、この文において時間幅を示唆することはなく、単なる数量表現となっている。

(73) 墙 上 挂 <u>了</u> 一 幅 画。

壁　上　掛ける　（了 le）　1　本　絵

壁に一枚の絵が掛けてある。

その他の例を見てみる。

（74）　a　*他　卖　了　书。

彼　売る　（了 le）　本

*彼は本を売った。

b　他　卖　了　书　以后　就　来　我　这儿　了。

彼　売る　（了 le）　本　後　（就 jiu）　来る　僕　ここ　（了 le）

彼は本を売った後、僕のところに来た。

（75）　a　*我　读　了　研究生。

僕　進学する　（了 le）　大学院

*僕は大学院に進学した。

b　后来　我　读　了　研究生。

後　僕　進学する　（了 le）　大学院

その後、僕は大学院に進学した。

（76）　a　*他　选　了　教师。

彼　選ぶ　（了 le）　教員

*彼は教員を選んだ。

b　他　选　了　教师　这个　职业。

彼　選ぶ　（了 le）　教員　この　職業

彼は教員という職業を選んだ。

（74）aは「了 le」を伴っているので、明確な時間幅の起点、或いは終点があるはずであるが、この文はそのような参照点を提供していない。従って、このような文は単独で用いることができず、そうでなければ、聞き手はイベントの発生した時間を弁別することができないのである。（75）bの「后来／その後」は、前の発話が「起点」となっているので、起点が明らかである。（76）aの「他选了教师／彼は教員を選んだ」、或いは「他选了职业／彼は職業を選んだ」はいずれも単独で用いることができない。これは、「了 le」が用いられたため、「教师／教員」と「职业／職業」はどちらも不確定なものとなり、従って、文は時間上の起点または終点を提供することができないのである。これに対し、（76）bの「教师这个职业／教員という職業」は明確であり、それは

「选／選ぶ」にとって、終点となりうる。

下記の例が成立するのは、文末の「了₂」が「イベントが完了した後の状態が発話時まで持続する」という時間幅を表すからである。

(77) 他 读 了 书 了。

彼 読む (了 le) 本 (了 le

彼は本を読んでいる。

(78) 我 读 了 研究生 了。

僕 進学する (了 le) 大学院 (了 le)

僕は大学院に通っている。

(79) 他 选 了 教师 了。

彼 選ぶ (了 le) 教員 (了 le)

彼は教員を選んでいる。

「了 le」などの標記を伴わない連動文①、兼語文②においては、時間幅が不確定であるため、それらの文は現在の行為、或いは恒常的な性質を表す。

(80) 小王 拿 钥匙 开 门。

王くん 持つ 鍵 開ける ドア

王くんは鍵を持ってきてドアを開ける。

(81) 小王 请 老王 吃 饭。

王くん おごる 王さん 食べる ご飯

王くんは王さんをおごる。

(82) 我 一 看见 他 就 生气。

僕 ～すると 見る 彼 (就 jiu) 腹が立つ

僕は彼を見ると腹が立つ。

「中性文脈」において、このような独立した文は常に現在の行為或いは恒常的な行為を表す。

---

① 訳者注：「連動文」とは、述語が２つまたは２つ以上の動詞または動詞フレーズの連用によって構成される文のことである。

② 訳者注：「兼語文」とは、述語が１つのＶＯフレーズと１つの主述フレーズとが重なり合って構成される文のことである。つまり前のＶＯフレーズ中の目的語が、後の主述フレーズの主語を兼ねている。

参考文献

陳　平　1988　「論現代漢語時間系統的三元結構／現代中国語における時間体系の３元構造」，中国語文，第６期.

龚千炎　1994　「現代漢語的時間系統／現代中国語の時間体系」，世界漢語教学，第１期.

竟　成　1993　「動態助詞“了”的語法意義及其実現／動態助詞『了』の文法的意味及びその実現」，中国対外漢語教学学会第４次学術討論会論文選，北京語学院出版社.

竟　成　1996　「論漢語的時間系統／中国語の時間体系について」，未発表稿.

金立鑫　1993　「論語法形式和語法意義的表現形式／文法形式と文法的意味の表現形式について」，外国語，第６期.

劉勳寧　1989　「現代漢語詞尾“了”的語法意義／現代中国語の語尾『了』の文法的意味」，中国語文，第５期.

李英哲等　1990　『実用漢語参考語法／実用中国語参考文法』，北京語言学院出版社.

呂叔湘編　1980　『現代漢語八百詞／中国語用例辞典』，商務印書館.

馬慶株　1981　「時量賓語和動詞的類／時間量を表す目的語と動詞の分類」，中国語文，第２期.

朱徳熙　1982　『語法講義／文法講義』，商務印書館.

鄭懿徳等　1992　『漢語語法難点釈疑／中国語文法の難問解釈』，華語教学出版社.

原文：「試論“了”的時体特徴」，語言教学与研究，1998年第１期

9　「了$_1$」、「了$_2$」の位置づけと現代中国語のアスペクト体系

方霽 著

于康／岩本真理 訳

1　はじめに

長年来、「了$_1$ le」[①]と「了$_2$ le」に関する研究は、現代中国語の文法研究において極めて注目されている重要な課題である。ほとんどの学者は次のように考えている。

> 「了 le」は文中の語尾「了$_1$ le」と文末の「了$_2$ le」に分類でき、「了$_1$ le」と「了$_2$ le」は現代中国語における対等のアスペクト範疇である。「了$_1$ le」は動詞の後に用いられ、完了を表す（『現代中国語八百詞／中国語用例辞典』）、或いは動作・行為、状態の実現を表す（劉勳寧、1988）。一方「了$_2$ le」は文末に用いられ、主に事柄に変化が生じた、または変化しそうになることを明示する（『現代中国語八百詞／中国語用例辞典』）。

しかし、Shi，Ziqiang（1990）は新しい見解を提起し、「了$_1$ le」と「了$_2$ le」が同一のアスペクト助詞「了 le」であるとし、「了 le」は有界状況（bounded situation）においては完全相を表し、非有界状況（unbounded situation）においては開始相を表すと考えている。容新（1997）はこの観点に異議を唱え、助詞の「了 le」によって表される完全相・開始相を有界状況・非有界状況と混同してはならないという考えを示し、「了 le」によって表される完全相が有界状況に現れることもできれば、非有界状況に現れることもできると指摘している。実際の使用において「了$_1$ le」と「了$_2$ le」は極めて際立った非均衡性を見せていることから、本稿は「了 le」を「了$_1$ le」と「了$_2$ le」に分類するという観点に賛成する。ただし、「了$_1$ le」と「了$_2$ le」は同一レベルの対等のアスペクト範疇に属するとは考えていない。これまで「了 le」の文法的意味に関する定義

① 訳者注：括弧内のローマ字は原漢字の中国語発音のローマ字表記である。以下同様。

も「了₁ le」の使用上の制約を十分に説明することができるものではないので、更なる研究が必要であると思われる。

2　「了₁le」と「了₂le」の非均衡性

実際の使用において、「了₁ le」と「了₂ le」は極めて際立った非均衡性を見せている。例文を見てみよう。

A　（1）我 要 去 上海。
私　しようとする　行く　上海
私は上海へ行きたい。

（2）明天 我 做 完 作业 去 找 你。
明日　僕　する　おわる　宿題　行く　会う　君
明日僕は宿題をやり終えたら君のところへ行く。

B　（1）我 是 大学生。
私　（是 shi）　大学生
私は大学生だ。

（2）你 来 等于 他 来。
君　来る　～と同じだ　彼　来る
君が来るのは彼が来るのと同じだ。

（3）他 姓 王。
彼　～という　王
彼は王という。

C　（1）小李 喜欢 那个 姑娘。
李くん　好きだ　あの　子
李くんはあの子が好きだ。

（2）我 知道 那个 人 的 底细。
僕　知る　あの　人　（的 de）　素性
僕はあの人の素性を知っている。

（3）老王 认识 你。
王さん　知る　君
王さんは君のことを知っている。

（4）老李 熟悉 那儿 的 情况。

李さん　熟知する　あそこ　（的 de）　事情

李さんはあそこの事情をよく知っている。

D　（1）他 病 得 很 厉害。

彼　病気になる　（得 de）[①]　とても　ひどい

彼の病気はかなり重い。

（2）他 坐 在 椅子 上。

彼　座る　に　イス　上

彼はイスに座っている。

（3）我 有 三 本 这样 的 书。

私　ある　3　冊　そのよう　（的 de）　本

私はそのような本を3冊持っている。

E　（1）我 等 他。

私　待つ　彼

私は彼を待つ。

F　（1）香山 的 叶子 红 得 像 火 一样。

香山　の　葉　赤い　（得 de）　まるで　火　のようだ

香山の紅葉は炎のように赤い。

以上の用例において、A（2）を除けば、他の用例はいずれも自由に「了2 le」と共起することができる。しかし、「了1 le」の使用はいろいろな制約があるので、かなり複雑である。

A　（1）我 要 去 上海。

私　しようとする　行く　上海

→ 我 要 去 了[②]上海。（？）

私　しようとする　行く　（了 le）　上海

私は上海へ行きたい。

→　私は上海へ行ったことをしたい。（？）

（2）明天 我 做 完 作业 去 找 你。

明日　僕　する　おわる　宿題　行く　会う　君

---

① 訳者注：日本語に相当する表現がないものは原漢字を示す。

② 訳者注：下線は訳者による。以下同様。

→ 明天 我 做 完 了 作业 去 找 你。

明日 僕 する おわる (了 le) 宿題 行く 会う 君

→ 明天 我 做 完 (了) 作业 去 找 了 你。(?)

明日 僕 する おわる ((了 le)) 宿題 行く 会う (了 le) 君

明日僕は宿題をやり終えたら、君のところへ行く。

→ 明日僕は宿題をやり終えたら、君のところへ行く。

→ 明日僕は宿題をやり終えたら君のところへ行った。(?)

B (1) 我 是 大学生。

僕 (是 shi) 大学生

→ 我 是 了 大学生。(?)

僕 (是 shi) (了 le) 大学生

僕は大学生だ。

→ 僕は大学生だった。(?)

(2) 你 来 等于 他 来。

君 来る ～と同じだ 彼 来る

→ 你 来 等于 了 他 来。(?)

君 来る ～と同じだ (了 le) 彼 来る

君が来るのは彼が来るのと同じだ。

→ 君が来るのは彼が来るのと同じになった。(?)

(3) 他 姓 王。

彼 ～という 王

→ 他 姓 了 王。(?)

彼 という (了 le) 王

彼は王という。

→ 彼は王という名字になった (?)

C (1) 小李 喜欢 那个 姑娘。

李くん 好きだ あの 子

→ 小李 喜欢 了 那个 姑娘。(?)

李くん 好きだ (了 le) あの 子

→ 小李 喜欢 那个 姑娘 喜欢 了 很 久。

李くん 好きだ あの 子 好きだ (了 le) とても 長い

李くんはあの子が好きだ。

→ 李くんはあの子が好きになった。(?)

→ 李くんはあの子のことが、ずいぶん前から好きだった。

(2) 我 知道 那个 人 的 底细。

僕 知る あの 人 (的 de) 素性

→ 我 知道 了 那个 人 的 底细。(#[①])

僕 知る (了 le) あの 人 (的 de) 素性

→ 我 知道 了 那个 人 的 底细 了。

僕 知る (了 le) あの 人 (的 de) 素性 (了 le)

僕はあの人の素性を知っている。

→ 僕はあの人の素性を知るようになった。(#)

→ 僕はあの人の素性を知っているのだ。

(3) 老王 认识 你。

王さん 知る 君

→ 老王 认识 了 你。(#)

王さん 知る (了 le) 君

→ 老王 认识 了 你 了。

王さん 知る (了 le) 君 (了 le)

王さんは君のことを知っている。

→ 王さんは君のことを知るようになった。(#)

→ 王さんは君のことを知っているのだ。

(4) 老李 熟悉 那儿 的 情况。

李さん 熟知する あそこ (的 de) 事情

→ 老李 熟悉 了 那儿 的 情况。(#)

李さん 熟知する (了 le) あそこ (的 de) 事情

→ 老李 熟悉 了 那儿 的 情况 了。

李さん 熟知する (了 le) あそこ (的 de) 事情 (了 le)

李さんはあそこの事情をよく知っている。

---

① 訳者注:「#」について、著者は説明していないが、用例から見ると、非文のマークであると思われる。

→ 李さんはあそこの事情をよく知っているようになった。(#)

→ 李さんはあそこの事情をよく知っているのだ。

D (1) 他 病 得 很 厉害。

彼 病気になる (得 de) とても ひどい

→ 他 病 <u>了</u> 得 很 厉害。(?)

彼 病気になる (了 le) (得 de) とても ひどい

→ 他 病 <u>了</u> 很 久。

彼 病気になる (了 le) とても 長い

彼の病気はかなり重い。

→ 彼は病気になったのがとても重い。(?)

→ 彼は長い間病気だった。

(2) 他 坐 在 椅子 上。

彼 座る に イス 上

→ 他 坐 在 <u>了</u> 椅子 上。

彼 座る に (了 le) イス 上

彼はイスに座っている。

→ 彼はイスに座った。

(3) 我 有 三 本 这样 的 书。

私 ある 3 冊 そのよう (的 de) 本

→ 我 有 了 三 本 这样 的 书。

私 ある (了 le) 3 冊 そのよう (的 de) 本

私はそのような本を3冊持っている。

→ 私はそのような本を3冊持つようになった。

E (1) 我 等 他。

私 待つ 彼

→ 我 等 <u>了</u> 他。(?)

私 待つ (了 le) 彼

→ 我 等 <u>了</u> 他 半天。

私 待つ (了 le) 彼 半日

私は彼を待つ。

→ 私は彼を待った。(?)

→ 私は彼を長い間待っていた。

F （1）香山 的 叶子 红 得 像 火 一样。

香山 の 葉 赤い （得 de） まるで 火 のようだ

→ 香山 的 叶子 红 <u>了</u> 得 像 火 一样。（?）

香山 の 葉 赤い （了 le） （得 de） まるで 火 のようだ

→ 香山 的 叶子 红 <u>了</u> 一个月， 我们 才 去 看。

香山 の 葉 赤い （了 le） 一ヶ月，私たち （才 cai） 行く 見る

香山の紅葉は炎のように赤い。

→ 香山の紅葉は炎のように赤かった。（?）

→ 香山が紅葉し始めて一ヶ月たってから、私たちはようやく見に行った。

これらの用例において、A類の文はイベントの生起時が未来であるが、その他の文は生起時が過去か現在である。B～E類の文の分類は、B類が属性動詞、C類が心理知覚動詞、D類が状態動詞、E類が動作動詞というように、文中の動詞の種類によるものであり、F類は形容詞述語文である。

以上の用例に示されているように、実例において、「了₁ le」と「了₂ le」は極めて際立った非均衡性を見せている。「了₂ le」の方が「了₁ le」より自由度が高いので、「了₁ le」と「了₂ le」は同一レベルのものではないと考えるのに、十分な理由があると思われる。

また、これまで「了₁ le」の文法的意味の帰納が不十分でしかも不正確であったため、「了₁ le」の使用時の条件制約の解釈にマイナスの影響を与えてきたと考えられる。

「了₁ le」を用いるか否かが文中の動詞の種類に関わると考えている人もいる。例えば、B類の属性動詞が「了₁ le」と共起できないのは属性動詞が実現に関わらないからであるという観点がある（耿新民、1988）。しかし、筆者は「了₁ le」を用いるか否かが必ずしも文中の動詞の種類によって決まるわけではないと考えている。なぜなら同類の動詞であっても、「了₁ le」を用いる時に共通性が見られないからである。例えば、C類の動詞はいずれも心理知覚動詞であるが、C（1）はそのあとに時間成分が共起しない限り、直接に「了₁ le」を用いることはできない。それに対して、C（2）、（3）、（4）は「了₁ le」を用いることができるものの、単に「了₁ le」を用いるだけでは文がまだ終了

していない感じを与えるため、ふつう文末に「了$_2$ le」を加えてはじめて文が終了することになる。C（1）はC（2）、（3）、（4）との間には共通性が見られないが、E（1）と一致している。同様に、「了$_1$ le」の使用において、D（1）はD（2）、（3）との間には共通性が見られないがものの、Fとは一致している。

従って、「了$_1$ le」を用いるか否かは必ずしも文中の動詞の種類によるものではないといえよう。やはり「了$_1$ le」が表す文法的意味からその原因を究明しなければならない。しかし、「了$_1$ le」の文法的意味は動作・行為或いは状態の完了または実現を表すというように簡単にまとめてしまうと、「了$_1$ le」の使用上制約は十分に説明することができないことになる。なぜ、動詞の種類が同じであるにもかかわらず、自由に「了$_1$ le」と共起し「完了」或いは「実現」を表すものもあれば、そうでないものもあるのかが説明できないのである。また属性動詞はいずれも「了$_1$ le」と共起することができないが、属性動詞が実現に関わらないからであるという観点にも筆者は賛成しかねる。適当なコンテクストがあれば、いかなる動詞も「実現」を表すことができると考えるのである。未来のイベントを表す文においても同じであり、「了$_1$ le」と共起することができる場合もあれば、できない場合もある。唯一の説明は、「了$_1$ le」の文法的意味は単に「完了」或いは「実現」を表すものではなく、必ずほかに含意された文法的意味があって、「了$_1$ le」の使用を制約しており、「了$_1$ le」を用いることができるか否かは含意されたその文法的意味によって決まるということであろう。

「了$_1$ le」の文法的意味を正確にかつ全面的に掘り下げてはじめて関連する言語現象を説明することが可能となる。そのために、まず「了$_1$ le」と「了$_2$ le」の位置づけを明らかにしなければならない。本稿は次のように考えている。即ち、「了$_1$ le」と「了$_2$ le」は中国語の使用者が文が表すイベントを異なった角度から観察して得た、異なったアスペクト範疇である。いずれもアスペクト範疇ではあるものの、両者は同一レベルのものではなく、対立する項も異なり、文法的意味もかなり違っている。従って、使用において、非均衡性と非対称性を見せている。

3　「了$_1$le」と「了$_2$le」の位置づけと現代中国語のアスペクト体系

3.1　アスペクトとは

アスペクトは、人々が時間経過のプロセスにおけるイベントを観察する方式を反映するものである。観察する視点が違うと、異なるアスペクト範疇を得ることになる。筆者はイベントそのものの視点からアスペクトを次のように定義する。

アスペクトとは時間経過中のイベントが注目されかつ感受される方式のことである。

3.2　中国語のネィティヴスピーカーがイベントを観察する２つの方式

中国語のネィティヴスピーカーは時間経過のプロセスにおけるイベントを観察する時、２つの視点、つまり２つの方式を持つ。

3.2.1　外部方式

中国語のネィティヴスピーカーは外部から時間経過のプロセスにおけるイベントを観察することができる。この時、人々はイベントを１つのまとまったものとして叙述し、イベントが生じたあとの状態は時間軸のある時点を超えた後均質に分布し、なおかつ終点がない。

我 是 大学生 了。

僕　（是 shi）　大学生　（了 le）

僕は大学生になった。

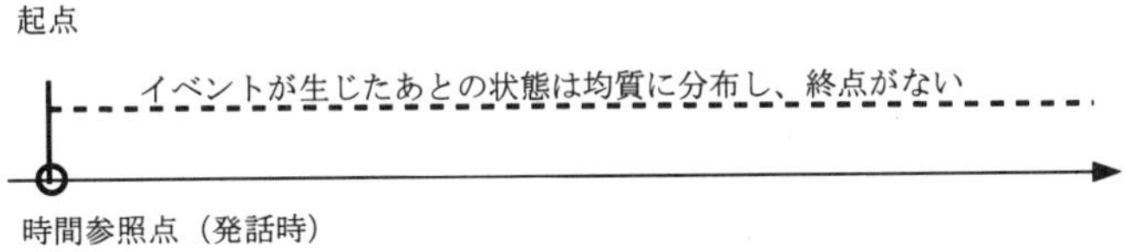

操场 边 有 很 多 树。

グランド　そば　ある　とても　たくさん　木

グランドのあたりに木がたくさんある。

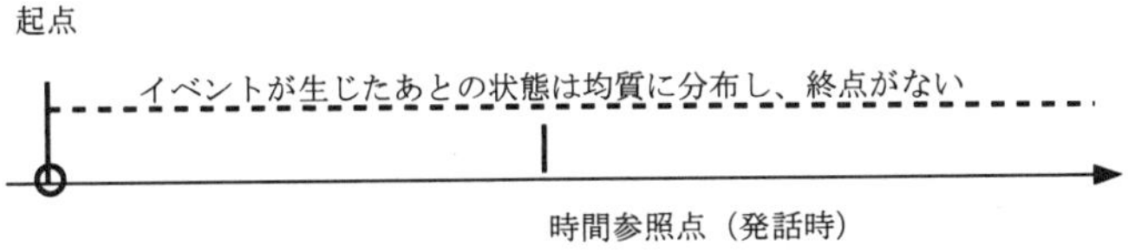

我 吃 得 很 饱。

僕　食べる　（得 de）　とても　腹いっぱい

僕はおなかがいっぱいになった。

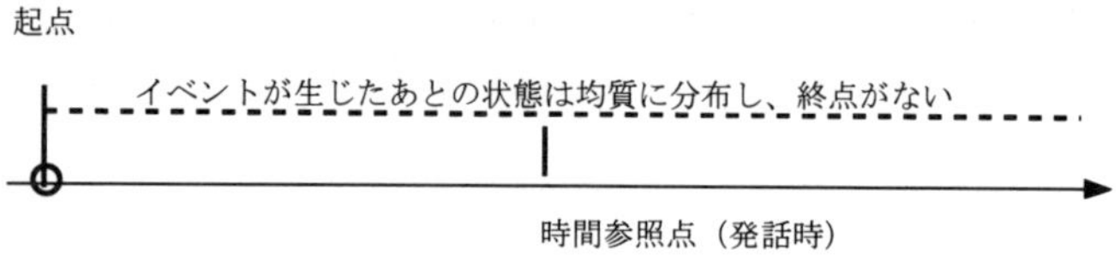

外部からイベントを観察する場合、そのイベントを分割不可能なまとまったものと見ているので、異なった「アスペクト」の意味を表す時、文中の動詞に異なった表現を求めることはできず、文末に異なった表現を用いることしかできない。

3.2.2　内部分解方式

中国語のネィティヴスピーカーは内部から時間経過のプロセスにおけるイベントを観察することもできる。この時、人々はイベントを１つのまとまったものとして見ているのではなく、分割可能なものとして叙述しているのである。分解のプロセスはイベントが感受されるプロセスでもあるので、分解が終了すれば、感受のプロセスも終了することになる。イベントが生じた後の状態には終点があり、時間参照点の後に持続することはない。例えば、次の例を見てみよう。

このイベントは次のように分解できる。イベントの起点も終点も時間参照点の前にあり、イベントが生じたあとの状態は時間参照点まで持続する。「过 guo」はこのようなイベントのプロセスにおける文法の標記であり、このようなイベントが感受される方式を表している。

吃 过 药 病 就 好 了。

飲む　（过 guo）　薬　病気　（就 jiu）　よい　（了 le）

薬を飲んだら病気が治った。

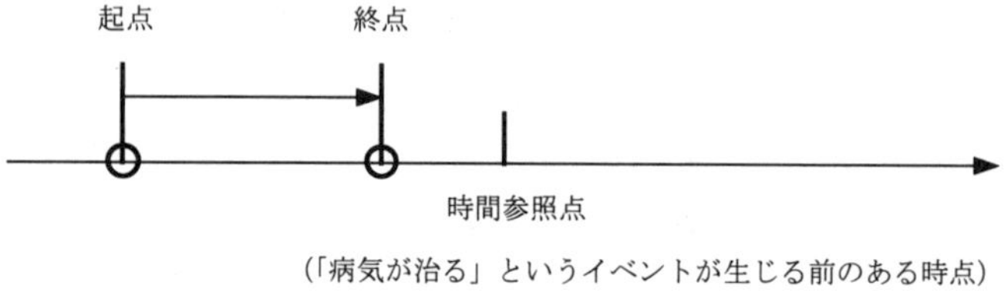

内部からイベントを分解する場合、異なった「アスペクト」は、文中の動詞が異なる表現形式を有することを求め、異なった感受プロセスは異なる文法標記を使用することを求める。「过 guo」、「了₁ le」、「着₁ zhe」、「在 zai」は内部からイベントを分解する時に得られたアスペクトの分類である。

内部と外部から時間経過中のイベントを観察する時、最も顕著な区別はイベントが生じた後の状態が時間軸において終点があるか否かというところにある。終点がある場合は、イベントが分解された状態で感受されることを表し、終点がない場合は、イベントが１つのまとまった状態で感受されることを表す。

英語における「アスペクト」は時間参照点と動詞のプロセスの投影である。「アスペクト」について、イギリスの言語学者 R.Quirk 氏は『総合英語語法／総合英語文法』(1985) で「アスペクトは時間に関わる動詞によって表される動作が注目され感受される方式を反映している」と定義し、アメリカの言語学者 B.Comrie 氏は『*Aspect*』で「アスペクトは状況の内部時間の構成を観察する異なった方式である」と定義している。これらの定義からわかるように、彼らは内部分解の方式で時間経過中のイベントを観察している。従って英語の「アスペクト」の意味は文中の動詞によってしか表されないのである。

それと比べると、外部からイベントを観察する方式は中国語のネィティヴスピーカーのみのものとなる。これは類像の文中の現れであると思う。即ちイメージは、漢字として現れる形式は象形文字であり、文レベルで表されるのは外部からイベントを１つのまとまったものとして観察する方式なのである。両方とも中国語のみのものである。

3.3　「了₁le」と「了₂le」の位置づけ

「了₁ le」の使用に見られる共通性に基づき、先の例文を次のように並べ直した。

A　（1）我 要 去 上海。

私　しようとする　行く　上海

→　我 要 去 <u>了</u> 上海。(？)

私　しようとする　行く　(了 le)　上海

私は上海へ行きたい。

→　私は行ったことをしたい。(？)

（2）明天 我 做 完 作业 去 找 你。

明日　僕　する　おわる　宿題　行く　会う　君

→　明天 我 做 完 <u>了</u> 作业 去 找 你。

明日　僕　する　おわる　（了 le）　宿題　行く　会う　君

→　明天 我 做 完 （<u>了</u>） 作业 去 找 <u>了</u> 你。（？）

明日　僕　する　おわる　（（了 le））　宿題　行く　会う　（了 le）　君

明日僕は宿題をやり終えたら、君のところへ行く。

→　明日僕は宿題をやり終えたら、君のところへ行く。

→　明日僕は宿題をやり終えたら君のところへ行った。（？）

B　（1）我 是 大学生。

僕　（是 shi）　大学生

→　我 是 <u>了</u> 大学生。（？）

僕　（是 shi）　（了 le）　大学生

僕は大学生だ。

→　僕は大学生だった。（？）

（2）你 来 等于 他 来。

君　来る　～と同じだ　彼　来る

→　你 来 等于 <u>了</u> 他 来。（？）

君　来る　～と同じだ　（了 le）　彼　来る

君が来るのと彼が来るのと同じだ。

→　君が来るのは彼が来るのと同じになった。（？）

（3）他 姓 王。

彼　～という　王

→　他 姓 <u>了</u> 王。（？）

彼　という　（了 le）　王

彼は王という。

→　彼は王という名字になった（？）

C　（1）他 病 得 很 厉害。

彼　病気になる　（得 de）　とても　ひどい

→　他 病 <u>了</u> 得 很 厉害。（？）

彼　病気になる　（了 le）　（得 de）　とても　ひどい

→ 他 病 了 很 久。

彼 病気になる （了 le） とても 長い

彼の病気はかなり重い。

→ 彼は病気になったのがとても重い。（？）

→ 彼は長い間病気だった。

（2）香山 的 叶子 红 得 像 火 一样。

香山 の 葉 赤い （得 de） まるで 火 のようだ

→ 香山 的 叶子 红 了 得 像 火 一样。（？）

香山 の 葉 赤い （了 le） （得 de） まるで 火 のようだ

→ 香山 的 叶子 红 了 一个月， 我们 才 去 看。

香山 の 葉 赤い （了 le） 一ヶ月，私たち （才 cai） 行く 見る

香山の紅葉は炎のように赤い。

→ 香山の紅葉は炎のように赤かった。（？）

→ 香山が紅葉し始めて一ヶ月たってから、私たちはようやく見に行った。

D （1）小李 喜欢 那个 姑娘。

李くん 好きだ あの 子

→ 小李 喜欢 了 那个 姑娘。（？）

李くん 好きだ （了 le） あの 子

→ 小李 喜欢 那个 姑娘 喜欢 了 很 久。

李くん 好きだ あの 子 好きだ （了 le） とても 長い

李くんはあの子が好きだ。

→ 李くんはあの子が好きになった。（？）

→ 李くんはあの子のことが、ずいぶん前から好きだった。

（2）我 等 他。

私 待つ 彼

→ 我 等 了 他。（？）

私 待つ （了 le） 彼

→ 我 等 了 他 半天。

私 待つ （了 le） 彼 半日

私は彼を待つ。

→　私は彼を待った。（？）

→　私は彼を長い間待っていた。

E　（1）我 知道 那个 人 的 底细。

僕 知る あの 人 （的 de） 素性

→　我 知道 了 那个 人 的 底细。（#）

僕 知る （了 le） あの 人 （的 de） 素性

→　我 知道 了 那个 人 的 底细 了。

僕 知る （了 le） あの 人 （的 de） 素性 （了 le）

僕はあの人の素性を知っている。

→　僕はあの人の素性を知るようになった。（#）

→　僕はあの人の素性を知っているのだ。

（2）小王 认识 你。

王さん 知る 君

→　小王 认识 了 你。（#）

王さん 知る （了 le） 君

→　小王 认识 了 你 了。

王さん 知る （了 le） 君 （了 le）

王さんは君のことを知っている。

→　王さんは君のことを知るようになった。（#）

→　王さんは君のことを知っているのだ。

（3）老李 熟悉 那儿 的 情况。

李さん 熟知する あそこ （的 de） 事情

→　老李 熟悉 了 那儿 的 情况。（#）

李さん 熟知する （了 le） あそこ （的 de） 事情

→　老李 熟悉 了 那儿 的 情况 了。

李さん 熟知する （了 le） あそこ （的 de） 事情 （了 le）

李さんはあそこの事情をよく知っている。

→　李さんはあそこの事情をよく知っているようになった。（#）

→　李さんはあそこの事情をよく知っているのだ。

F　（1）他 坐 在 椅子 上。

彼 座る に イス 上

→ 他 坐 在 了 椅子 上。

彼 座る に （了 le） イス 上

彼はイスに座っている。

→ 彼はイスに座った

（2）我 有 三 本 这样 的 书。

私 ある 3 冊 そのよう （的 de） 本

→ 我 有 了 三 本 这样 的 书。

私 ある （了 le） 3 冊 そのよう （的 de） 本

私はそのような本を３冊持っている。

→ 私はそのような本を３冊持っている。

以上の例のうち、ＣとＤには「了₁ le」の使用上における共通性が見られるが、Ｃは性質・状態を表す述語補語構造であるのに対し、Ｄは述語目的語構造であるので、やはり２種に分類する。

Ａ～Ｆはいずれも話し手がイベントをひとつまとまったものとして叙述する方式を表し、時間軸のある時点の後、イベントが形成した状態は均質的（homogeneous）であり、しかも分布に終点がないという、外部から時間経過中のイベントを観察する特徴に符合している。

以上の例において、Ａ（2）をのぞいて、いずれも文末に「了₂ le」を加えることができ、しかも「了₂ le」が加えられても話し手の観察視点が変わらず、話し手はやはり外部から時間経過中のイベントを観察するのである。なぜなら、時間軸のある時点の後（この時点は「了₂ le」が加えられた後、必ず文が表す時間参照点となり、特別な指示がない限り、発話時となる）、イベントが形成した状態はやはり均質的であり、しかも分布には終点がないからである。しかし、「了₂ le」を用いるか否かによって文法的意味における区別がある。即ち、「了₂ le」を用いない場合、イベントの形成した状態が均質的に分布する起点は時間参照点の前にあり、「了₂ le」を用いる場合、イベントの形成した状態が均質的に分布する起点は時間参照点の時点にある。例えば：

我 是 大学生。

僕 （是 shi） 大学生

僕は大学生だ。

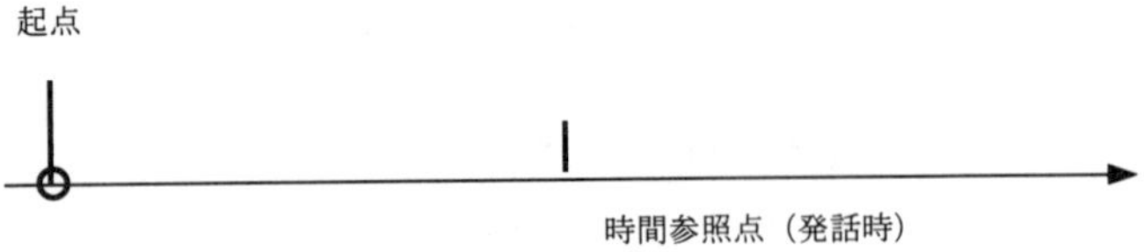

我 是 大学生 了。

僕　（是 shi）　大学生　（了 le）

僕は大学生になった。

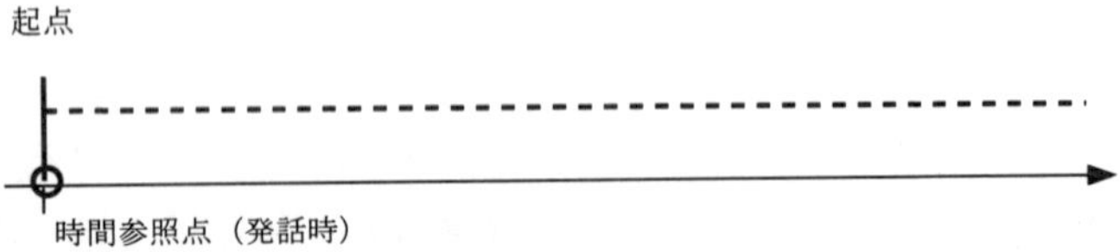

従って、「了$_2$ le」は人々が外部から時間経過中のイベントを観察する場合に、意味示差機能を持つアスペクト範疇なのである。イベントのとらえられ方はそれを１つのまとまったものとして見なすのであり、この１つのまとまったものとして見なされるイベントが形成した状態は時間参照点から始まり（この時点以前は状態が存在しない）、時間軸において後に向けて均質的に分布し、かつ終点がないことを表しているのである。この「了$_2$ le」を開始相と呼ぶ。「了$_2$ le」と対立するのは文末のゼロ形式である。この形式はイベントを１つのまとまったものとして見なし、こういうイベントの形成した状態が時間参照点前のある時点に存在し、時間軸において後に向けて均質的に分布し、かつ終点がないことを表しているのである。これを「静的相」と呼ぶ。

次になぜＡ（２）類の文が「了$_2$ le」と共起できないのかを説明しよう。

Ａ　（１）我 要 去 上海。

私　しようとする　行く　上海

私は上海へ行きたい。

（２）明天 我 吃 完 饭 去 找 你。

明日　僕　食べる　おわる　ご飯　行く　会う　君

明日僕はご飯を食べたら君のところへ行く。

「我要去上海。／私は上海へ行きたい。」が表すイベントは、願望、計画の類に属し、時間参照点前のある時点から始まり、その種の願望または計画が形成した状態は時間軸において均質的に分布し、しかも終点がない。この点ではＡ（２）も同じである。

「我要去上海。／私は上海へ行きたい。」は「了₂ le」と共起することができる。なぜなら時間参照点つまり発話時を見出すことができるからである。発話時はイベントが形成した状態を時間参照点という時点から出現させ、時間軸において後に向けて無限に均質的に分布させることができるのである。それに対し、Ａ（２）類の文は１つのまとまったイベントであり、表しているのは１つの計画である。その計画の実現は仮設の条件によっているので、仮設の条件さえ存在すれば、イベント全体は必ず存在する。仮設の条件が変わらない状況下で、そのイベントを時間参照点の前に存在させないような時間参照点は見出せないので、Ａ（２）は「了₂ le」との共起はできないのである。

「了₂ le」の性格が明らかになったところで、次に「了₁ le」を見てみよう。「了₁ le」は果たして人々が外部から時間経過中のイベントを観察する場合におけるアスペクト範疇なのであろうか。

「了₁ le」はＡ～Ｅのいずれにおいても自由に現れることができないが、Ｆは「了₁ le」と共起することができる。ここで考察しなければならないのは、Ｆが「了₁ le」を伴った後、イベントは１つのまとまった状態として感受されているか否かである。

他　坐　在　了　椅子　上。

彼　座る　に　（了 le）　イス　上

彼はイスに座った。

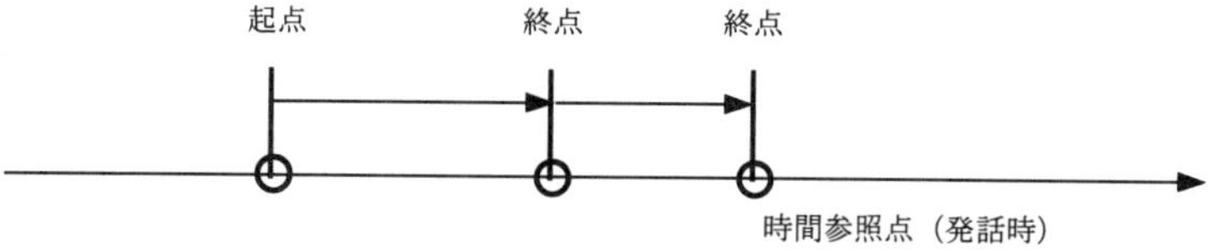

時間参照点は発話時である。例を見ると、「了₁ le」を伴った後、イベントの起点が時間参照点の前にあり、イベントの終点も参照点を越えず、しかも起点と終点の間ではイベントが形成した状態は均質的ではなく、常に変化することが分かった。しかし、この現象は、「ある時間参照点の後、イベントが形成した状態は均質的であり、しかも分布に終点がない」という、人々が外部から時間経過中のイベントを観察する特徴と矛盾している。従って「了₁ le」は人々

が外部からイベントを観察する時のアスペクト範疇ではなく、人々が内部からイベントのプロセスを分解する時に得られたアスペクト範疇であると言えよう。

「了$_1$ le」と「了$_2$ le」が違うレベルのアスペクト範疇であるのなら、なぜ同じ形態の言語形式を選んだのであろうか。これは「了$_1$ le」の語源と関係している。曹広順の考証によれば、本来「了$_1$ le」の位置にあったのは「却 que」だったのであるが、「了$_2$ le」の影響の拡大によって（なぜ「了$_2$ le」がそれほどの影響力を持っていたのかについては3.5節を参照されたい）、人々が同じ言語形式を用いて「却 que」に取って代わったのである。

3.4　現代中国語のアスペクト体系

「了$_1$ le」と「了$_2$ le」の位置づけを明らかにした後、次は現代中国語のアスペクト体系を詳細に考察してみたい。時間経過中のイベントを観察する２つの視点からも、２つの異なったアスペクト体系を得ることができるであろう。

（Ⅰ）イベントが１つのまとまった状態として感受された時のアスペクト体系

外部から時間経過中のイベントを観察する時、現代中国語のアスペクト体系は二元対立の体系である。

アスペクト体系 ｛
- 静的相（文法標記は文末ゼロ形式）
- 開始相（文法標記は文末「了$_2$ le」）

「静的相」とは、イベントが１つのまとまった状態としてとらえられかつ感受され、このまとまったイベントが形成した状態は時間参照点の前のある時点から始まり、時間軸において後に向けて均質的に分布し、しかも終点がないということである。例えば：

我 是 大学生。

僕 （是 shi） 大学生

僕は大学生だ。

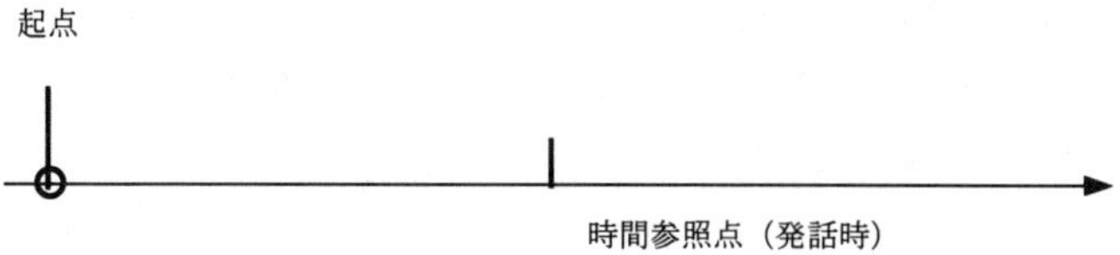

「開始相」とは、イベントが１つのまとまった状態としてとらえられかつ感受され、このまとまったイベントが形成した状態は時間参照点の時点から始まり、時間軸において後に向けて均質的に分布し、しかも終点がないということである。例えば：

我 是 大学生 了。
僕 （是 shi） 大学生 （了 le）
僕は大学生になった。

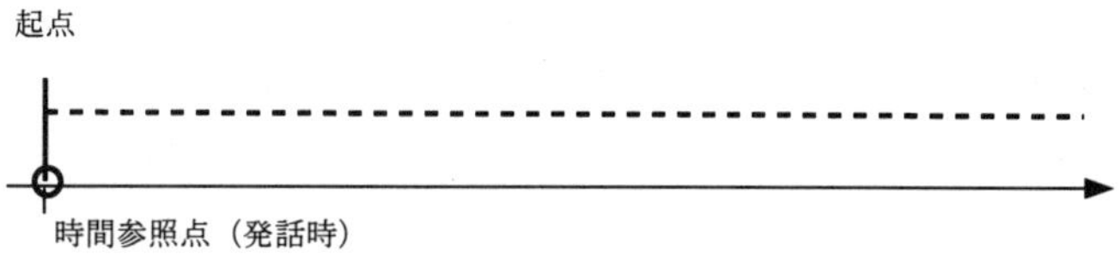

（Ⅱ）イベントが分解された状態として感受された時のアスペクト体系

内部から時間経過中のイベントを分解する時、現代中国語のアスペクト体系は階層性を持つ二元対立の体系である。

- アスペクト体系
  - 非過程相
    - 持続相（文法標記は「着₁ zhe」）
    - 進行相（文法標記は「在 zai」、「･･･呢 ne」）
  - 過程相
    - 経験相（文法標記は「过 guo」）
    - 実現相（文法標記は「了₁ le」）

次にこれらのアスペクト範疇を詳細に検討したい。

3.4.1　非過程相

非過程相とは、過程相に対していうものであり、イベントが時間参照点の状態のままでとらえられかつ感受されるということである。非過程相はイベントの起点と終点、及び起点と終点の間におけるイベントのプロセスを強調しない。非過程相は、時間参照点におけるイベントの異なる状態によって、持続相と進行相に分かれる。

3.4.1.1　持続相

参照点の時点におけるイベントの状態は起点の状態と同じであり、そのままで変化しない。持続相を伴う場合、イベントに起点があるが、そのイベントの起点及びイベントの形成した状態が参照点の後にも持続していけるか否かは注目の焦点ではない。イベントは参照点の時点のままの状態としてとらえられかつ感受されるのである。強調されるのは「イベントの状態がそのままで変化しない」ということなので、持続相には「イベントが形成した状態は時間軸において一定の時間を持続し、或いは繰り返し出現することを必要とする」という制約を含意している。持続相の文法標記は「着₁ zhe」である。

現代中国語において、「着 zhe」の用法は比較的複雑である。「着 zhe」は用法の違い及び語源の異なりによって、「着₁ zhe」・「着₂ zhe」・「着₃ zhe」に分類することができる。

（i）「着₁ zhe」

「着₁ zhe」は仏典翻訳の影響により、六朝時代に生まれたものであり、「持続状態」を表す（曹広順、劉一之)。例えば：

人们 在 屋 外 唱 着、 跳 着。

人々 で 家 外 歌う ～ている 踊る ～ている

人々は屋外で歌ったり、踊ったりしている。

小王 偷偷 地 喜欢 着 他。

王さん ひそかに （地 de） すきだ ～ている 彼

王さんはひそかに彼を愛している。

（ii）「着₂ zhe」

「着₂ zhe」は古代中国語における「付着する」という意味を表す

動詞「著 zhu」[①]から生まれてきたものであり、場所詞を引き出すために用いられていた。現代中国語になると、場所詞が前に移動し、「着 zhe」は存在を表すようになったが、やはりその前の動詞が「付着する」という意味特性を持つように制約している（木村英樹、徐丹）。

例えば：

墙 上 挂 着 一 幅 画。

壁 上 掛ける ～ている 1 幅 絵

壁に絵が掛かっている。

嘴 里 含 着 一 颗 糖。

口 中 含む ～ている 1 粒 飴

口に1粒の飴を含んでいる。

车 上 落 着 东西。（？）

車 中 置き忘れる ～ている もの

車にものが置き忘れてある。（？）

（iii）「着$_3$ zhe」

「着$_3$ zhe」はアルタイ語族の言語の影響を受け、唐代晩期～宋代に生まれ、「ある状況の下で」という意味を表す（劉一之）。

例えば：

看 着 挺 好看 的。

見る （着 zhe） とても きれいだ （的 de）

見た目は結構いい。

他 笑 着 递 给 我 一 封 信。

彼 笑う （着 zhe） 渡す に 私 1 通 手紙

彼は笑いながら、私に手紙を渡してくれた。

「着$_1$ zhe」・「着$_2$ zhe」・「着$_3$ zhe」のうち、「着$_1$ zhe」だけが時間経過中の

---

① 訳者注：ここの「zhu」は現代中国語「著」の発音で、古代語の「著」の発音は異なる。

イベントがとらえられかつ感受されるという方式と関係し、持続相の文法標記となって、参照点の時点においてイベントがそのままの状態としてとらえられかつ感受されるということを表す。例えば：

小王 偷偷 地 喜欢 着 他。

王さん　ひそかに　（地 de）　すきだ　～ている　彼

王さんはひそかに彼を愛している。

「喜欢他／彼が好きだ」という状態がそのままで変化しない。

時間参照点（発話時）

「着$_1$ zhe」を伴う場合に、時間参照点の時点におけるイベントの状態が後へ持続していけるか否かを注目の焦点としないという制約がある。これは「了$_2$ le」の制約と矛盾しているので、両者は共起できない。例えば：

小王 偷偷 地 喜欢 着 他 了。（?）

王さん　ひそかに　（地 de）　すきだ　～ている　彼　（了 le）

王さんはひそかに彼を愛しているようになった。（?）

同様の原因で、形容詞が述語となる場合、「着$_1$ zhe」と共起することもできない。なぜなら形容詞が述語となる場合、イベントが形成した状態は時間軸において後へ無制限に持続し、しかも注目されるという制約があるからである。例えば：

他 的 个子 高 着。（?）

彼　の　背　高い　～ている

彼の背は高くなっている。（?）

那 块 麦子 熟 着。（?）

あの　区画　麦　実る　～ている

あの区画の麦が実っている。（?）

更に、持続相には、イベントが形成した状態が時間軸において一定の時間持続するか、或いは一定の時間内で繰り返し出現することができるという制約があるので、もしも文中の動詞の語彙的意味によって、イベントが形成した状態が一定の時間持続することができず、しかも繰り返し出現することもできなければ、その動詞は「着$_1$ zhe」と共起することができないといえる。例えば：動詞「摔／倒れる」、「死／死ぬ」等。

もしイベントのプロセスが注目の焦点であるならば、やはり「着$_1$ zhe」と共起することができない。例えば：

我 去 着 图书馆。（？）

私　行く　～ている　図書館

私は図書館へ行っている。（？）

3.4.1.2　進行相

進行相とは、イベントの起点、終点及びプロセスが注目されるのではなく、時間参照点の時点のままの状態としてとらえられかつ感受されることである。進行相の文法標記は副詞「在 zai ／～ている」である。例えば：

昨天 我 给 他 打 电话 时，他 在 写 信。

昨日　私　に　彼　する　電話　時，彼　～ている　書く　手紙

昨日私が彼に電話した時、彼は手紙を書いていたところだった。

現実の状態：他写信／彼は手紙を書く。

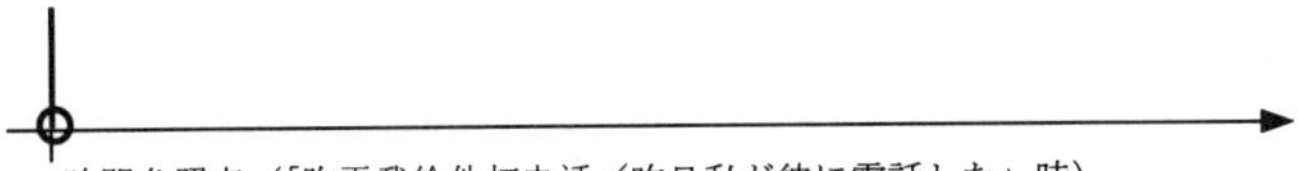

時間参照点（「昨天我给他打电话／昨日私が彼に電話した」時）

進行相を伴う場合にも、時間参照点の時点におけるイベントの状態が後へ持続していけるか否かを注目の焦点としないという制約があるので、副詞「在 zai ／～ている」も「了$_2$ le」と共起しない。例えば：

昨天 我 给 他 打 电话 时，他 在 写 信 了。（？）

昨日　私　に　彼　する　電話　時，彼　～ている　書く　手紙　（了 le）

昨日私が彼に電話した時、彼は手紙を書いているようになった。（？）

もしイベントのプロセスが注目の焦点であるならば、「在 zai ／～ている」と共起することもできない。例えば：

我 在 去 图书馆。（？）

私　～ている　行く　図書館

私は図書館へ行っているところだ。（？）

3.4.2 過程相

過程相とは、イベントはその起点と終点の間のプロセスがとらえられかつ感受されるということである。過程相を伴うイベントはその起点と終点が両者とも時間参照点の前にある。

イベントの終点と時間参照点の異なる関係に基づき、過程相は経験相と実現相に分かれる。

3.4.2.1 経験相

経験相とは、イベントがその起点と終点の間のプロセスとしてとらえられかつ感受されることである。イベントの終点が時間参照点の前に位置し、終点の状態が時間参照点までは持続しない。経験相の文法標記は「过 guo」である。「曾经 cengjing ／かつて」と共起できるか否かによって、「过 guo」は更に「过$_1$ guo」と「过$_2$ guo」に分けることができる。例えば：

吃 过$_1$ 药 病 就 好 了。

飲む　（过 guo）　薬　病気　（就 jiu）　治る　（了 le）

薬を飲んだら病気が治った。

我 喜欢 过$_2$ 小王。

私　すきだ　（过 guo）　王くん

私は王くんを愛したことがある。

「过$_1$ guo」と「过$_2$ guo」には共通性が見られる。即ち両者ともイベントはその起点と終点の間のプロセスがとらえられかつ感受され、イベントの終点が時間参照点の前に位置し、終点の状態が時間参照点まで持続しないことを表すので、両者とも経験相の文法標記なのである。それにも関わらず、「过$_1$ guo」と共起するかそれとも「过$_2$ guo」と共起するかによって、イベントが起点と終点の間における状態はそれぞれ異なる。「过$_1$ guo」と共起する場合、起点と終点の間において、イベントの状態は変化しており、しかも均質的ではない。それに対し、「过$_2$ guo」と共起する場合、起点と終点の間において、イベントの状態は均質的ではあるが、終点の前後において、イベントの状態は変化しつつあるのである。時間副詞「曾经 cengjing ／かつて」はまさにそのような変化を表している。例えば：

吃 过$_1$ 药 病 就 好 了。

飲む (过 guo) 薬 病気 (就 jiu) 治る (了 le)

薬を飲んだら病気が治った。

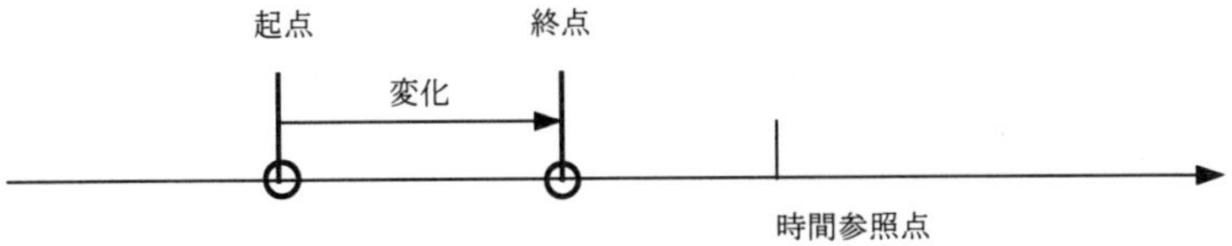

(「病好／病気が治る」というイベントが生起する前のある時点)

我 喜欢 过$_2$ 小王。

私 すきだ (过 guo) 王くん

私は王くんを愛したことがある。

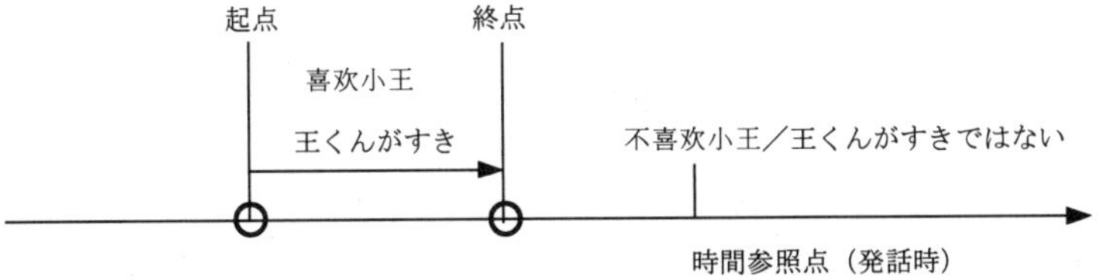

実際には、経験相を伴う文において、数多くのものが多義的である。文中に共起する「过 guo」が「过$_1$ guo」と「过$_2$ guo」のどれなのかは具体的なコンテクストによる。例えば：

等 我 学 过$_1$ 汉语，还 要 学 日语。

待つ 私 学ぶ (过 guo) 中国語，さらに しようとする 学ぶ 日本語

私は中国語を勉強してから、さらに日本語も勉強するつもりです。

我 学 过$_2$ 汉语，现在 不 学 了。

私 学ぶ (过 guo) 中国語，今 ～ない 学ぶ (了 le)

私は中国語を勉強したことがあるが、今は勉強していません。

3.4.2.2 実現相

実現相とは、イベントがその起点と終点の間における変化のプロセスとしてとらえられかつ感受されることである。イベントの終点が時間参照点の前に位

置しても、時間参照点と重なってもよい。終点の状態は時間参照点まで持続することができるが、時間参照点の後に持続することはできない。実現相の文法的標記は「了$_1$ le」である。例えば：

我 吃 了$_1$ 饭。

私 食べる （了 le） ご飯

私はご飯を食べた。

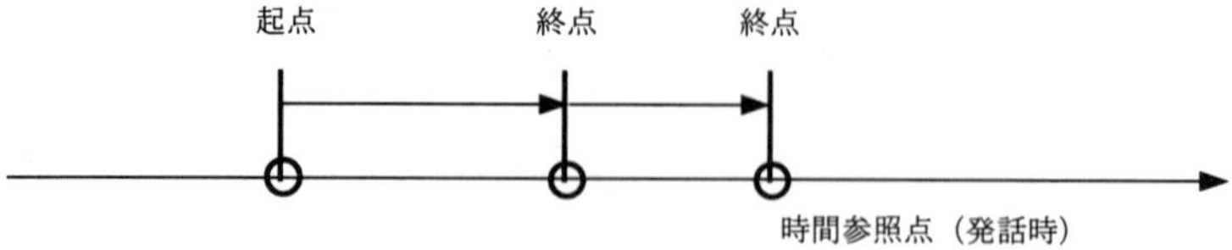

次に、使用上における「了$_1$ le」の制約について検討してみたい。

A （1）我 要 去 上海。

私 しようとする 行く 上海

→ 我 要 去 了 上海。（?）

私 しようとする 行く （了 le） 上海

私は上海へ行きたい。

→ 私は上海へ行ったことをしたい。（?）

「我要去上海。／私は上海へ行きたい。」は、未来の時間に関する計画或いは願望を表す。文における時間参照点が発話時であるので、イベントの終点は必ず時間参照点の後にあり、イベントが形成した状態も必ず時間参照点の後から持続しなければならない。従って「了$_1$ le」と共起することはできない。

（2）明天 我 做 完 作业 去 找 你。

明日 僕 する おわる 宿題 行く 会う 君

→ 明天 我 做 完 了 作业 去 找 你。

明日 僕 する おわる （了 le） 宿題 行く 会う 君

明日僕は宿題をやり終えたら、君のところへ行く。

→ 明日僕は宿題をやり終えたら、君のところへ行く。

「做完作业／宿題をやり終える」という仮想のイベントに、「去找你／君のところへ行く」という仮想の時間参照点を設定することができるので、「做完作业／宿題をやり終える」は「了$_1$ le」と共起することができる。しかし、

→明天 我 做 完 （了） 作业 去 找 了 你。（?）

明日　僕　する　おわる　((了 le))　宿題　行く　会う　(了 le)　君

明日僕は宿題をやり終えたら君のところへ行った。(?)

「找你／君に会う」というイベントの終点とする時間参照点を設定することができないため、「了₁ le」と共起することはできない。

B　(1) 我 是 大学生。

僕　(是 shi)　大学生

→　我 是 了 大学生。(?)

僕　(是 shi)　(了 le)　大学生

僕は大学生だ。

→　僕は大学生だった。(?)

(2) 你 来 等于 他 来。

君　来る　～と同じだ　彼　来る

→　你 来 等于 了 他 来。(?)

君　来る　～と同じだ　(了 le)　彼　来る

君が来るのは彼が来るのと同じだ。

→　君が来るのは彼が来るのと同じになった。(?)

(3) 他 姓 王。

彼　～という　王

→　他 姓 了 王。(?)

彼　という　(了 le)　王

彼は王という。

→　彼は王という名字になった(?)

この種の文はイベントを表す動詞の語彙的意味によって、イベントが形成した状態は時間軸において後に向けて無限に持続し、しかも終点がなく、時間参照点の時点で終了しないことになるので、「了₁ le」と共起することはできない。

C　(1) 他 病 得 很 厉害。

彼　病気になる　(得 de)　とても　ひどい

→　他 病 了 得 很 厉害。(?)

彼　病気になる　(了 le)　(得 de)　とても　ひどい

彼　病気になる　(了 le)　とても　長い

→　他 病 了 很 久。

彼の病気はかなり重い。

→　彼は病気になったのがとても重い。（？）

→　彼は長い間病気だった。

（2）香山 的 叶子 红 得 像 火 一样。

香山　の　葉　赤い　（得 de）　まるで　火　のようだ

→　香山 的 叶子 红 <u>了</u> 得 像 火 一样。（？）

香山　の　葉　赤い　（了 le）　（得 de）　まるで　火　のようだ

→　香山 的 叶子 红 <u>了</u> 一个月，　我们 才 去 看。

香山　の　葉　赤い　（了 le）　一ヶ月，私たち　（才 cai）　行く　見る

香山の紅葉は炎のように赤い。

→　香山の紅葉は炎のように赤かった。（？）

→　香山が紅葉し始めて一ヶ月たってから、私たちはようやく見に行った。

D　（1）小李 喜欢 那个 姑娘。

李くん　好きだ　あの　子

→　小李 喜欢 <u>了</u> 那个 姑娘。（？）

李くん　好きだ　（了 le）　あの　子

→　小李 喜欢 那个 姑娘 喜欢 <u>了</u> 很 久。

李くん　好きだ　あの　子　好きだ　（了 le）　とても　長い

李くんはあの子が好きだ。

→　李くんはあの子が好きになった。（？）

→　李くんはあの子のことが、ずいぶん前から好きだった。

（2）我 等 他。

私　待つ　彼

→　我 等 <u>了</u> 他。（？）

私　待つ　（了 le）　彼

→　我 等 <u>了</u> 他 半天。

私　待つ　（了 le）　彼　半日

私は彼を待つ。

→　私は彼を待った。（？）

→　私は彼を長い間待っていた。

性質・状態を表す述語補語構造と述語目的語構造自身が表すイベントの状態は、時間軸において終点がないため、「了$_1$ le」と共起することはできない。しかし、述語は時間的成分が加えられることにより、イベントの終点が確定できるようになるので、「了$_1$ le」と共起することができる。例えば：

他 病 了 很 久。

彼　病気になる　（了 le）　とても　長い

彼は長い間病気だった。

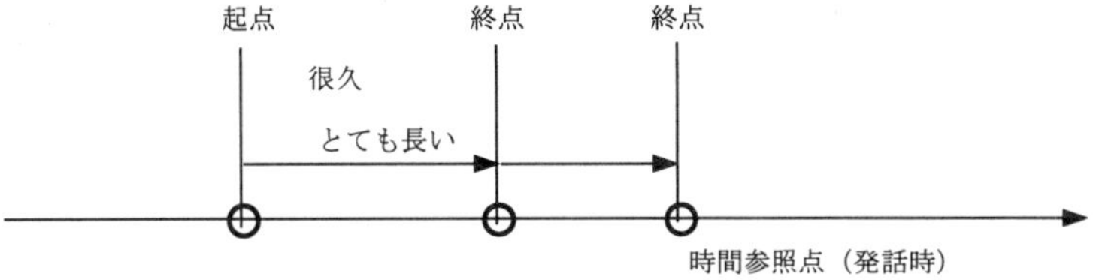

我 等 了 他 半天。

私　待つ　（了 le）　彼　半日

私は彼を長い間待っていた。

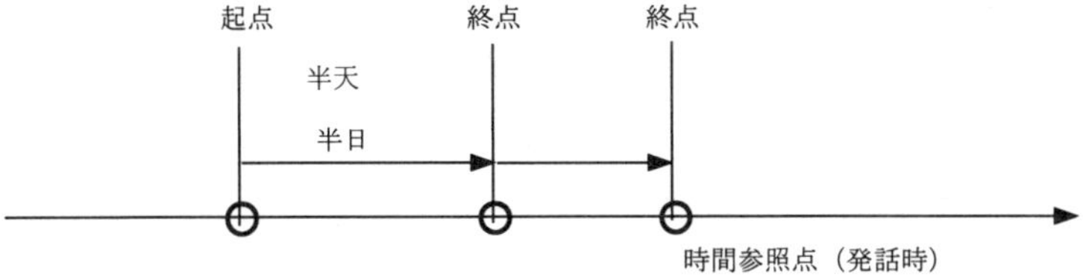

E　（1）我 知道 那个 人 的 底细。

僕　知る　あの　人　（的 de）　素性

→　我 知道 了 那个 人 的 底细。（#）

僕　知る　（了 le）　あの　人　（的 de）　素性

→　我 知道 了 那个 人 的 底细 了。

僕　知る　（了 le）　あの　人　（的 de）　素性　（了 le）

僕はあの人の素性を知っている。

→　僕はあの人の素性を知るようになった。（#）

→　僕はあの人の素性を知っているのだ。

（2）小王认识 你。

王さん　知る　君

→　小王 认识 了 你。（#）

王さん　知る　（了 le）　君

→　小王 认识 了 你 了。

王さん　知る　（了 le）　君　（了 le）

王さんは君のことを知っている。

→　王さんは君のことを知るようになった。（#）

→　王さんは君のことを知っているのだ。

（3）老李 熟悉 那儿 的 情况。

李さん　熟知する　あそこ　（的 de）　事情

→　老李 熟悉 了 那儿 的 情况。（#）

李さん　熟知する　（了 le）　あそこ　（的 de）　事情

→　老李 熟悉 了 那儿 的 情况 了。

李さん　熟知する　（了 le）　あそこ　（的 de）　事情　（了 le）

李さんはあそこの事情をよく知っている。

→　李さんはあそこの事情をよく知っているようになった。（#）

→　李さんはあそこの事情をよく知っているのだ。

この種の文は特定のコンテクストにおいて、イベントの終点を設定することができ、しかも終点の状態を時間参照点から後へ向けて持続させないこともできる。例えば：

我 一 知道 了 那个 人 的 底细，马上 就 去 找 他。

私　～すると　知る　（了 le）　あの　人　（的 de）　素性，すぐ　（就 jiu）　行く　会う　彼

私はあの人の素性が分かったら、すぐに彼に会いに行く。

このコンテクストにおいて、「我知道那个人的底细／私はあの人の素性を知っている」というイベントは時間参照点の前（「去找他／彼に会いに行く」というイベントの前のある時点）に瞬間的に終了するので、「了$_1$ le」と共起することはできる。

しかし、一般に、この種の文において、動詞の語彙的意味には終点が必要でないという制約があるので、そのイベントが「了$_1$ le」と共起すると、終点が新しい時間参照点に変わり、終点の状態が新しい開始の状態になり、しかも時

間軸において後に向けて持続していくという制約が生じるのである。従ってふつう更に「了2 le」を伴う必要があり、それによって観察の視点を変え、文中の動詞の語彙的意味と合致させるのである。

3.5　中国語のネィティヴスピーカーがイベントを観察する際の視点変化現象とその心理的要因

中国語には「了2 le」が「了1 le」・「过 guo」と共起する文が数多く見られる。例えば：

我 吃 过 饭 了。

私　食べる　（过 guo）　ご飯　（了 le）

私は食事をすませた。

我 吃 了 饭 了。

私　食べる　（了 le）　ご飯　（了 le）

私は食事をすませた。

先の検討では、筆者は「了2 le」と「了1 le」・「过 guo」とが人々の異なった視点から時間経過中のイベントを観察する時に得られた異なるアスペクト範疇であり、前者と後者は違うレベルのものであることを証明してきた。しかし、なぜそれらはよく共起するのであろうか。

両者が共起するのは、中国語のネィティヴスピーカーがイベントを観察し、叙述する時にその視点が内部から外部へと転換するというプロセスを表すためであると考える。即ち、まず内部からイベントのプロセスを分解し（起点から終点まで）、次に視点を外部へと転換し、外部からすでに分解済みのイベントを１つのまとまった状態として、時間参照点から後へ向けて無限に持続していくと見なすのである。しかし、ここで注意すべきなのは、その場合、文における時間参照点に２つの役割があり、つまり内部からイベントのプロセスを分解する下限であると同時に、外部からイベントを観察する上限でもあるという点である。

このように、中国語のネィティヴスピーカーが時間経過中のイベントを観察する特殊な方式は、時には文中における動詞の語彙的意味から必要となることもある。例えば：

我 知道 了 这 件 事 了。

私 知る （了 le） その 件 事 （了 le）

私はそのことを知っている。

この文を分析する場合、まず内部からイベントのプロセスを分解する。つまり起点は時間参照点の前にあり、終点は時間参照点の時点にあるが、時間参照点は発話時であり、起点と終点の間は変化のプロセスとなるのである。このプロセスにおいて、「知道／知る」が表すのは終点に近づく時の瞬間的な動作であり、終点のところに終結するが、持続していくことはできない。しかし、一般には、「知道／知る」という動詞の語彙的意味にはそれによって生じた結果が時間軸において後に向けて無限に持続するという制約があるので、視点を転換して、続けて外部からその分解済みのイベントを観察しなければならない。つまりそれを１つのまとまったものと見なし、時間参照点を新しい起点にし、イベントが形成した状態はその後も継続していくようにすることによって、語彙的意味からの必要を満たせるのである。

多くの場合、人々が視点の転換を行うのは中国語の深層心理からの要求によるものである。

先に述べたように、「類像」は、中国語によって表される１種の深層心理である。即ち中国語のネィティヴスピーカーが類像という方式で物事を感受することに馴染んでいるのである。これは、詩歌においては、中国古詩の「意合法（意味的繋がり法）」という特徴と中国人の「詩中画あり、画中詩あり」という美意識として現れる。文字においては、漢字が創成された当初の文字、つまり象形文字として現れる。文においては、人々が外部から時間経過中のイベントを観察し、そのイベントが１つのまとまったものとして感受されるということとして現れる。即ち、外部から時間経過中のイベントを観察することは、もっとも中国語の使用者の言語心理に合致するものなので、イベントが分解された状態として感受された後も、中国語の使用者はやはり視点を外部に転換させる。このようにしてこそ、正真正銘にイベントへの観察を完了させたと感じるのである。このような言語心理は「$了_1$ le」と「$了_2$ le」の使用上における極めてアンバランスな現象をもたらす重要な原因でもある。

4 「$了_1$le」と「$了_2$le」の位置づけと外国人向け中国語教育

「了$_1$ le」と「了$_2$ le」は留学生の中国語習得上の難点である。留学生が「了$_1$ le」と「了$_2$ le」を使用する場合、各段階においても、誤用が見られる。「了$_1$ le」と「了$_2$ le」を比べてみると、「了$_1$ le」より、「了$_2$ le」の方が更に習得しにくいことが分かる。趙立江は「外国留学生使用“了”的情况调查与分析／外国留学生の‘了’の使用実態の調査と分析」において、留学生の「了$_1$ le」と「了$_2$ le」の使用実態を分析し、次のような現象を指摘している。一般には中国語の教科書が同時に「了$_1$ le」と「了$_2$ le」の用法を説明するにも関わらず、留学生はいつも「了$_2$ le」の使用を避けている。このことから、「了$_2$ le」が表す漢民族のイベントの観察のしかたは彼らにとって非常になじみのないものであることが分かる。彼らは次第に中国語の「了$_2$ le」特有の文法的意味に気づき、試みる場合もあるが、「了$_2$ le」に含まれる中国語の心理をはっきりと把握していないため、やはり誤用は数多く現れ、上級レベルの留学生でさえ「了$_1$ le」と「了$_2$ le」の使用が全く規則性のないものであると思ってしまうのである。本節では「外国留学生使用“了”的情况调查与分析／外国留学生の‘了’の使用実態の調査と分析」が挙げた誤用例をいくつか選び、留学生がこの問題においてよく犯す過ちを概括的に分析したい。

誤用はおおよそ３種類に分けられる。その３種類はいずれも留学生が中国語話者の、「外部から時間経過中のイベントを観察する」という心理を把握していないことに関連する。

（ｉ）「了$_2$ le」または文末ゼロ形式を用いるべきところに、「了$_1$ le」を使用してしまう。

（1）*我 很 早 就 打算 了 来 中国。[①]

私　とても　早い　(就 jiu)　～するつもりだ　(了 le)　来る　中国

*私はだいぶ前から中国に来るつもりだった。

（2）*我 同意 了 帮忙 他。

僕　同意する　(了 le)　手伝う　彼

*僕は彼を手伝うことに同意した。

（3）*你 没 写 清楚 了 这个 汉字，我 不 看 懂。

君　～ていない　書く　はっきり　(了 le)　その　漢字，私　～ない　見る　分かる

---

① 訳者注：非文を表す「＊」は訳者による。以下同様。

*君がその漢字をはっきりと書いていなかったので、私には分かりません。

（4）*刚 来 中国 那个 时候, 我 常常 去 了 长城。

～たばかり 来る 中国 その 時, 私 よく 行く （了 le） 長城

*中国に来たばかりの頃は、私はよく長城へ行きました。

イベントの「我打算来中国／私は中国に来るつもりだ」、「我同意帮(助) 他／彼を手伝うことに同意する」、「你没写清楚这个汉字／君がその漢字をはっきりと書いていない」、「我常常去长城／私はよく長城へ行く」が形成した状態は、時間軸において必ずある時点の後に均質的に分布し、しかも無限に持続していく。従って、それらのイベントはまとまった状態としてしか感受されず、分解された状態としては感受されないので、「了$_1$ le」と共起することはできないのである。もし時点を時間参照点の前に設定すれば、文末ゼロ形式を用いることになり、もし時点を時間参照点の時点にすれば、開始相標記「了$_2$ le」を用いることになる。上の例において、（1）、（2）、（4）は文末ゼロ形式を選ぶこともでき、また開始相を選ぶこともできるが、（3）は文末ゼロ形式しか選ぶことができない。

（ii）「了$_1$ le」を用いるべきところに「了$_2$ le」を使用している。

*老师 进 教室 了, 就 说: ……

先生 入る 教室 （了 le),（就 jiu） 言う

*先生が教室に入って、～と言った。

「老师进教室了／先生が教室に入った」は単独で用いることができる。なぜならこのイベントは他の制約条件が存在しない場合、１つのまとまった状態として感受され、しかも時間参照点（発話時）から、時間軸において後へ向けて均質的に分布し、終点が存在していないからである。しかし、上の文において、後文が示しているのは、「老师进教室／先生が教室に入る」というイベントと「老师说／先生が言う」というイベントが切れ目なく生起するので、前者のイベントが形成した状態は時間軸において後へ持続する可能性がなくなり、「了$_2$ le」と共起することはできないのである。

（iii）「了$_2$ le」を用いて文を完結させるべきところに、使用していない。

*我 来 了 北京 五 个 月。

僕 来る （了 le） 北京 5 ケ 月

*僕は北京に５ヶ月来た。

中国語のネィティヴスピーカーは内部から１つのイベントを分解した後、習慣的に更に外部からそれを全体的に感受するので、「了$_2$ le」を用いて文を完結させるのである。そうしなければ、文はまだ終了していないという感じがある。たとえいくつかのイベントを連続して分解するとしても、ほとんどの場合、最後のイベントを分解した後、更に全てのイベントを全体的に感受し、「了$_2$ le」を用いる。例えば：

我 先 去 了 西单，在 那儿 吃 了 饭，买 了 一些 东西，然后 就 去 了 国贸 大厦 了。

私　まず　行く　(了 le)　西単，で　そこ　食べる　(了 le)　ご飯，買う　(了 le)　いくつか　もの，それから　(就 jiu)　行く　(了 le)　国際貿易　ビル　(了 le)

私はまず西単へ行き、そこで食事を済ませ、買い物をして、それから国際貿易ビルへ行った。

以上に示されているように、中国語において、どのイベントがまとまったものとしてしか感受されないのか、どういう場合においてイベントが分解された状態としてしか感受されないのかということを留学生に身につけさせれば、また現代中国語のアスペクト体系及びその体系における「了$_1$ le」と「了$_2$ le」の位置を身につけさせれば、彼らの「了$_1$ le」と「了$_2$ le」の誤用を大いに減らすことができるであろう。

5　おわりに

本稿は、中国語の使用者が時間経過中のイベントを観察する時、２つの視点を持つと考える。

（Ⅰ）１つの視点は外部からである。外部からイベントを１つのまとまったものとして観察するもので、それによって得られる現代中国語のアスペクト体系は、文末ゼロ形式を文法標記とする「静的相」と、「了$_2$ le」を文法標記とする「開始相」という、二元対立の体系である。「静的相」と「開始相」には、時間軸において、イベントが形成した状態はある時点から始まり、後へ向けて均質的に分布し、しかも終点がないという共通点が見られる。両者の違いは、「静的相」の起点は時間参照点（特別な説明がない限り、一般には発話時となる。以下同様）より早いのに対し、「開始相」の起点は時間ランドマークの時点であるという点にある。この視点は中国語の使用者のみのものである。

（Ⅱ）もう一つの視点は内部からである。内部からイベントを分解可能なものとして観察するもので、それによって得られる現代中国語のアスペクト体系は、次のような階層性を持つ二元対立の体系である。

イベントの起点と終点、及び起点と終点の間におけるイベントのプロセスを強調せず、時間参照点におけるイベントの状態のみを強調するのは、「非過程相」である。「非過程相」は更に「持続相」と「進行相」に分かれる。イベントが参照点の時点のままの状態として感受されるのは「持続相」であり、その文法の標記は「着$_1$ zhe」である。それに対し、イベントが時間参照点の時点の現実の状態として感受されるのは「進行相」であり、その文法標記は副詞「在 zai ／〜ている」であり、北京語の口語では、「呢 ne」を用いることもある。起点、終点、起点と終点の間におけるイベントのプロセスを強調し、終点の状態が時間参照点の後に持続しないのは「過程相」である。「過程相」は更に「経験相」と「実現相」に下位分類できる。イベントの終点が時間参照点の前に位置し、終点の状態が時間参照点までは持続しないのは「経験相」であり、その「経験相」の文法標記は「过 guo」である。それに対し、イベントの終点及び終点の状態が時間参照点まで持続することができるのは「実現相」であり、その「実現相」の文法標記は「了$_1$ le」である。

これによって、「了$_1$ le」と「了$_2$ le」は違うレベルのアスペクト範疇であることが分かった。この点が明らかになれば、関連の言語現象をよりうまく説明することに役に立つばかりでなく、留学生が現代中国語のアスペクト体系をより正確に習得することにも役立つであろう。

注

「方位＋V.＋了 le ＋ NP」構造に現れる「了 le」について、木村英樹はこの「了 le」はアスペクト範疇のものではなく、補語であり、語彙的意味を持ち、存在を表すものとしている。例えば：

墙 上 挂 了 一 幅 画。

壁　上　掛ける　(了 le)　1　幅　絵

壁に絵が掛けてある。

本稿は、この観点に賛成する。また、命令願望の語気詞「了 lou」、驚嘆を表す語気詞「了 la」（例えば、「太好了／なんとすばらしいであろう」も本稿の検討範囲に入れていない。前者は「喽 lou」とも表記でき、後者は「啦 la」とも表記できる。

参考文献

馬慶株　1981　「時量賓語和動詞的類／時間量を表す目的語と動詞の種類」，中国語文，第2期.

宋玉柱　1981　「関於時間助詞“的”和“来着”／時間助詞『的 de』と『来着 laizhe』について」，中国語文，第4期.

馬希文　1983　「関于動詞“了”的弱化形式/·lou/／動詞『了』の弱化形式/·lou/について」，中国語言学報，第1期.

木村英樹 1983　「関于補語性詞尾“着/zhe/”和“了/le/”／補語的動詞接尾辞『着/zhe/』と『了/le/』に関して」，語文研究，第2期.

曹広順　1986　「『祖堂集』中的“底”、“却（了)”、“著”／『祖堂集』における『底』、『却（了)』、『著』について」，中国語文，第3期.

木霽弘　1986　「『朱子語類』中的時態助詞“了”／『朱子語類』におけるアスペクト助詞『了』について」，中国語文，第4期.

鄧守信　1986　「漢語動詞的時間結構／中国語動詞の時間構造」，第1回国際中国語教育討論会論文集，北京語言学院出版社.

郭春貴　1986　「関於“了₃”的問題／『了₃』について」，第1回国際中国語教育討論会論文集，北京語言学院出版社.

劉勲寧　1988　「現代漢語詞尾“了”的語法意義／現代中国語の語尾『了』の文法的意味」，中国語文，第5期.

陳　平　1988　「論現代漢語時間系統的三元結構／現代中国語における時間体系の3元構造」，中国語文，第6期.

李興亜　1989　「試説動態動詞“了”的自由隠現／動態動詞『了』の自由出現と非自由出現」，中国語文，第5期.

龔千炎　1991　「談現代漢語的時制表示和時態表達系統／現代中国語のテンス表現とアスペクト体系」，中国語文，第4期.

盧順英　1991　「談談“了$_1$”和“了$_2$”的区別方法／『了$_1$』と『了$_2$』の区別方法について」，中国語文，第4期.

褚孝泉　1991　『語言哲学／言語哲学』，上海三聯書店.

房玉清　1992　「動態助詞“了”“着”“過”的語義特徴及其用法比較／動態助詞『了』『着』『過』の意味的特徴及び用法の比較」，漢語学習，第2期.

石毓智　1992　「論現代漢語的体範疇／現代中国語のアスペクトについて」，中国社会科学，第6期.

費春元　1992　「説“着”／『着』について」，語文研究，第2期.

徐　丹　1992　「漢語里的“在”与“着（著）”／中国語における『在』と『着（著）』」，中国語文，第6期.

竟　成　1993　「関于動態動詞“了”的語法意義／動態動詞『了』の文法的意味について」，語文研究，第1期.

郭　鋭　1993　「漢語動詞的過程結構／中国語動詞の過程構造」，中国語文，第6期.

胡裕樹・範暁　1994　『動詞研究総述／動詞研究の回顧』，山西高校聯合出版社.

呂叔湘主編　1980　『現代漢語八百詞／中国語用例辞典』，商務印書館.

劉一之　1997　「現代漢語助詞“着”的語法意義及其来源／現代中国語の助詞『着』の文法的意味とその語源」，聖徳学園岐阜教育大学紀要第33集.

郭　鋭　1997　「過程和非過程—漢語謂詞性成分的両種外在時間類型／過程と非過程—中国語の述語的成分の2つの外在的時間タイプ」，中国語文，第3期.

戴耀晶　1997　『現代漢語時体系統研究／現代中国語のテンス・アスペクト体系の研究』，浙江教育出版社.

容　新　1997　「普通話中助詞“了”所表達的時間範囲及時態／共通語の助詞『了』が表す時間範囲とアスペクト」，中国語言学論叢，第1輯.

趙立江　1997　「外国留学生使用“了”的情況調査与分析／外国留学生の『了』の使用実態の調査と分析」，第五届国際漢語教学討論会論文選.

原文：「“了$_1$”、“了$_2$”的定位与現代漢語態系統」，『中国対外漢語教学討論会第六次学術討論会論文選』，1999年

索　引

［編者・訳者略歴］

于　　康（う　こう）
1957年生まれ。1998年広島大学大学院教育学研究科博士課程修了、博士（学術）。現在関西学院大学経済学部・関西学院大学大学院言語コミュニケーション文化研究科助教授。

張　　勤（ちょう　きん）
1958年生まれ。1996年神戸大学大学院文化学研究科博士課程修了、博士（学術）。現在中京大学教養部助教授。

吉川雅之（よしかわ　まさゆき）
1967年生まれ。1999年京都大学大学院文学研究科博士後期課程満期修了、博士（文学）。現在東京大学大学院総合文化研究科専任講師。

森　宏子（もり　ひろこ）
1964年生まれ。1998年大阪市立大学大学院文学研究科後期博士課程単位取得満期退学。文学修士。現在流通科学大学専任講師。

中川裕三（なかがわ　ゆうぞう）
1962年生まれ。1994年東京都立大学人文科学研究科博士課程単位取得満期退学。文学修士。現在愛知大学現代中国学部助教授。

成田静香（なりた　しずか）
1964年生まれ。1991年東北大学大学院文学研究科博士課程後期課程中退。文学修士。現在関西学院大学文学部助教授。

丸尾　誠（まるお まこと）
1968年生まれ。1995年東京外国語大学大学院地域文化研究科博士前期課程アジア第一専攻修了、修士（言語学）。現在名古屋大学言語文化部助教授。

伊藤さとみ（いとう さとみ）
1970年生まれ。2001年京都大学人間・環境学研究科博士後期課程単位取得満期退学。修士（言語学）。現在関西学院大学非常勤講師。

村松恵子（むらまつ　けいこ）
1956年生まれ。1988年名古屋大学大学院文学研究科博士課程後期課程終了。博士（文学）。現在名城大学経営学部教授。

岩本真理（いわもと　まり）
1958年生まれ。1986年大阪市立大学大学院文学研究科後期博士課程単位取得満期退学。文学修士。現在大阪市立大学大学院文学研究科助教授。

中国語言語学情報 3　テンスとアスペクトⅡ

2001年7月7日　初版発行

編　著　于　康
　　　　張　勤
発行者　尾方敏裕
発行所　株式会社 好文出版
〒162-0041 東京都新宿区早稲田鶴巻町540-106
TEL 03-5273-2739　FAX 03-5273-2740
振替00160-7-409532
印　刷　モリモト印刷

ISBN4-87220-050-0　C3080
定価は表紙に表示してあります。

『中国語言語学情報』シリーズ

于康・張勤 編

1　語気詞と語気　［既刊］

2　テンスとアスペクトⅠ　［既刊］

3　テンスとアスペクトⅡ　［既刊］

4　テンスとアスペクトⅢ

5　助動詞・副詞の用法と表現性

6　受動構文と受動表現

7　使役構文と使役表現

8　補語構文とその表現性